Recomendaciones para *Una fe renovada*

Castaldo habla, basado en su experiencia en el peregrinaje espiritual, acerca de la unidad entre los católicos creyentes y los evangélicos fieles, las diferencias importantes que permanecen entre nosotros y lo que todo esto significa para nuestro testimonio en el mundo de hoy. ¡Gran material!

Timothy George
Editor principal, *Christianity Today*

Castaldo ofrece un reto a los evangélicos para que reconozcan que sus amigos y familiares católicos sí pueden conocer a Jesús. También ofrece ideas acerca del porqué tantos ex católicos han encontrado un hogar en el mundo evangélico.

Peter Feuerherd, autor, *Holyland USA: A Catholic Ride through America's Evangelical Landscape*

Castaldo explora los dilemas y experiencias que los ex católicos enfrentan cuando se proponen seguir adelante como evangélicos. Bien investigado, actualizado y penetrante, este libro enriquecerá las relaciones católico-evangélicas más lastimadas.

Dorington G. Little, pastor principal, Primera
Iglesia Congregacional, Hamilton, MA

Lleno de principios y gracia, teológico y práctico, pleno de un razonamiento cuidadoso e ilustraciones cálidas, este es un libro que recomendaré a otros porque hace un gran servicio a la iglesia evangélica. Y también servirá de ayuda para algunos católicos.

Kevin DeYoung
Pastor principal, University Reformed
Church. East Lansing. MI

Castaldo conoce bien tanto a los católicos como a los evangélicos, tiene sentido del humor, escribe con claridad y despliega un profundo conocimiento de los sucesos y las diferencias doctrinales que rodean la Reforma. Es mi deseo que este trato balanceado provea la necesaria comprensión para católicos y protestantes por igual.

Ralph E. MacKenzie
coautor de *Roman Catholics and Evangelicals: Agreements and Differences*

Esta es una explicación sensible, bien escrita y útil de cómo uno puede conversar acerca de la fe evangélica con los católicos. Carece del filo que se encuentra en muchos convertidos demasiado entusiastas pero expone con claridad por qué Castaldo escogió el evangelicalismo en lugar de la fe católica en la cual se crió.

Norman Geisler, autor de *Is Rome the True Church?*

Un libro oportuno y cuidadoso que mezcla los problemas y los enfoques pastorales, personales y teológicos que son vitales para responder a la gente dentro y fuera de la comunidad católica.

David Cook
Holmes Professor, Wheaton College

Los católicos se están convirtiendo en evangélicos con más rapidez que en el orden inverso, en una proporción alrededor de tres a uno. ¿Qué encuentran estos convertidos? ¿Cómo debieran relacionarse con sus parientes y amigos católicos? Este es el mejor libro que he leído en cuanto a una crónica de tales peregrinajes. Y está lleno de un santo sentido común.

D.A. Carson
Profesor de Investigación del Nuevo Testamento,
Trinity Evangelical Divinity School

Si usted ya está harto de los escritores evangélicos que hacen de la Iglesia Católica un muñeco de paja y luego lo derriban, este libro es para usted. Cualquiera que esté tratando de edificar puentes entre los mundos del evangelicalismo y del catolicismo se beneficiará de su sabiduría.

Brian M. Litfin
autor de *Getting to Know the Church Fathers: An Evangelical Introduction*

He estado buscando un libro que mis estudiantes lean de modo que puedan comprender dos asuntos: lo que representa para un católico llegar a ser evangélico seguidor de Jesucristo, y cómo ese ex católico puede vivir y propagar las buenas nuevas a sus parientes y amigos. ¡*Una fe renovada* es ese libro!

Gregg R. Allison
Profesor de teología cristiana,
Seminario Teológico Bautista del Sur

Recomiendo *Una fe renovada* como una lectura obligatoria para cada cristiano. Castaldo ha hecho un excelente trabajo, brindando ideas y balance acerca de un tópico que raramente se trata. *Una fe renovada* tiene el poder de cambiar tu vida.

Randal Ross
Pastor principal, Calvary Church, Naperville, IL

Qué importante es que los laicos evangélicos conservadores y los católicos se puedan relacionar unos con otros con ideas respetuosas, sobre una base de comprensión mutua. Y cuán útil es este libro como un medio para lograr ese fin.

J.I. Packer, Profesor de Teología, Regent College

Incluso aquellos que no tienen un origen católico apreciarán la inteligencia y sabiduría de Castaldo en *Una fe renovada* mientras caminan de puntillas en medio de un campo minado.

Collin Hansen
Autor, *Young, Restless, Reformed: A Journalist's Journey with the New Calvinists*

Castaldo explica a los evangélicos, con claridad y caridad, las diversas facciones dentro del catolicismo y cómo cada una piensa acerca de su compromiso con las Escrituras, la iglesia y el andar con Cristo. Un esfuerzo sincero para evaluar con gracia los asuntos que dividen, tanto como unen, a los protestantes y a los católicos.

Francis J. Beckwith
Autor, *Return to Rome: Confessions of an Evangelical Catholic*

Una fe renovada es la mejor herramienta disponible para ayudar a los ex católicos a testificar a sus amigos y miembros de la familia sin causar ofensas innecesarias ni transigir con el evangelio. El amor de Castaldo por la gente y su firme comprensión de los principios bíblicos aparecen en casi cada página.

Philip Ryken,
Pastor principal, Tenth Presbyterian Church, Philadelphia

Aprecio la sensibilidad de Castaldo al abordar las diferencias entre protestantes y católicos. Estoy seguro que este libro dará por resultado un diálogo interesante y lleno de gracia que guiará a los protestantes y católicos a una mayor comprensión mutua y también en cuanto a lo que ellos creen.

Mary Schaller
Autora, *How to Start a Q Place*

Admirablemente imparcial, documentado con cuidado y agradablemente lúcido y conciliador, *Una fe renovada* añadirá gracia a las vidas y relaciones de aquellos evangélicos con herencia católica. Una lectura importante para evangélicos y católicos por igual. Muy recomendado.

R. Kent Hughes
Pastor principal emérito, College Church en Wheaton.

UNA FE RENOVADA

Historia, doctrina, experiencia y el peregrinar del católico y el evangélico

CHRIS **CASTALDO**

La misión de Editorial Vida es ser la compañía líder en satisfacer las necesidades de las personas con recursos cuyo contenido glorifique al Señor Jesucristo y promueva principios bíblicos.

UNA FE RENOVADA
Edición en español publicada por
Editorial Vida — 2011
Miami, Florida

Originally published in the U.S.A. under the title:
Holy Ground
Copyright © 2009 by Christopher A. Castaldo
Published by permission of Zondervan, Grand Rapids, Michigan 49530

Traducción: *María J. Martín*
Edición: *Elizabeth Fraguela M.*
Diseño interior: *artserv*

ISBN: 978-0-8297-5878-8

CATEGORÍA: Vida cristiana / General

IMPRESO EN ESTADOS UNIDOS DE AMÉRICA
PRINTED IN THE UNITED STATES OF AMERICA

11 12 13 14 15 16 ❖ 6 5 4 3 2 1

Dedico este libro
a mis padres, Al y Judy Castaldo,
y a mis suegros, John y Susan Bixby

CONTENIDO

PREFACIO

Tenemos una culpa indefinida, con tres notas podemos identificar el Ave María y es probable que en algún lugar del ático tenga las cuentas del rosario. Por lo menos, poseo un estudio bíblico, oigo los sermones en el auto, y sé que un «tiempo quieto» es diferente a una siesta.

Somos seguidores de Cristo que crecimos como católicos romanos y ahora somos protestantes evangélicos.

Luchamos con una serie de retos. La culpabilidad religiosa aún pellizca nuestros calcañales, y la comida de Navidad en la casa de tu hermano Felipe (el Gran Fanfarrón de los Caballeros de Colón) es más que embarazosa. Sencillamente, estábamos tratando de dar gracias antes de comer nuestros alimentos, y por alguna razón la tía Louise se sintió obligada a recitar el Ave María. ¡Esta va ser una larga noche!

Algunos caminábamos con Jesús, como católicos, antes de cambiarnos a una dirección evangélica. Otros nos convertimos a Cristo cuando cambiamos a evangélicos. De cualquier modo, nuestra ambición es sencilla. Queremos vivir para Jesucristo al personificar su gracia y de una manera encantadora propagarla entre los seres queridos y amigos católicos. Y es aquí donde comienza el desafío.

Mediante una extensa narrativa que describe mi peregrinaje personal como un católico devoto que trabajó con obispos y sacerdotes antes de convertirme en pastor evangélico, trato de ayudar a los lectores a comprender lo siguiente:

- las prioridades que motivan la fe y las prácticas católicas.

- adónde caen las líneas de continuidad y descontinuidad entre el catolicismo y el evangelicalismo.
- las dinámicas delicadas que componen nuestras relaciones.
- algunos principios para propagar con amor el evangelio de salvación solo por gracia.
- un vistazo histórico al catolicismo desde la Reforma hasta el presente.

Al tratar estos tópicos, mi esperanza es que *Una fe renovada* difiera en dos maneras de otros libros acerca de este asunto.

Primero, los libros escritos por evangélicos dirigidos a los católicos a menudo expresan una actitud poco amable. El énfasis doctrinal de estas obras es encomiable, pero el tono irritante suena hueco y falla al exhibir el carácter amoroso de Jesús. Es el tono en contra del cual nuestro profesor del seminario nos advirtió cuando dijo: «No prediquen ni escriban como si hubieran acabado de tragarse un líquido de embalsamar. Al igual que Cristo imparte una vida redentora, también sus seguidores deben hacerlo». Lo que comunica esta vida es el contenido del mensaje de Dios y *también* la manera de presentarlo. Por ello, tratemos de expresar una genuina cortesía hacia los católicos, aun en el desacuerdo.

Segundo, la mayoría de los libros sobre el catolicismo romano y el evangelicalismo enfatizan los principios doctrinales sin explorar las dimensiones prácticas de la fe personal. Sin embargo, a menudo hay una vasta diferencia entre el contenido del catecismo y las creencias de la gente que llenan los bancos. A este libro le interesa comprender las ideas y experiencias comunes de la gente en la vida real.

A través de mis años de investigación he entrevistado a toda clase de católicos y evangélicos en grupos de enfoque para aprender acerca de sus preguntas e inquietudes más urgentes. Gracias a su cándida respuesta he descubierto una amplia gama de percepciones. También utilicé una encuesta realizada a través de la Internet que ha expandido el campo de nuestro estudio para incluir a todos los que tienen acceso a la misma.

He decidido, basado en aquellas respuestas, tratar dos necesidades básicas que con regularidad surgieron en la conversación. Estas necesidades se tratan en las dos secciones extensas de este libro. En la primera parte comentaré las cinco razones principales por las que los seguidores de Cristo dejan a menudo la Iglesia Católica, mientras toco figuras clave en la historia de la iglesia que esclarecen estas razones. La segunda parte se interesa en emular a Jesús de un modo natural y encantador entre nuestros seres queridos y los amigos católicos.

Un asunto que merece comentarse es nuestra elección de la palabra Evangélico. Esta se ha convertido en una de esas palabras resbaladizas que desafían una fácil definición.

Debido a una hueste de factores tales como la época, lugar, formas culturales y la influencia de los medios de comunicaciones sobre la percepción pública, por no decir nada de las diferencias doctrinales genuinas, pudiéramos dedicar el resto de este libro al asunto de la definición y todavía nos quedaríamos cortos. Para los propósitos de este libro, en lugar de eso señalaré a los lectores una declaración de fe respetada: el Pacto de Lausana, redactado en 1974. Debido a que Lausana atrajo a los líderes cristianos alrededor del mundo, tiene la ventaja de representar una gama internacional de pensamiento. La contribución de los eruditos y profesionales no occidentales la hace equilibrada, sólida y legible. Usted puede tener acceso al documento en el sitio web: *www.lausanne.org*.

■■■

Escribir este libro ha sido especialmente difícil por ser nuestro tema tan familiar para mí como el hogar en el cual crecí desde mi infancia hasta la adultez. Por lo general es más fácil tratar tópicos que uno no conoce muy bien. Hay menos incertidumbres, menos tintes grises que combinar, más diferencias blanco y negro. Pero para mí, que crecí como miembro de la Iglesia Católica y trabajé en ella a tiempo completo, he tenido años de experiencia de primera mano. He participado en muchas misas, en muchas bromas mientras tomaba café con sacerdotes amigos en las rectorías de las parroquias y en muchas rondas de golf en las cuales el padre caminaba amablemente conmigo en medio de la hierba alta buscando mi pelota perdida (mientras su pelota estaba en el verde).

Pero más que la familiaridad con el asunto, el elemento más difícil de escribir ha sido la naturaleza del tópico que describe cómo los ex católicos caminan con Jesús. Es tonto comprometerse con tal tópico sin temer y temblar. Después uno debe comprobar dos, tres y cuatro veces los detalles de su argumento y, de igual importancia, la actitud y tono con los cuales se expresan. Este conocimiento de nuestras limitaciones y el requisito de nuestra dependencia de la gracia divina es lo que ha dado lugar al título, *Una fe renovada*. Es donde vivimos, con humildad ante el trono de Dios, lleno de incompetencias y todavía confiando en la misericordia de Dios. Fue con este espíritu humilde, que motivaba el deseo de elevar a Cristo, que se escribió este libro con la esperanza de que también caracterice la manera en que se aplica.

Por fin, diré una palabra acerca de lo que encontrarás en las páginas que siguen. Contienen varias historias combinadas, incluyendo historias de quebrantos: presunciones quebrantadas, expectativas quebrantadas y tradiciones quebrantadas. Pero también contienen historias de redención: fe redimida, esperanza redimida y relaciones redimidas. Si tú eres un ex católico, estas historias son tuyas.

RECONOCIMIENTOS

La energía de alto octanaje y el serio temor son una combinación dinámica. Como autor novato, he conocido mucho de esta fusión. Algunos días la energía me ha hecho sentir tan fuerte como si pudiera abrazar un árbol del tamaño de un hombre y arrancarlo de la tierra con raíces y todo. Otros días, cuando el cociente del temor se eleva, he deseado quedarme en la cama en posición fetal y chuparme el dedo. En ambos casos, Dios ha ejercido su soberano cuidado de las maneras más curiosas y sorprendentes. Usualmente lo hizo por medio de otros. Estas son las personas a quienes me gustaría dar las gracias. Sin ellas, este libro permanecería en mi archivo de documentos.

Ken Hughes, mi amigo y ex pastor, gracias por plantar la semilla; David Cook, gracias por inspirarme a pensar como solamente un maestro de Oxford puede hacerlo; y Harold Smith, gracias por tu oración gramatical que mejoró mi escritura.

Wendell Hawley, gracias por tomarme bajo tus alas. Steve Board, no sabré cuánto me has ayudado hasta que esté en el cielo. Alan Youngren, mi agente, solo tu sentido del humor excede a tu conocimiento. Espero volverme a reír mientras tomemos café.

Dan Meyer, gracias por hacer posible que yo cantara el Ave Maureena.

Gracias a mis editores, Andy Meisenheimer, por creer en esta obra desde el comienzo y hacerlo mejor de lo que era y Brian Phipps, por su puntilloso escrutinio.

A la congregación y ancianos de College Church en Wheaton, gracias por el privilegio de dejarme servir como uno de sus pastores.

A mis colegas de College Church por el gozo de ser sus compañeros en el evangelio.

A mis profesores Henri Blocher, Edith Blumhofer, Harry Hoffner, Jon Laansma, Mike McDuffee y David Wells, por proveer iluminación.

A los amigos que ofrecieron una retroalimentación incalculable del manuscrito: Nina Cunningham, JoanEngeseth, Caleb Evans, Peter Feuerherd, Timothy George, Stan Guthrie, Ralph MacKenzie, Sarah Miglio y Linda Schuch.

A mis amigos, cuyos hombros siempre estuvieron disponibles para apoyarse en ellos: Pete Figliozzi, Paul Adams, Mark Brucato, Chris Blumhofer, Collin Hansen, Doug O'Donnell, and Nathanael Szobody.

A los ex católicos que participaron en nuestros grupos de enfoque y entrevistas, gracias por su candor.

A mis padres, Al y Judy, a mi hermana Jeanette, y a Nana Jean por su amor y apoyo duraderos.

A mis hijos, Luke, Philip y Simeón por compartir a papá.

A mi querida esposa, Angelina, por estimularme a pensar, por sostener mis brazos cansados y por enriquecer toda mi vida con su dulce amor.

Finalmente, al trino Dios: Padre, Hijo y Espíritu Santo, por su gracia redentora, la cual da vida a los huesos secos y los hace danzar; solo a ti sea toda gloria y honor por siempre.

PRÓLOGO

ES SOLO VIDA Y MUERTE

Supe que yo tendría un problema cuando el obispo sacó del bolsillo de su traje una sarta de cuentas negras y brillantes del rosario. Acabábamos de concluir un banquete nocturno para donantes pudientes en la Isla St. John en Florida... la clase de donantes cuyos automóviles Mercedes y Jaguar siempre estaban lustrosos. Mientras conducía hacia el sur por la carretera camino a la casa del obispo, él anunció desde el asiento del pasajero su deseo de que orásemos. Aunque yo estaba empleado a tiempo completo en la Iglesia Católica, él tenía razones para creer que yo era evangélico.

¿Cómo podía yo, un recién acuñado evangélico, orar el rosario?

El obispo sugirió que yo recitara el Padre Nuestro mientras que él se dirigía a María. Ya que el Padre Nuestro está en las Escrituras, apacigué mi conciencia con una rápida racionalización y determiné concentrarme en mi parte de la oración.

El obispo Symons y yo nos hicimos amigos durante el año en que visitábamos juntos las parroquias. Él hablaba a favor de la diócesis y yo, como el recaudador de fondos, pronunciaba el discurso motivador con la intención de llenar de monedas los platos de ofrendas católicas. La manera en que nuestro dúo dinámico abordaba el asunto tenía el sabor de un Arzobispo Fulton Sheen, el articulado predicador católico de la televisión de los años 1950, y el del joven vendedor estilo Dale Carnegie que motivaba a la gente para que ofrendaran. Después de cada presentación, la gente hacía fila para besar su anillo y entregarme sus cheques.

Mientras conducía carretera abajo, recordé la exhortación que mi pastor evangélico dio a nuestra congregación el día anterior: él la llamó Sesenta días de reto evangélico. Se esperaba que comunicáramos nuestra fe personal en Jesús por lo menos una vez al día durante sesenta días. Por desdicha, yo había estado tan absorto en el trabajo que se me deslizó de la mente.

De repente surgió una idea: Podía hablar sobre mi fe con el obispo. Pero, ¿cómo un joven cristiano evangélico podría testificarle a un obispo católico de pelo gris? ¿Qué podía decirle? Después de un momento de reflexión decidí contarle la historia de mi conversión. Ya tenía mucho retraso.

El corazón me latía fuertemente y los nudillos blancos se asieron al timón cuando por fin respiré profundo y le expliqué cómo la misericordia divina invadió mi vida. Durante quince minutos traté de explicarle mi encuentro con Dios, describiendo cómo la muerte y la resurrección de Jesús conectaron mi corazón vacío con la gracia salvadora. Durante todo ese tiempo miré intensamente al camino que tenía delante, temeroso de hacer contacto visual con el obispo. El sudor se formaba en mi frente, y al fin llegué a la conclusión de mi monólogo.

Y, entonces, ¡el silencio! El obispo no decía nada. Mi temor se convirtió en terror al anticipar la explosión de un cañón anatematizante.

Cuando ya no pude soportar más la quietud, volví lentamente la cabeza hacia el asiento del pasajero. También el obispo miraba directamente hacia el parabrisas. Noté que sus ojos estaban cerrados, y pensé que estaba reuniendo sus pensamientos, pero entonces oí su respiración pesada.

¡El obispo estaba profundamente dormido!

NUESTRO RETO

Mi intento de conversar con el obispo acerca de la fe cristiana expresa la lucha de muchos que dejan la iglesia católico romana. Se puede decir que el reto es doble. Primero, luchamos por comprender cómo nuestro origen católico afecta nuestra visión de Dios y de su iglesia. Segundo, luchamos con la manera de relatar el evangelio a los amigos católicos y a los seres amados.

En cuanto a lo primero, cuando los católicos se convierten en evangélicos, enseguida nos damos cuenta de que nuestro andar con Jesús ha tomado forma debido a nuestro origen religioso. Por ejemplo, quizá el problema más común y espiritualmente injurioso es la insana culpabilidad religiosa. Es un temor molesto que preocupa al alma, una raíz de duda que pregunta si realmente Cristo nos perdonó. Por la noche, en la cama, a menudo me preguntaba, «¿ha sido mi comportamiento lo suficientemente bueno para merecer la aprobación divina?» Como Martín Lutero, que intentó encontrar a un Dios lleno de gracia, nunca sabía si había tenido éxito en producir una cantidad suficiente de justicia.

A través de todos sus escritos Martín Lutero describe su lucha por agradar a Dios con la palabra alemana *Anfechtung*. El español carece de una traducción adecuada. En la época de Lutero esta comunicaba un severo tormento del alma y de la conciencia. Es mejor dejar que Lutero lo describa. Acerca de sus días en el monasterio católico, él escribió: «Yo era un monje devoto y quería forzar a Dios para que me justificara por mis obras y la severidad de mi vida. Yo era un monje bueno, y guardaba las reglas de mi orden tan estrictamente que podía decir que si alguna vez un monje fuera al cielo por su monjía, yo también iría allí. En el monasterio lo confirmarían todos mis hermanos que me conocían. De haber seguido así durante más tiempo me hubiera matado con las vigilias, las oraciones, las lecturas y otras obras».[1]

En los capítulos subsiguientes aprenderemos cómo el alma de Lutero logró experimentar la liberación divina de su angustia y, además, consideraremos cómo nosotros también podemos obtenerla.

La segunda lucha ocurre cuando nos relacionamos con nuestros amigos y familiares católicos. Como pastor evangélico, encuentro

---

1 Loewenich, Walther von, *Martin Luther: The Man and His Works*, traductoral inglés Lawrence E. Denef, Augsburg, Minneapolis, 1982, p. 72.

que estos rompimientos de relaciones que se desarrollan en nuestra comunidad son comunes: una pareja casada, uno de los cuales es evangélico y el otro católico, deben decidir a qué iglesia van a asistir. ¿Se unirán los hijos al grupo de jóvenes o a su equivalente en la parroquia? ¿Y qué harán acerca de cumplir con los sacramentos como la Santa Comunión? ¿Es correcto para unos padres evangélicos aprobar que se observen las costumbres católicas de sus hijos con las cuales ellos no están de acuerdo? ¿Tales concesiones comunican un apoyo amoroso o una transigencia negligente? Estos problemas a veces quebrantan la estructura del matrimonio y la familia.

Además de los problemas que ocurren dentro de la familia inmediata, también hay dificultades con la familia extendida. Por ejemplo, la abuela Amelia muere y su familia debe decidir si ella va a tener una misa o un funeral evangélico. ¿Se pone una cruz o un crucifijo sobre su féretro? ¿Es correcto cantar el Ave María? Estas preguntas pueden parecer insignificantes, sin embargo, las familias las enfrentan con regularidad, con preciosas relaciones colgando en la balanza.

El problema de las relaciones evangélico-católicas no solo ejercen presión en las familias sino que además tienen profundas implicaciones para un gran número de personas, la menor de las cuales es un mundo herido, que necesita ver la vida de Cristo. Considera esta historia: Lord James Mackay nació en Edimburgo, Escocia, en 1927, en una familia evangélica extremadamente devota que pertenecía a la Iglesia Presbiteriana Libre

Fue allí que el joven Mackay se crió para amar a Cristo. Su devoción se hizo evidente durante sus treinta años de servicio como anciano de la iglesia. En su distinguida carrera como el juez más eminente de Inglaterra, le precedía la reputación de Mackay por ser un hombre de fe.

El problema comenzó cuando murieron dos de los colegas de Mackay, los cuales eran católicos. Después de asistir al segundo de estos funerales, los ancianos de la Iglesia Presbiteriana Libre lo enfrentaron. Lo acusaron de haber pecado, asegurando que los servicios del funeral católico incluían misas, lo que ellos consideraban que era una afrenta al evangelio de las Escrituras. La acusación no era que Mackay hubiera tomado la Eucaristía sino que sencillamente había asistido a los servicios. Como consecuencia, no se le permitió servir ni tomar la comunión en su denominación hasta que se arrepintiera. Cuando él defendió sus acciones, el Sínodo revisó el caso. Se tomó el voto y el resultado fue en contra de él, treinta y tres a veintisiete. Como consecuencia de su censura, Lord Mackay dejó la Iglesia Presbiteriana Libre.

La decisión del Sínodo de disciplinar a Mackay por asistir a los funerales católicos fue tan intensamente controversial que el problema dividió a los presbiterianos libres en toda Escocia. Muchos hablaron a favor de Mackay, y si no les daban la oportunidad de expresarse, congregaciones enteras se escapaban para formar otra denominación. Ellos crearon lo que en esa oportunidad se llamó Iglesias Presbiterianas Asociadas. Lo interesante es que la división de estas iglesias dio como resultado una batalla legal sobre la propiedad de los edificios de la iglesia. ¿Quién se quedaría con la tierra y las facilidades de la parroquia? ¿Pertenecían a la congregación o a la denominación? El desacuerdo fue de tal magnitud que ascendió al tribunal más alto del Reino Unido, el tribunal, nada menos, que del Lord Canciller James Mackay.

LA OPORTUNIDAD ANTE NOSOTROS

El río Tiber es uno de los ríos más largos de Italia, corre unos 406 kilómetros hacia abajo desde las montañas de Toscana y atraviesa la ciudad de Roma. Va por medio de la antigua ciudad como una serpiente, fluyendo debajo de una red intrincada de puentes. Uno de esos puentes es el Ponte Vittorio. Si uno se encamina hacia el norte sobre el puente, llegará en poco tiempo a la famosa Via della Conciliazione (Vía de la Conciliación) la primera ruta de acceso al Vaticano. Luego de una curva muy cerrada te encontrarás de repente frente a la imponente Basílica de San Pedro donde los brazos acogedores de la Columnata de Bernini te alcanzarán para abrazarte.

Mientras que los turistas viajan por dentro del Vaticano, pierden con facilidad la belleza y la maravilla del Tíber. Después de todo, es solo un río mientras que la arquitectura de Bernini es impresionante. Sin embargo, si uno pudiera viajar en un bote hacia el oeste por el río, las cosas lucirían muy diferentes. Al dejar el atracadero del Puente San Angelo, el Tíber te acompaña hasta el corazón de la ciudad. Enormes árboles se alinean junto a las riberas del río y de repente se aclaran para darte magníficas vistas de la Ciudad Eterna y luego del mismo Vaticano.

Debido a que el río corre directamente junto a la Ciudad del Vaticano, a veces se usa para describir la relación de uno con la iglesia católico romana. Así que «nadar en el Tíbar» es una forma abreviada para expresar la conversión de uno al catolicismo. Me gustaría sugerir que esto también dice algo acerca de cómo se relacionan los católicos y los evangélicos.

Algunas veces el río está calmado y plácido, sin embargo, a menudo amenaza a los viajeros con aguas revueltas. Los que han paseado en una bote por el Tíber pueden testificar que el viaje va precedido de gran anticipación y la promesa de recuerdos para toda la vida. A medida que el bote flota pasando el Vaticano con el domo de San Pedro brillando al sol, las cámaras hacen click y los vasos chocan mientras que los pasajeros no piensan mucho en las piedras agudas que se encuentran debajo de la superficie. Gracias a la pericia del capitán, ellos navegan seguros alrededor del peligro.

De manera similar nos acercamos a la reunión con los católicos llenos de esperanza. Cualquiera que sea la ocasión, un día de fiesta o un almuerzo semanal, nos espera la oportunidad de disfrutar la amistad. Sin embargo, como los pasajeros en un crucero, a veces no estamos conscientes que debajo de la superficie de las relaciones están al acecho diferencias melladas de creencias que aterrorizan su vitalidad.

Como uno que ha pasado su vida flotando a ambos lados del Tíber, este es un retrato de cómo pasé de la creencia católica a servir como pastor evangélico. A lo largo del camino he sufrido rasguños con más de unas cuantas piedras, cada una de las cuales representa una lección. Las páginas que siguen exploran estas lecciones, intentando estimularte en tu búsqueda de Jesús.

Un pastor colega solía decir que es «solo asunto de vida o muerte, nada más ni nada menos».[2] De la balanza cuelgan relaciones que pueden destacar la belleza de la redención de Cristo o degenerar en una pérdida de tiempo. Lo primero tiene implicaciones que afectan la eternidad; lo último no es nada más que una hueca vanidad. Por eso son tan necesarias estas lecciones vitales.

2 Este es uno de las muchos dichos que he recogido de mi ex colega Kent Hughes.

Parte 1

PERSPECTIVAS SOBRE EL CATOLICISMO ROMANO

Capítulo 1

POR QUÉ LOS CATÓLICOS SE CONVIERTEN EN EVANGÉLICOS

Yo era un niño católico en la Parroquia San José en Long Island.[1] Densos racimos de narcisos bordeaban el sendero de adoquines hasta la entrada de la iglesia. Se requerían ambas manos para abrir las gigantescas puertas de roble, pero a la entrada te saludaba una fachada rústica de ladrillos, flanqueada por arcos góticos truncados. El panorama de banderas y estatuas transmitían una rica historia que le infundían una gravedad gozosa al alma. Los bancos de madera tallada parecían tener la postura de un ejército en atención ante su general. Como un niño pequeño me preguntaba, «¿soy un enemigo situado en territorio extranjero, o yo pertenezco aquí?»

Recuerdo una ocasión en que yo iba caminando en medio de un resplandor ambarino que se filtraba por una de las ventanas de vidrio rosa. En medio de los rayos de luz flotaban pequeñas partículas de pelusa que exhibían un caleidoscopio de color. Mientras que estas nubes de polvo ascendían con lentitud y los rayos celestiales brillaban abajo, aparecía un cuadro de redención divina. Los humanos somos polvo, Dios es luz. Sin embargo, cuando la belleza de la presencia de

1 En algunas conversaciones y sucesos se han modificado los nombres y detalles menores por privacidad y claridad. Al tomar esta licencia literaria, he sido muy cuidadoso de preservar el significado y la exactitud general de cada historia.

Dios brilla sobre nosotros, el sombrío polvo de la tierra responde al llamado celestial y sube reflejando la realidad del cielo. Mi parroquia católica ofrecía muchas de estas lecciones.

Entre los católicos, los primeros recuerdos de la iglesia a menudo son velas votivas, zapatos de charol para el domingo de Resurrección, escenas bíblicas de Navidad y franelogramas. Las mías no son tan religiosas. Mi recuerdo principal tiene que ver con la entrada a la iglesia durante el invierno. Al correr dentro de la parroquia, desde la tundra helada de un estacionamiento, la mayoría de los muchachos pasábamos con rapidez a través del vestíbulo buscando el calor en la nave. Sin embargo, aprendí que el proceso de descongelamiento se podía acelerar si subrepticiamente metía ambas manos en la fuente del agua bendita que estaba tibia. Unos cuantos segundos de inmersión eran suficientes para restaurar la sensación. Eso funcionaba bien.

Por desdicha, una vez hice ese truco cuando el Padre Tom estaba de pie directamente detrás de mí. Pronunció mi nombre con su voz profunda y de mando. Aterrorizado, me di vuelta y salpiqué su casaca blanca con el agua de mis dedos, pero sin perder tiempo respondí avergonzado: «Que Dios lo bendiga, Padre», antes de salir corriendo. Años después él contó la historia en una homilía como la experiencia más cómica de su vocación y mencionó que olvidó cuál era el chico. Este lapso de su memoria me hizo sentir aliviado, pero al mismo tiempo me dio una visión de las llamas del purgatorio.

CONFRONTACIÓN CON LA MUERTE

Mi abuelo paterno murió de repente cuando yo tenía nueva años. Eso ocurrió una tarde soleada cuando él y mi abuela estaban en el hipódromo de Belmont, en las afueras de la ciudad de Nueva York. Después de la tercera carrera el abuelo corrió por medio del pasillo atestado de personas para hacer otra apuesta. Mientras hacía la cola cayó muerto de repente, debido a un ataque al corazón. Luego de una hora de espera ansiosa, mi abuela dejó su asiento para enterarse de la noticia.

Al domingo siguiente me senté en la iglesia con un diluvio de preguntas en mi cabeza. Era la primera vez que pensaba con seriedad acerca de la muerte. En mi mente de nueve años me preguntaba: «¿Dónde está abuelo hoy? ¿Está en el cielo? Si es así, ¿qué estará haciendo? Es posible que esté en el purgatorio. ¿Qué podría hacer yo para ayudarlo? ¿Rezar el rosario? ¿Ir a misa?» Mis preguntas no estaban articuladas con tanta claridad. No obstante, me hacía preguntas.

Más tarde en esa semana asistí a mi clase semanal de la Confraternidad de doctrina cristiana (CDC), donde le pregunté a mi maestra, la Sra. Fiero, acerca de esto. Cuando ella supo de la muerte de mi abuelo, le pidió a uno de los diáconos de la parroquia que hablara personalmente conmigo.

Joe Lorenzo había sido diácono durante muchos años. Medía alrededor de ciento setenta y cinco centímetros y pesaba casi ciento quince kilos. Su sonrisa era tan amplia y brillante que llenaba el salón. Joe el grande (como los muchachos lo llamábamos en secreto) habló brevemente con la Sra. Fiero antes de invitarme a dar una paseo con él. Afuera de nuestra aula y al final del pasillo, estaba el santuario de la parroquia, donde Joe y yo nos sentamos en el último banco. Tengo un vago recuerdo de la conversación. Fue algo así como lo siguiente.

—Chris, mira arriba en la pared. ¿Qué ves?

—Una estación de la cruz.

—Sí, en efecto, la estación número 13. Están bajando a Jesús de la cruz y María abraza su cuerpo sin vida. No tienes que mirarla mucho tiempo antes de comenzar a sentir algo del dolor de nuestra santa Madre.

»A pesar de lo modesto del crucifijo, que representa a Jesús medio cubierto, sabemos que en realidad colgaban a los hombres golpeados y desnudos: una desgracia indecible para los judíos y especialmente para la madre judía, para quien la circuncisión de su hijo era el día mas gozoso de su vida. El alma de nuestra Madre bendita magnificó al Señor en su nacimiento y ahora, en su muerte, ella sufre su dolor.

»Afortunadamente, Chris, esta es solo la penúltima estación. La representación final de la pasión de nuestro Señor, la estación 14, presenta a Jesús yaciendo en la tumba. La tumba es un símbolo de muerte, pero también significa esperanza, que un día la vida florecerá.

»Continuemos hablando afuera —dijo Joe mientras volvía sus ojos a una ventana cercana.

¿QUÉ CREEN LOS CATÓLICOS?

El oscuro santuario, al dirigirnos afuera, hizo un rápido contraste con el mundo brillante más allá de las grandes puertas de madera. La luz del sol nos cegó, tanto, que durante unos momentos todo lo que veía ante mí era la silueta de Joe el grande. El sendero de ladrillos rojos, en la parte exterior de las puertas, torcía hacia un afloramiento de flores, arbustos y árboles frutales. Al final del sendero de ladrillos había un banco en el que nos sentamos.

Al principio Joe estaba quieto, mientras contemplaba el cerezo frente a nosotros en la cima de un montículo de astillas de madera.

—Chris, ¿has considerado alguna vez cuán estériles se ven los árboles en invierno? Las ramas parecen desnudas y muertas, pero allá dentro la vida está escondida. En la primavera es cuando se revela lo que estaba oculto. Por ejemplo, mira este cerezo. Ahora está comenzando a despertar del letargo. Notarás que las fragantes flores blancas están comenzando a brotar en los extremos de las ramas. Este es el primer paso de lo que en su oportunidad llegará a se un racimo de cerezas negras. ¿Qué supones que ocurriría a esta flores si las arrancara de las ramas?

—Muerte.

—Así es. A menos que las flores permanezcan conectadas, no pueden vivir. Como sabes, tu abuelo se bautizó en la iglesia. Su fe se nutrió con los sacramentos. Por causa de esto esperamos que su vida volverá a florecer.

Miré al terreno, arranqué un diente de león y pregunté:

—Así que, ¿la iglesia es como el árbol?

—Sí —me respondió Joe con una de sus sonrisas joviales.

—¿Cómo funciona eso?

—Comienza con Dios, el Creador de todas las cosas. Cada domingo, cuando celebramos la misa, expresamos esto en el Gloria in Excelsis. Es un hermoso himno de alabanza que se remonta al siglo cuatro:

> *Solo Tú eres Santo*
> *Solo tú eres el Señor,*
> *Solo Tú eres el Altísimo, Jesucristo,*
> *Con el Espíritu Santo.*
> *A la gloria de Dios el Padre. Amén.*

—El segundo miembro del triuno Dios llegó a ser hombre, Jesús el Dios-hombre, según dice en el Credo de Nicea:

> *Creemos en un Señor, Jesucristo, el unigénito Hijo de Dios,*
> *eternamente engendrado por el Padre,*
> *Dios de Dios, Luz de Luz, verdadero Dios de verdadero Dios,*
> *engendrado, no hecho, uno en Ser con el Padre,*
> *Por medio de él todas las cosas fueron hechas,*
> *Por nosotros y para nuestra salvación él descendió del cielo...*

»Jesús seleccionó doce hombres para que fueran sus discípulos íntimos. Les dio autoridad y los llamó a proclamar las buenas nuevas del reino de Dios. Por eso los llamamos 'apóstoles' porque fueron enviados a servir como embajadores de Cristo al mundo.

»Los doce apóstoles, unidos bajo Jesucristo en una misión divina, representaron las tribus de Israel. Entre ellos, Simón Pedro recibió el papel principal de vocero y líder. Con este propósito el Señor confirió su autoridad sobre Pedro, como nos dice el Evangelio de Mateo: "Y yo te digo, que tú eres Pedro, y sobre esta roca edificaré mi iglesia, y las puertas del infierno no prevalecerán contra ella. Te daré las llaves del reino de los cielos, y lo que atares en la tierra será atado en el cielo, y lo que desatares en la tierra, será desatado en el cielo".[2]

»Pedro fue el primer Papa. Una sucesión de Papas, a través de la historia, han continuado el oficio pastoral de Pedro. Como vicario

---

2 Mateo 16:18-19

(representante) de Cristo, el Papa sirve como el pontífice romano y dirige a los obispos en el ejercicio del poder supremo sobre la iglesia universal. Juntos, ellos otorgan el acceso a Dios.[3]

—Joe, perdóname, pero, ¿qué relación tiene todo esto con nuestro árbol?

De momento Joe cambió su semblante, sonrió cálidamente y siguió:

—Imagina la iglesia como el árbol y a los católicos como las flores. De la misma manera que la savia fluye hasta los últimos extremos de cada rama, la gracia de Dios está infundida en cada miembro de la iglesia. Mientras permanecemos conectados al árbol, la vida divina se deposita en nuestras almas. Por eso la Eucaristía es tan vital, porque provee la nutrición espiritual.

—¿Cómo la iglesia deposita la vida en nuestras almas?

—La forma exacta en que funcionan los sacramentos es un misterio de fe, pero podemos confiar en ellos porque Dios los instituyó.[4] Por medio de ellos recibimos la vida de Jesús.

Antes que Joe el grande continuara, sonó la campana de la escuela indicando que la clase había terminado. Miramos al unísono al edificio de la iglesia, donde los niños estaban comenzando a salir. Después de agradecerle a Joe el tiempo que me dedicó, él me bendijo y cada uno siguió su camino. Es posible que en aquel tiempo yo no comprendiera todo lo que Joe me dijo, pero sin lugar a dudas supe que venía de un hombre que se interesaba mucho en mi alma.

LA DIFERENCIA FUNDAMENTAL

Aquellos de nosotros que somos evangélicos encontraremos en la explicación doctrinal de Joe elementos que nos son familiares y otros que quizás nos sean extraños. En los capítulos siguientes aclararemos

3 Para una explicación precisa de cómo se piensa que funciona la sucesión apostólica, vea el capítulo del Papa Benedicto «La pregunta clave en *La disputa católica-protestante: Tradición y Successio Apostólica*», en Joseph Cardinal Ratzinger, *Principios de teología católica: ladrillos para una teología fundamental*, trad al inglés: Sr. Mary Frances McCarthy, SND. Ignatius, San Francisco, 1987, pp. 239-84.

4 *Catecismo de la Iglesia Católica*, Image, Doubleday, Nueve York, 1995, 775.

muchos de esos detalles, pero por ahora quiero identificar la diferencia fundamental entre la creencia católica y la evangélica.

Como dos conjuntos de dominós que corren paralelos antes de moverse en direcciones divergentes, lo que los católicos y evangélicos entienden de Cristo y la salvación emerge de una Biblia común[5] y de los credos de confesiones (por ejemplo, el Credo de los Apóstoles y el Credo de Nicea) pero de ahí en lo adelante comienzan a separarse. La causa de esta divergencia se desprende de una interpretación diferente de cómo la revelación y la autoridad de Jesús se extiende a su iglesia, y por consecuencia al mundo. Como me explicó el diácono Joe, los católicos entienden que la presencia encarnada de Jesús está en la única, santa y apostólica iglesia. Por eso se piensa que la iglesia tiene autoridad divina sobre el pueblo de Dios.[6] Los evangélicos están de acuerdo con esta conexión hasta el punto de reconocer la iglesia como el cuerpo de Cristo. Al mismo tiempo, hay puntos significativos con los que estamos en desacuerdo.

A diferencia de la posición católica, que se basa en la sucesión apostólica, los evangélicos entendemos que la infalible revelación de Dios solo consiste en las Escrituras. Una manera sencilla de pensar en esto es la correlación entre Jesús la Palabra viva, y Jesús la Palabra escrita. Como lo dice el comienzo del Evangelio de Juan: «En el principio ya existía el Verbo, y el Verbo estaba con Dios y el Verbo era Dios» (Juan 1:1; mira también 1 de Juan 1:1). Por consiguiente, la Biblia es la vía por la cual la vida del Jesús resucitado se extiende a la iglesia. Por medio del texto sagrado Dios concede nueva vida,[7] revela su voluntad,[8] y

5 No obstante, los así llamados libros apócrifos del Antiguo Testamento, o en términos católicos los «deuterocanónicos», son una colección de escritos que se encuentran en el Antiguo Testamento católico. Pertenecen al período intertestamentario (los 400 años entre el Antiguo y el Nuevo Testamentos) y comprenden siete libros: Tobías, Judit, 1 Macabeos, 2 Macabeos, la Sabiduría de Salomón, Sirac (llamado también Eclesiástico) y Baruc. Además, hay pasajes de texto: la Carta a Jeremías (la cual llegó a ser Baruc cap. 6), la Oración de Azarías (la cual llegó a ser Daniel 3:24-90) una adición de 107 versículos al libro de Ester, Susana (lo que llegó a ser Daniel 13), y Bel y el Dragón (que se convirtieron en Daniel 14). Estos libros llegaron a ser parte oficial del Antiguo Testamento católico en el Concilio de Trento(1545-63).

6 Tromp, Sebastian, SJ, *Corpus Christi quaod est ecclesia*, traducción al inglés por Ann Condit, Vantage, New York, 1960, p. 194.

7 Juan 5:24; Romanos 10:8-10; Efesios 1:13; Santiago 1:18 (compárese con Hebreos 4:12).

8 Mateo 4:4; 7:21; 1 Tito 3:6-16; 2 Timoteo 2:15; 3:16-17; Hebreos 1:2.

gobierna a su pueblo.[9] La Biblia es la sola guía infalible para la salvación. Se erige sola como la fuente suprema de autoridad sobre la cual se basa la fe cristiana, la absoluta «norma que establece la norma» (norma normans).[10] Esto es diferente al punto de vista católico, que entiende que la Tradición Sagrada tiene la misma autoridad que las Escrituras.[11]

Si recordamos este punto básico de divergencia, entonces comprenderemos mejor por qué difieren los católicos y los evangélicos.[12] A la postre, la diferencia se reduce a una sola palabra: «autoridad».

La mayoría de los ex católicos que completaron nuestra encuesta señalaron el asunto de la autoridad religiosa como la razón que tuvieron para trasladarse a una dirección evangélica. A medida que nuestros cuestionarios y los grupos de enfoque detallaron esta inquietud, cinco asuntos se elevaron hasta el tope. Con la autoridad como la amenaza común, estas convicciones constituyen las razones particulares por las cuales los individuos, en su oportunidad, se separaron de sus orígenes católicos:

1. Se llama a cada individuo al ministerio de tiempo completo.
2. La relación con Cristo es más importante que el cumplimiento de las reglas.
3. En Cristo disfrutamos del acceso directo a Dios.
4. Solo hay un objeto propio de devoción, Jesús el Salvador.
5. La gracia, y no la culpa, es la que debe motivar a los hijos de Dios.

Después de numerosas entrevistas en las salas de diferentes casas con una docena o algo así de personas tomando café y comiendo biscotti, reconocí algo fascinante. A los ex católicos les encanta oír las

---

9 Juan 17:17; 1 Corintios 14:37; Filipenses 2:16; 1 Timoteo 5:17.

10 Hechos 17:11; 1 Corintios 3:11; 1 Tesalonicenses 2:13; Harold O.J. Brown, *Reclaiming the Great Tradition*, ed. James S. Cutsinger. InterVarsity, Downers Grove, IL, 1997, p. 79.

11 *Catecismo de la Iglesia Católica*, 97.

12 Otra manera de comprender la divergencia es en términos de «alianza», como lo expresa Jaroslav Pelikan en su libro clásico *The Riddle of Roman Catholicism*. La alianza a Cristo parecerá diferente entre los católicos y los evangélicos, los primeros la definen como la alianza a la institución de la iglesia y los últimos en términos de la fe personal en Cristo. Pelikan, Jaroslav, *The Riddle of Roman Catholicism*, Abingdon, Nashville, 1959, p. 179).

hisorias de fe de unos y otros porque tales historias les brindan perspectivas a su peregrinaje espiritual. Estos relatos personales proveen respuestas a preguntas importantes y suplen evidencias para apoyar las tesis anteriormente dichas concernientes a las convicciones que sacan a los individuos de la Iglesia Católica. Los capítulos siguientes exploran las razones que más comúnmente se mencionan para esta salida y presentan tres retratos históricos del período de la Reforma para dar más iluminación respecto a cómo tales convicciones lograron funcionar.

Capítulo 2

PRIMERA RAZÓN: FE A TIEMPO COMPLETO

El desarrollo de una imagen popular es vital para los americanos. Ya sea que aparezca anunciada en los ómnibus o a través de una ventana que se nos abra por casualidad en la Internet, la ansiedad por la imagen aparece dondequiera. Es obvio en especial en los centros comerciales, los que han llegado a ser lugares de adoración no muy diferentes a los antiguos templos o catedrales medievales. Estas capillas de la época moderna son una vista digna de contemplar con su follaje exuberante, fuentes centelleantes y vistas iluminadas a todo color. Junto con los pantalones vaqueros de diseñadores y cafés exóticos, puedes adquirir una imagen nueva y mejorada.[1]

Sin embargo, se debe señalar que esa preocupación por la imagen de uno no es solo por la conciencia de la moda; también es vital para el siervo de Cristo. Y hablando de esto, recuerdo que una vez escribí un artículo titulado: «La imagen del cristiano lo es todo». El título levantó las cejas de mis amigos pastores hasta que ellos lo leyeron. Presentaba el caso que cuando la Biblia habla acerca de la imagen de Dios, simultáneamente se interesa en nuestro llamamiento para llevar adelante la majestad de Cristo por toda la tierra. En otras palabras, la imagen de Dios es más que reflejar sus atributos morales (santidad, justicia, amor, etc); es también nuestro llamamiento a desplegar su

1 La primera vez que oí de un centro comercial usado como metáfora para describir una cultura popular fue del Profesor David F. Wells en una conferencia en el seminario.

belleza y su fama. De este modo, el concepto de imagen tiene que ver con el propósito de Dios para nuestras vidas.

Apéndice explicativo: La imagen de Dios

Para comprender con propiedad el significado bíblico de imagen, debemos considerar a Adán y a Eva en el huerto. Ellos fueron creados a la imagen de Dios, Adán funcionaba como un espejo de ángulo colocado debajo del Señor. Cuando la realidad divina brillaba hacia abajo, sobre él, se reflejaba a lo largo de un plano horizontal. Por lo tanto, cuando cada integrante de la pareja recién creada se acercaba al otro, contemplaba algo de la gloria de Dios en el otro.

Desdichadamente, Adán y Eva se rebelaron contra el Creador, y mientras el jugo de la fruta chorreaba de sus labios, la imagen divina se hacía añicos. Incapaces de reflejar la divina belleza con el mismo grado de claridad, los expulsaron del huerto. El legado de desgracia es nuestro por derecho de nacimiento.

Con una vergonzosa herencia de pecado y muerte, la raza humana, ahora separada de Dios, trata con desesperación de restaurar su imagen destrozada acumulando los harapos de este mundo. Perseguimos todo lo que promete entereza: dinero, placer, sexo, poder, moda, promociones corporativas. Es triste que muchas personas alcancen el final de sus vidas rodeadas de estos emblemas huecos, solo para encontrar que la promesa de prosperidad y de satisfacción personal era una farsa. Aquí, en una cultura perseguida por la fragmentación, la distracción de la alta tecnología y la soledad del individualismo, nuestros corazones permanecen como vacíos teatros de anhelos. Gracias a Dios que no nos ha dejado morir en este engaño. Jesús, la imagen visible de la gloria de Dios, el espejo prístino que permaneció con fidelidad bajo el Padre,

ha tratado definitivamente con el problema de la humanidad.

El apóstol Pablo dijo: «Él es la imagen del Dios invisible» (Colosenses. 1:15). Como el sustituto para la humanidad, el amor sacrificial de Cristo lo sometió a la cruz. Sobre ella, los clavos del juicio divino horadaron al Salvador. De la misma forma en que se planeó antes del comienzo del tiempo, Él se convirtió en el Cordero de Dios que quita el pecado del mundo, el Salvador que hace nuevas todas las cosas.

La muerte y resurrección de Cristo ha tenido relación directa con el problema de la imagen en la humanidad. Por causa de la resurrección de Jesús de entre los muertos, Dios no solo nos justificó, también nos llamó a representarlo en el mundo (Mateo 28:19-20). Este es el propósito permanente del pueblo de Dios, la imagen de Cristo que ahora reflejamos.

Todos nos sentimos un poco responsables de comprender el propósito de la vida. Es realmente rara la persona que no se levante de la almohada en la mañana y ocasionalmente se pregunte, *¿Qué significado tiene la vida?* O quizá esto suceda mientras miramos el féretro en el funeral de un ser querido. El tema en cuanto al propósito es crítico para cada persona que respira, y más para aquellos que crean que una vida que no se examina no es digna de vivirse. Durante mis años de adolescente la preocupación por la imagen y el propósito no solo era grande, sino que además marcó el comienzo de mi salida de la Iglesia Católica.

LA BÚSQUEDA DE PROPÓSITO

El rápido ritmo de la vida, a través de la década de 1970, revolvió las prioridades de nuestra familia. Aunque completé el sacramento de la confirmación, la participación en nuestra parroquia poco a poco se redujo a los días de fiesta. Al pasar de los años nos unimos, sin intentarlo, a las filas de aquellos cuyo catolicismo consistía en asistir a la misa en Navidad y Domingo de Resurrección… y nada más.

Uno de los pocos lugares donde mi identidad católica se hizo explícita fue en el hospital. Tal vez tú sepas cómo es esto. Al entrar a la sala de emergencia el oficinista te pide que identifiques tu afiliación religiosa. Esta clase de información, en este asunto de los hospitales, puede ser muy importante en la costa norte de Long Island. Por ejemplo, un paciente como Murray Rabinowitz puede estar mirando fijamente un emparedado de filete de cerdo. Yo enseguida le dije al oficinista: «católico romano».

Cuando yo tenía diecinueve años, viviendo en Long Island, una enfermedad misteriosa me hizo aterrizar en el hospital. Me costaba trabajo respirar y en las palmas de mis manos apareció una erupción extraña. Después de admitirme, comenzó a aparecer una ronda tras otra de médicos que pasaban por mi cuarto y me hacían preguntas de diagnóstico. Luego de varias horas viendo expresiones desconcertadas, me trasladaron a un área de cuarentena donde se requería que todos los visitantes usaran máscaras médicas faciales. El pánico se notaba en los ojos de todos.

Una enfermera mencionó que mi respiración laboriosa se debía a un influjo de fluido que estaba llenando mis pulmones.

—Perdone, pero, ¿cómo me quitarán el fluido? —le respondí.

—Con antibióticos. Y si eso no funciona, lo extraeremos —respondió ella mientras reemplazaba mi suero vacío.

—¿Extraerlo?

—Sí, es muy sencillo. Insertamos una aguja a través de la parte inferior de la espalda y la empujamos bien adentro en los pulmones mientras que tú, respirando profundamente, fuerzas la salida del fluido. Pero bueno, no hay por qué explicar todo eso ahora. Cruzaremos ese puente cuando lleguemos ahí.

Busqué la sonrisa de la enfermera, esperando que fuera una broma, pero no apareció ninguna. Me puse nervioso, miré a través de la ventana de mi segundo piso a una rama que había perdido casi todas sus hojas con el viento del invierno. Mi mente se remontó al cuadro del sagrado corazón de Jesús colgado detrás de la puerta de mi dormitorio.

El tiempo de mi convalescencia hizo que surgieran profundas

preguntas acerca del significado de la vida. ¿Por qué yo estaba vivo? ¿Hay realmente un Dios, y si es así, le interesa involucrarse en mi vida? Con el paso de los días aumentaban las preguntas hasta que por fin decidí encontrar las respuestas. En aquella fría mañana de invierno mientras la joven enfermera empujaba mi silla de ruedas hacia las puertas de salida del hospital, ya mi búsqueda espiritual estaba en marcha.

El primer paso de mi búsqueda fue seguir la meditación trascendental con el Maharishi Mahesh Yogi. Después de unos cuantos meses de hacer ruidos poco usuales en una posición de loto, comprendí por qué los Beatles se desencantaron con el método del Sr. Yogi. De allí asistí a seminarios a través del Anexo de Aprendizaje y estudié con gurús de fama mundial como M. Scott Peck y Deepak Chopra.

En ese tiempo yo trabajaba con la Compañía de Teléfonos de Nueva York en Greenwich Village, en Manhattan y estaba rodeado de los adherentes de una amplia gama de religiones y filosofías. La Village se convirtió en mi salón de clase. Por ejemplo, cuando quería aprender de alguien en el Centro Budista cercano, arreglaba una reunión personal. Mi método para hacer esto era discutible, aunque en ese tiempo tenía sentido. Después de localizar la terminal de teléfono del centro, desconectaba los alambres de su conexión, informaba el problema, me hacía cargo de la reparación, tocaba el timbre del Centro Budista y entonces me recibía un huésped muy agradecido. Una vez adentro, buscaba una persona a quien entrevistar, me sentaba junto a la pared de su oficina pretendiendo que la pizarra central me tenía en espera y le hacía preguntas. Según lo que recuerdo, creo que la dama budista hasta me hizo una taza de café.

La cima de mi peregrinaje espiritual fue una caminata de fuego. Esto sucedió en el Jacob Javits Center en Nueva York, donde más de mil personas esperaban oír al orador motivacional Tony Robbins. Después de tres horas animando a la gente con afirmaciones, programación neurolingüística y alguna meditación de la Nueva Era, nuestra manada avanzó poco a poco hasta salir al estacionamiento. Allí encontramos largos trechos de ascuas encendidas. De acuerdo a Robbins, la experiencia se diseñó para que fuera una metáfora en cuanto a vencer nuestros temores y mejorar la vida. ¡Nunca antes una metáfora pareció ser tan caliente y dañina!

Cuando la señora frente a mí procedió a caminar en medio de un sendero de fuego de cuatro metros (doce pies), yo inhalé profundamente. La esposa de Tony Robbins (que resultó ser la facilitadora de mi línea) puso su mano sobre mi hombro y me dijo: «¡Tú puedes hacer esto!» Noté que ella usaba zapatos y que estaba por lo menos a cincuenta centímetros de la brasa más cercana; no obstante, fui adelante y caminé con tanta rapidez como mis piernas temblorosas me pudieron llevar.

No sé cómo funcionó, todo lo que puedo decir es que caminé sobre el fuego sin quemarme. Después que salí de las brasas, de inmediato alguien regó mis pies con agua fría para extinguir cualquier ascua que se hubiera quedado trabada entre mis dedos. Después de eso hubo una celebración, y en el buen estilo de Nueva York intercambiamos historias mientras comíamos bagels con queso crema. Fue emocionante, sin embargo, persistía la esterilidad de mi corazón y continuaba mi peregrinaje por el camino ancho.

EL LLAMAMIENTO DE LA IGLESIA

San Agustín dijo: «Tú, oh Dios, nos hiciste para ti, y nuestras almas estarán sin descanso hasta que descansen en ti».[2] Pienso que la razón por la cual esta declaración de San Agustín es tan popular es que expone una necesidad universal de la humanidad. Como lo expresa el libro de Eclesiastés: «[Dios] ha puesto eternidad en el corazón de ellos [los hombres]» (3:11, versión RVR 1960). Algunas personas pueden tratar de ignorar la eternidad, viviendo solo en el presente, pero en realidad nunca escapan del propósito eterno para el cual fueron creados.

Como mencioné al comienzo de este capítulo, el llamamiento de

2 Cualquiera que cita algo de los padres de la iglesia conoce esta declaración. Algunas veces a los evangélicos nos gusta sacarla para demostrar que estamos relacionados con la historia de la iglesia. (También podemos deslumbrarte con Blas Pascal o Francisco de Asís, pero, por favor, no nos pidas que te digamos más no sea que revelemos nuestra ignorancia.)

Adán, su propósito, si así quieres decirlo, era reflejar la imagen de Dios sobre la tierra (Génesis 1:26; compárese con el Salmo 8). Toda la humanidad, siguiendo a Adán, heredó el mismo propósito: representar a Dios en el mundo. En su momento, Jesús cumplió este propósito en su vida perfecta, su muerte y su resurrección.[3] Ahora, en Cristo, a la iglesia se le llama para proseguir esta gran tarea: proclamar con gozo entre las naciones la gloria de Cristo.

La mayor parte de los católicos y los evangélicos están de acuerdo en este propósito. Ambos deseamos representar a Cristo, nuestro Rey, como la encarnación de su amor redentor al mundo. Donde diferimos es en la manera de hacerlo. El énfasis del catolicismo está en el sacerdocio clerical, por otro lado, los evangélicos enfatizan el «sacerdocio de todos los creyentes». La diferencia puede sonar sutil, pero sus implicaciones son profundas. La siguiente cita tomada del *Catecismo de la Iglesia Católica*, nos ayuda a explicar nuestro punto: «La Iglesia entera es un pueblo sacerdotal. Por el bautismo, todos los fieles participan del sacerdocio de Cristo. Esta participación se llama "sacerdocio común de los fieles". A partir de este sacerdocio y al servicio del mismo existe otra participación en la misión de Cristo: la del ministerio conferido por el sacramento del Orden, cuya tarea es servir en nombre y en la representación de Cristo-Cabeza en medio de la comunidad».[4]

Por favor, fíjese que, en efecto, la Iglesia Católica tiene una doctrina del «sacerdocio de los creyentes» la cual se aplica a toda la iglesia. Sin embargo, aun después del Vaticano II, todavía el catolicismo hace una clara distinción entre los papeles del clero y el laicado. El clero lo componen los ministros ordenados quienes son mediadores de la gracia santificadora en maneras en las que los laicos no pueden hacerlo. Como consecuencia hay una estructura de dos hileras cuando se relaciona con el llamamiento y propósito cristianos: el sendero clerical y el sendero laico.

Para muchos, el resultado desafortunado de tal distinción aguda

---

3 Nota la referencia de Pablo a Jesús como el «último Adán» en 1 Corintios 15:45 (véase también Romanos 5:14-15).

4 *Catecismo de la Iglesia Católica*, 1591-92.

entre el clero y el laicado católico es un debilitamiento del llamamiento y propósito cristianos. Entre los ex católicos que participaron en nuestros grupos de enfoque, se mencionó con regularidad este asunto como una razón clave por la cual los individuos dejaron la Iglesia Católica. Esto no quiere decir que los católicos no puedan disfrutar de la vocación laica. En verdad, algunos lo hacen. Sin embargo, para muchos, no existía estímulo alguno para comprometerse en el ministerio.[5]

Después de leer el énfasis de la Biblia en el papel de *toda* la gente en Cristo para llevar adelante su reino, estos ex católicos deseaban que la iglesia les validaran sus vocaciones seculares como formas legítimas de ministerio. Ellos llegaron a creer, de acuerdo a las Escrituras, que en Cristo realmente son sacerdotes espirituales cuyos ministerios están en condición de igualdad con el clero ordenado.[6]

Dorothy L. Sayers (1893-1957) fue una escritora y apologista articulada que argumentaba con pasión la relevancia de la doctrina cristiana ortodoxa como una necesidad para una verdadera fe cristiana viviente. El 23 de abril de 1942, ella habló en Eastbourne, Inglaterra, acerca del estado de la sociedad británica durante la Segunda Guerra Mundial. Para reconstruir la infraestructura del país era necesaria tener una actitud apropiada para el trabajo y la fe. Como Sayers lo expresó, el trabajo y la religión no pueden «convertirse en departamentos separados»:

> El negocio de la iglesia es reconocer que la vocación secular, como tal, es sagrada. El pueblo cristiano, y quizá en particular el clero cristiano, debe meterse con firmeza en la cabeza que cuando un hombre o una mujer es llamado a una tarea particular de trabajo secular, esta constituye una vocación genuina igual que si fuera llamado/a a un trabajo específicamente religioso... No es correcto para [la iglesia] consentir en

---

5 El Vaticano II trató la necesidad de mayor participación en el ministerio de los laicos en dos documentos: *Decreto sobre el apostolado de los laicos* y *Sobre la Iglesia en el Mundo Actual: Constitución Pastoral.* Sin embargo, en muchas parroquias ha continuado la separación entre los laicos y clero.

6 En Cristo, todos los creyentes son sacerdotes (Romanos 12:1; Hebreos 10:19, 22; 13:15, 16; 1 Pedro 2:5, 9) y participan en el reino real del Señor (1 Corintios 6:2; Efesios1:3; 2:6; Colosenses 3:1).

> la noción de que la vida de un hombre está dividida entre el tiempo que emplea en su trabajo y el tiempo que emplea en servir a Dios. Él debe ser capaz de servir a Dios en su trabajo, y el mismo trabajo se le debe aceptar y respetar como el medio de la creación divina.
>
> En nada ha perdido la iglesia su control de la realidad como en su falta de comprender y respetar la vocación secular. Esta ha permitido que el trabajo y la religión se conviertan en departamentos separados, y es asombroso encontrar que, como resultado, el trabajo secular del mundo se ha vuelto en fines puramente egoístas y destructivos y que la mayor parte de los trabajadores inteligentes del mundo se han vuelto irreligiosos, o por lo menos, desinteresados en la religión.
>
> Pero, ¿es esto asombroso? *¿Cómo puede alguien permanecer interesado en una religión que ni siquiera parece tener interés en las nueve décimas partes de su vida?*[7]

Las últimas líneas de Sayers dan en el blanco. Muchos ex católicos se desencantan con una parroquia que les pide poco más que asistir a la misa. Ellos ansían un llamamiento y propósito en el que puedan hundir los dientes fuera de los domingos en la mañana, uno que los relacione con cada faceta de la vida. En su oportunidad lo encontraron, vivir como embajadores de Cristo a tiempo completo. De este modo, los corazones sin descanso al fin se dan cuenta del propósito de Dios para la humanidad.

---

7 Sayers, Dorothy L., «Why work?» en *Creed or Chaos?*, Harcourt, Brace, New York, 1949, pp. 56-57, énfasis añadido.

Capítulo 3

UN RETRATO DE LA FE EVANGÉLICA: MARTÍN LUTERO

Durante la época del Renacimiento, la era de Miguel Ángel, Rafael, Colón y Copérnico, muchos pensadores cristianos estuvieron de acuerdo en que la iglesia necesitaba una reforma. La intervención del papado en los asuntos políticos a menudo venía a expensas del pastoreo de las almas. Con el papa Urbano gobernando en Roma y Clemente en Avignon, el Gran Cisma Papal de un siglo antes introdujo un grado de burocracia más profundo. Más adelante, en el siglo dieciséis, las demandas políticas continuaron compitiendo con los deberes espirituales.

Algunos teólogos siguieron protestando en contra de la tendencia a la politización de la iglesia. En su obra *On the Church* [Sobre la iglesia], John Wycliffe (1324-84) aseveró que uno no es salvo por ser un miembro de la iglesia sino más bien por la relación que tenga con el cuerpo espiritual de Cristo. Este punto enfatizaba la relación directa de los individuos con Dios sobre la actividad de uno en la institución de la iglesia. Wycliffe, siguiendo este énfasis, promovió la traducción de las Escrituras del latín al inglés.

Tres generaciones después, Juan Hus de Bohemia se inspiró en la teología de Wycliffe. Por desdicha para Hus, el 20 de diciembre de 1409 la iglesia emitió un decreto para eliminar el Wycliffisismo.

Enseguida tuvieron que entregar todos los libros que escribió Wycliffe, renunciar a su doctrina y descontinuar la predicación libre dondequiera que se practicara. Cuando se impuso la prohibición en Bohemia, Juan Hus se convirtió en un hombre fuera de la ley. En el año 1412 el arzobispo de Praga lo excomulgó y el 6 de julio de 1415, condenaron a Hus como hereje y lo quemaron en la estaca.

Al llegar el año 1500, la institución de la iglesia permaneció mayormente monolítica, a pesar de una pocas voces que pedían reformas. Con la excepción de los ortodoxos orientales, los judíos y los musulmanes, virtualmente toda Europa adoraba de acuerdo a la misma liturgia que autorizó el Vaticano. Sin embargo, en solo cincuenta años La Reforma Protestante modificaría toda la estructura del cristianismo occidental.

MARTÍN LUTERO

Aunque Martín Lutero (1483-1546) llegó al mundo durante el Renacimiento, el pueblo de Mansfeld, Alemania, mostró poca evidencia del renacimiento cultural durante los primeros años de Lutero. Por causa de las plagas, los ladrones y una cultura popular plagada de espíritus siniestros, mucha gente vivía en un temor constante a la muerte. Era común que la sociedad europea de esta era mezclara el paganismo con la tradición cristiana, creando un cristianismo fantásticamente oscuro, mezclado con la superstición. En Alemania pensaban que seres malévolos tales como duendes, hadas, brujas y sirenas animaban el viento que soplaba, las corrientes que fluían y los árboles altos del bosque. En un mundo tan inestable, la seguridad espiritual era un sueño muy lejos de alcanzar que eludía a muchos cristianos píos. A veces el sueño se representaba mostrando artísticamente al Señor Jesús sentado en su trono con un lirio que le salía de una parte de su cabeza (simbolizando la resurrección) y en el otro extremo una espada (representando el juicio). Los niños se preguntaban, «¿cómo puedo obtener el lirio en lugar de la espada?»

El joven Martín demostraba tener una energía e inteligencia

EL JUICIO FINAL

notables. Después de completar el bachillerato y la maestría con una velocidad vertiginosa, se encaminó a convertirse en un abogado. Sin embargo, a la edad de veintiuno descubrió que su camino a la carrera iba a tener un cambio drástico e inesperado.

Un día, en julio de 1505, mientras caminaba a la escuela de leyes en las afueras de una cercana aldea sajona, Lutero se encontró en medio de una fiera tormenta de rayos. Las nubes se movían con rapidez y rociaban el camino abrasador por el que viajaba, al principio suavemente y después con más intensidad. El cielo relampagueaba y retumbaba hasta que un rayo, con un ruido ensordecedor, golpeó el suelo cerca de Lutero. Tocó la tierra tan cerca a él que lo tiró al suelo lleno de terror. Expuesto a la furia de la naturaleza Lutero gritó, «¡Ayúdame Santa Ana! Me convertiré en monje».

En un momento se alteró la dirección que llevaba la vida de Lutero, de una carrera en leyes a prepararse para el sacerdocio. Después de seis meses de exámenes, seguido de un noviciado (un año adicional de escrutinio), hicieron fraile a Lutero y entró en el monasterio. La ceremonia pedía que él yaciera postrado ante un altar sobre una placa de bronce que cubría una tumba. Allí estaba enterrado el líder agustino que en el Concilio de Constanza (1415) condenó a Juan Hus a una muerte de mártir. Mientras que el frío cuerpo del líder agustino yacía inmóvil en la oscuridad de la tumba, el espíritu de Wycliffe y de Hus latían por encima en algún lugar del corazón de Lutero.

El historiador Martin Marty describe la pasión religiosa de Martín Lutero diciendo: «Realmente, tiene más sentido considerarlo como un luchador con Dios, como un buscador de certidumbre y seguridad obsesionado con Dios en un tiempo de trauma social y de ansiedad personal, comenzando con la suya».[1] Quizá Lutero recordara el cuadro del lirio y de la espada emanando de Jesús. Sin embargo, en su alma ardía la cuestión de cómo complacer al juez divino. Aquí, Lutero describe con candidez su experiencia:

Anhelaba mucho comprender la epístola de Pablo a los

---

1 Marty, Martin, *Martin Luther*, Viking Penguin, New York, 2004, p. xii

> Romanos y nada me lo impedía sino una expresión: «Pues si nuestra injusticia pone de relieve la justicia de Dios, ¿qué diremos? ¿Que Dios es injusto al descargar sobre nosotros su ira?» Mi situación era que aun siendo un monje impecable ante Dios aparecía como un pecador atormentado en su conciencia y no tenía confianza en que mi mérito pudiera aplacarlo.
>
> Noche y día reflexionaba sobre esto hasta que vi la relación entre la justicia de Dios y la declaración de que «el justo vivirá por la fe». Entonces comprendí que la justicia de Dios es aquella por medio de la cual Dios nos justifica por fe a través de la gracia y la misericordia absoluta. De inmediato sentí que renacía y que había ido al paraíso a través de puertas abiertas. La Biblia, en su totalidad, adquirió un nuevo significado, y donde antes la «justicia de Dios» me había llenado de odio, ahora llegaba a ser para mí inexpresablemente dulce en un amor mayor. Este pasaje de Pablo se convirtió para mí en una puerta al cielo...
>
> Si tienes una fe verdadera en que Cristo es tu Salvador, entonces de inmediato tienes a un Dios de gracia, porque la fe te conduce dentro del corazón y la voluntad de Dios y los abre, de modo que puedas ver una gracia pura y un amor que se desborda.[2]

Como mencioné, la experiencia de Lutero es en muchas formas un prototipo para conversiones subsecuentes del catolicismo romano. Aunque el mundo actual, post-iluminación, con su conocimiento técnico parece haber avanzado años luz más allá del siglo dieciséis, se siguen haciendo las mismas preguntas acerca de la autoridad y de la salvación.

La trayectoria de la vida de Lutero cambió al llegar a un acuerdo con la naturaleza de la gracia de Dios. Es usual que los historiadores citen el 31 de octubre de 1517 como el punto de partida público. El día anterior al Día de Todos los Santos, Lutero clavó una hoja de papel

---

2 Bainton, Roland H., *Here I Stand: A Life of Martin Luther*, Abingdon, Nashville, 1978, pp. 49-50.

en las puertas de la iglesia del Castillo en Wittenberg enumerando noventa y cinco tesis (proposiciones) para debate. Entre sus preocupaciones, la principal era la venta de indulgencias, una práctica de la iglesia medieval que prometía perdonar a los individuos que hicieran actos de penitencia u ofrecieran a la iglesia una cantidad de dinero suficiente (en los días de Lutero, en primer lugar para la edificación de la Basílica de San Pedro en Roma).[3] La lista de Lutero cuestionaba esta práctica en formas provocativas. Por ejemplo, tome la número 82: «¿Por qué el papa no vacía el purgatorio, a nombre del amor santo y de la precaria necesidad de las almas que están allí, si él redime a una cantidad infinita de almas a nombre del miserable dinero con el cual edificar una iglesia?»

El papa no se sintió halagado ni impresionado en particular por el número 82 (de hecho, ni por los otros). Las tesis de Lutero también trataba la naturaleza de la gracia de Dios. El número 62: «El verdadero tesoro de la iglesia es el Santísimo Evangelio de la gloria y la gracia de Dios».

Las tesis de Lutero pueden parecer razonables a nuestros oídos. Sin embargo, en una época en que la autoridad papal controlaba el discurso cristiano (por lo menos en el Oeste), tales declaraciones eran completamente revolucionarias. Es como el estudiante chino que se enfrentó al tanque de guerra en la Plaza Tiananmen. Los que miraban se quedaron sin aliento y musitaron «¿qué está haciendo este maníaco?», incluso cuando admiraban su valor.

Aunque la preocupación inmediata de Lutero era el abuso de las indulgencias, su asunto más importante era la extensión de la autoridad de la iglesia. El punto de Lutero estaba claro. Las Escrituras deben tener la última palabra sobre cualquier otra fuente de autoridad, incluyendo la tradición y los concilios de la iglesia. No es de sorprenderse que el Papa León X emitiera un edicto como respuesta a Lutero, cuyo título era *Exsurge Domine*, así llamado por las primeras palabras, «Levántate, oh Señor». La oración introductoria revela el sentimiento

3 La teología católica romana afirma que solo la sangre de Cristo puede perdonar la culpa del pecado. Se piensa que las dispensaciones papales de perdón cubren el sufrimiento del purgatorio.

del papa por Lutero. «Levántate, oh Señor, y juzga tu causa. Un cerdo salvaje ha invadido tu viña. Levántate, oh Pedro, y considera el caso de la Santa Iglesia Romana, la madre de todas las iglesias...».[4] De acuerdo a la declaración papal, Lutero debía retractarse de sus herejías en sesenta días o sería excomulgado. El 10 de diciembre de 1520, después de expirar el plazo, se reunió una multitud de los seguidores de Lutero y ciudadanos del pueblo a la entrada del vertedero de la ciudad, donde Lutero lanzó a la hoguera una copia del *Exsurge Domine*. La suerte estaba echada, la confrontación de Lutero con el papa era solo cuestión de tiempo.

El día fatídico para Lutero llegó el 18 de abril de 1521. Carlos V, el recién elegido emperador del Santo Imperio Romano, estaba en Alemania para reunirse con los príncipes por medio de los cuales él gobernaba el imperio. Él citó a Lutero al salón imperial en la ciudad de Worms para que explicara sus enseñanzas. A mediados de marzo el emperador había prometido una carta de salvo conducto para que Lutero se embarcara en el viaje. Aunque los amigos le advirtieron a Lutero acerca del peligro, el 2 de abril, el martes después del Día de Resurrección, él entró en un carro cubierto resuelto a presentar su caso.

A medida que Lutero pasaba por los poblados de Alemania, la gente corría para saludar al hombre que estaba arriesgando su vida al desafiar al papa. Las autoridades de algunos de los pueblos se presentaban para rendirle honor a Lutero mientras que los ciudadanos comunes lo alababan. En Erfurt, el lugar del monasterio de Lutero, toda la universidad, dirigida por el rector, lo saludó a las afueras del pueblo como lo hubieran hecho a un príncipe. Aunque había adquirido una infección intestinal severa, se detenía a lo largo del camino para predicar en las iglesias. Las noticias de la procesión triunfal de Lutero por fin llegaron a los oficiales de la iglesia en Worms y crearon más de una pequeña agitación. En el medio tiempo ellos no podían hacer otra cosa sino esperar su llegada.

A media mañana del martes 16 de abril, mientras que los residentes

4 Bainton, *Here I Stand*, p. 114.

del pueblo se acercaban al almuerzo, un heraldo llevando un águila sobre su manto anunció la inminente llegada de Lutero. En unos minutos una inundación de ciudadanos y nobles que sumaban casi dos mil personas rodeó el carro, de tal manera que las ruedas solo avanzaban al paso de un caracol. Al fin el largo viaje había concluido, pero el giro de la historia estaba por comenzar.[5]

Lutero comprendió lo que estaba en juego. Con anticipación le mencionó a un amigo: «A menos que me encierren por la fuerza o que el emperador cancele su invitación, entraré en Worms bajo la bandera de Cristo contra las puertas del infierno... He tenido mi Domingo de Ramos. ¿Es toda esta pompa meramente una tentación o es también una señal de la pasión que está por venir?[6] En solo veinticuatro horas Lutero recibió la respuesta a su pregunta.

Poco después de su llegada le informaron a Lutero que iba a comparecer ante el emperador a las 4:00 p.m. el miércoles 17 de abril. A la hora señalada lo escoltaron personalmente hasta la Corte del Obispo, donde se le requirió que esperara durante dos horas antes de que lo llamaran a la presencia del emperador.

Dos preguntas le dirigieron a Lutero. Ya que el emperador no hablaba alemán, primero se las hicieron en latín. El Dr. Johann von der Ecken, señalando cerca de veinte volúmenes, preguntó: «Reconoces [haber escrito] estos libros que están aquí?» y «¿Estás preparado para retractarte de ellos como un todo o en parte?»[7] Antes de que Lutero pudiera responder, su abogado, Hieronymus Schurff, objetó, «¡Dejen que se lean los títulos de los libros!»[8] Lutero se sorprendió. Él había venido esperando un debate pero ahora se daba cuenta que sus jueces ya habían hecho su decisión y le privaban la oportunidad de presentar su caso. La respuesta de Lutero casi fue inaudible: «Todos los libros son míos y he escrito más».[9] Todos los ojos de la gran asamblea

---

5 Ibid.

6 Kittelson, James M., *Luther the Reformer: The Story of the Man and His Career*, Augsburg, Minneapolis, 1986, p. 169.

7 von Loewenich, Walther, *Martin Luther: The Man and His Work*, Ausgburg, Minneapolis, 1986, p. 193.

8 Ibid

9 Kitelson, *Luther the Reformer*, p. 160.

estaban fijos en él, en un momento de silencio, para oír si él iría tan lejos como para retractarse. Parecía como si la confianza de Lutero hubiera flaqueado, él no podía dar una respuesta clara. En tonos tan suaves que a duras penas se podían oír, pidió tiempo para considerar el asunto. Después de una breve consulta la asamblea, a regañadientes, le concedió su petición. Tendría un día para considerar el asunto con la condición de que diera una respuesta directa.

Esa noche Lutero permaneció solo en su cuarto, abrumado por la ansiedad y la duda. Escribió: «mientras que Cristo sea misericordioso, yo no me retractaré de una sola jota ni tilde».[10] Con nada más que la Palabra de Dios para sostenerlo, la larga y oscura noche del alma de Lutero estaba en marcha.

Al día siguiente Lutero regresó a un salón más grande y más lleno de gente. Los negocios civiles y la Dieta hicieron retroceder el tiempo de modo que cuando por fin llamaron a Lutero ya caía la noche. A esa hora el auditorio estaba oscuro, iluminado solo por las velas y las humeantes antorchas.

A Lutero le hicieron las mismas preguntas del día anterior: ¿Reconocía él la autoría de estos libros? Y, ¿Se retractaría de los errores contenidos en los mismos?

El que lo examinaba comenzó con esta dura reprimenda:

> Martín Lutero, su Majestad Imperial le ha asignado este tiempo para que responda por los libros que ayer abiertamente reconoció como suyos. Usted pidió tiempo para deliberar el asunto de si se retractaría de parte de lo que ha dicho o si se mantendrá en todo ello. Usted no merecía esta tregua, que ahora ha llegado a su fin, porque desde hace tiempo sabía por qué se le llamó. Y todos, especialmente un profesor de teología, deben estar seguros de su fe para que cuando se le pregunte acerca de ella puedan dar una respuesta segura y positiva. Ahora, por fin, responda a la demanda de su Majestad, cuya clemencia usted ha experimentado al obtener tiempo

10 Ibid, p. 161.

para deliberar. ¿Desea defender sus libros en su totalidad o retractarse de parte de ellos?[11]

A diferencia de la ocasión anterior, la respuesta de Lutero fue clara y audaz. Comenzó pidiendo excusas en caso de que fallara en dirigirse a los dignatarios usando los títulos adecuados, ya que había pasado su vida en una residencia de monjes y no en las cortes reales. Luego pronunció un discurso largo en el cual separaba sus escritos en categorías diferentes. Cuando el examinador se dio cuenta que Lutero estaba tratando de crear un debate y no estaba contestando las preguntas directamente, lo interrumpió con una petición irritante: «Lutero, usted no ha contestado al punto. No debe poner en tela de juicio los asuntos que los concilios han decidido y condenado. Por lo tanto, le ruego que dé una respuesta sencilla, no sofisticada, sin cuernos (sin engaño). ¿Se va a retractar o no?»[12]

A Lutero no le falló la confianza. A esta orden directa él le ofreció su famosa respuesta (en latín): «Ya que su serena majestad y sus señorías buscan una respuesta sencilla, la daré de esta manera ni con cuernos ni dentellada: A menos que se me convenza por el testimonio de las Escrituras o por la clara razón (porque yo no confío ni en el papa ni solo en los concilios, ya que se sabe bien que a menudo ellos han errado y se han contradicho), estoy atado a las Escrituras que he citado y la palabra de Dios ha cautivado mi conciencia. Yo no puedo y no me retractaré de nada, ya que no es ni seguro ni correcto ir en contra de la conciencia. [Entonces añadió en alemán] Aquí me mantengo. No puedo hacer otra cosa. ¡Dios, ayúdame! Amén».[13]

A pesar de la claridad de la respuesta de Lutero, Johann von der Ecken, lo presionó todavía más,

—Abandona tu conciencia, Martín, porque tu conciencia yerra.

---

11 Manschreck, Clyde L., ed., «The Church from Reformation to the Present», in vol. 2 of a *History of Christianity: Readings in the History of the Church*, Baker, Grand Rapids, MI, 1981, pp. 29-30.

12 Ibid, p. 32.

13 La frase «aquí me mantengo, no puedo hacer otra cosa» no aparece en la transcripción oficial de los procedimientos en Worms. Tal vez un impresor, von Loewenich, las añadiera más tarde a las palabras de Lutero, *Martin Luther*, p. 195

Nunca serás capaz de probar que los concilios han errado en cuestiones de fe; a lo sumo han errado en cuestiones de disciplina.

—Yo puedo probarlo, —replicó Lutero.

Pero antes de que la discusión fuera más adelante, el airado emperador hizo un gesto para que sacaran a Lutero de la corte imperial. Algunos pensaron que habían arrestado a Lutero. Los soldados españoles gritaron.

—Al fuego, al fuego!

A la salida, una muchedumbre de jubilosos ciudadanos saludaron a Lutero, celebrándolo como celebrarían la victoria en un torneo! Sus voces sonaron con aclamación cuando Lutero levantó sus manos y exclamó,

—¡Lo logré! ¡Lo logré![14]

Lutero no impresionó a Carlos V (para decirlo con suavidad) y lo declaró fuera de la ley.

—Este diablo en el hábito de un monje... ha reunido los errores antiguos en un charco pestilente y ha inventado nuevos errores —dijo el emperador acerca del infame y renegado alemán.[15]

Aunque la posición de Lutero marcó el clímax de su defensa ante Carlos V, no fue de modo alguno el final del drama.

Ni siquiera Hollywood habría podido producir una conclusión más colorida a la historia de Lutero. Mientras que él y dos acompañantes se ponían en marcha a lo largo de un sendero boscoso, su carro cayó en una emboscada. «Jinetes armados cayeron sobre el grupo y con muchas maldiciones y muestras de violencia arrastraron a Lutero hasta el suelo. Uno de los acompañantes, que estaba enterado de la estratagema, jugó su papel y riñó por completo con los secuestradores. Ellos subieron a Lutero en un caballo y durante todo un día lo condujeron por caminos sinuosos en medio de los bosques hasta que al atardecer aparecieron contra el cielo los masivos contornos del Castillo de Wartburgo. A las once de la noche el grupo se detuvo frente a las verjas».[16]

---

14 Ibid.

15 Shelly, Bruce L., *Church History in Plain Language*, Word, Waco, 1982, p. 260.

16 Bainton, *Here I Stand*, p. 150.

Eso fue una conspiración secreta que tramó Federico III, elector de Sajonia, donde nació Lutero. Como partidario de Lutero, Federico decidió esconderlo, dando órdenes estrictas a todos los involucrados de no divulgar los detalles. El plan fue arreglado con tanta estrategia y ejecutado con tal perfección que muchos de los amigos íntimos de Lutero pensaron que ellos habían oído lo último de su viejo amigo Martín. Cuando los caballos de Lutero y de sus amigos recién hallados traquetearon a través del puente levadizo del castillo de Federico, Lutero entró en la fortaleza antigua para encontrar rostros sonrientes y una cálida bienvenida.

Era crítico que Lutero permaneciera incógnito. Lo alojaron en una habitación con una escalera retractable. La necesidad de mantenerse sin que lo vieran era especialmente urgente hasta que su pelo y barba crecieran lo suficiente para disimular su rostro. Vestía como un noble caballero en lugar de usar su hábito de monje. En este ambiente permanecería durante diez meses. Para todos en el castillo y alrededor del pueblo él era conocido como Caballero Jorge.

Antes que lo sacaran de su carro, Lutero se las ingenió para agarrar su Antiguo Testamento hebreo y su Nuevo Testamento griego. Sin la ayuda de un diccionario los estudió con cuidado y en una hazaña para asombrar al más precoz estudiante de la Biblia, Lutero tradujo todo el Nuevo Testamento del texto griego al alemán. En este acto Lutero siguió las huellas de John Wycliffe, quien un poco más de un siglo antes había promovido la traducción de las Escrituras al inglés (aunque Wycliffe trabajó usando la Vulgata latina y no los idiomas originales hebreo y griego). La traducción de Lutero al Nuevo Testamento destaca el asunto fundamental con el cual lucharon ambos hombres, la necesidad que tiene el pueblo de Dios de tener la Palabra de Dios. El erudito de Oxford, Alister McGrath, arroja luz sobre este asunto:

> En su médula, la emergencia y el crecimiento del protestantismo tiene que ver con una de las preguntas más fundamentales que puede confrontar cualquier religión: ¿Quién tiene la autoridad para definir su fe? ¿Las instituciones o los individuos?

> ¿Quién tiene el derecho de interpretar su documento fundamental, la Biblia?
>
> El protestantismo se afirmó sobre el derecho de los individuos para interpretar la Biblia por sí mismos antes que se les forzara a someterse a las interpretaciones «oficiales» que emitieron los papas u otras autoridades religiosas centralizadas. Para Martín Lutero, tal vez el más importante de la primera generación de los líderes protestantes, la autoridad tradicional de las instituciones clericales había degradado y distorsionado la fe cristiana. Se necesitaban con urgencia la renovación y la reforma. Y si la iglesia medieval no ponía en orden su propia casa, la reforma tendría que venir del pueblo, de los laicos.[17]

No se necesita ser un erudito acerca de Lutero para saber que él tenía los pies de barro. Sus declaraciones acerca de los judíos, los musulmanes y la mayoría de los demás que no estaban de acuerdo con él fluctuaban desde lo insensible hasta lo vergonzoso, a lo injurioso en absoluto. Sin embargo, es irónico que algunas de esas declaraciones, a lo menos las razonables, contribuyan a su atractivo. Estas revelan que Lutero era una persona *real*, con las descargas gastronómicas y todo.[18] Quizá esta autenticidad sea parte de la razón por la cual él fuera tan influyente.

Desde mi perspectiva y la de este libro, la mayor contribución de Lutero es doble: un regreso a las Escrituras como la autoridad suprema, a lo que los teólogos llaman *sola Scriptura*, y las buenas nuevas de que la salvación es un regalo que se obtiene solo por la fe. Ambos tópicos se tratarán en los capítulos que siguen, pero antes de llegar allí consideraremos otra razón popular para la deserción católica, la eminencia del deseo de conocer a Dios por medio de una relación personal por encima de la observación de las reglas.

---

17 Alister MacGrath, *Christianity's Dangerous Idea*, Harper One, New York, 2007, p. 3.

18 Las enfermedades intestinales crónicas de Lutero lo hicieron famoso por discutir la clase de experiencia de flatulencia que comúnmente exhiben los muchachos de la escuela intermedia.

Apéndice explicativo: Sola Scriptura

Como se mencionó con anterioridad, los evangélicos insisten en la supremacía de la palabra escrita, lo que llamamos *Sola Scriptura* o solo la Escritura, porque Dios inspiró el texto. Segunda de Timoteo 3:16-17 dice: «Toda la Escritura es inspirada por Dios y útil para enseñar, para reprender, para corregir y para instruir en la justicia, a fin de que el siervo de Dios esté enteramente capacitado para toda buena obra». No se puede decir lo mismo del magisterium católico.

Mi propósito es explicar lo que creen los evangélicos concerniente a la sola Escritura. Porque en prensa y en la Internet ya hay muchas magníficas defensas de la posición, aquí no me inclino a refundirlas. Esta es una clase de debate que requiere un examen completo, no una lista rápida de textos de prueba. Si te interesa leer un argumento sobre la sola Escritura, yo recomendaría el libro *Roman Catholics and Evangelicals: Agreements and Differences*, por Norman L. Geisler y Ralph E. MacKenzie.

Una destilación de lo que los evangélicos quieren decir por «la Escritura sola» se encuentra en *La Declaración de Chicago sobre la inerrancia bíblica*, compuesto por más de doscientos líderes evangélicos en octubre de 1978. Comienza con las palabras siguientes: «La autoridad de las Escrituras es un elemento central para la Iglesia Cristiana tanto en esta época como en toda otra. Los que profesan su fe en Jesucristo como Señor y Salvador son llamados a demostrar la realidad del discipulado obedeciendo la Palabra escrita de Dios en una forma humilde y fiel. El apartarse de las Escrituras en lo que se refiere a fe y conducta es demostrar deslealtad a nuestro Señor. El reconocimiento de la verdad total y de la veracidad de las Santas Escrituras es esencial para captar y confesar su autoridad en una forma completa y adecuada».

Mientras que los diecinueve artículos de *La declaración de Chicago* se relacionan con la Escritura sola, de alguna manera el número 2 va al grano: «Afirmamos que las Escrituras son la suprema norma escrita por la cual Dios enlaza la conciencia, y que la autoridad de la Iglesia está bajo la autoridad de las Escrituras. Negamos que los credos de la Iglesia, los concilios o las declaraciones tengan mayor o igual autoridad que la de la Biblia».

Como ya consideramos en los capítulos previos, la autoridad cristiana tiene todo que ver con cómo la presencia de Jesús se extiende dentro del mundo. Si como creen los católicos, la revelación inspirada de Jesús se manifiesta en el magisterio de ella, entonces tienes en ti mismo una iglesia inspirada. Sin embargo, si la revelación inspirada de Jesús solo está en la palabra escrita, entonces la Biblia es la autoridad suprema. *La declaración de Chicago* ofrece otro resumen práctico acerca de este punto: «Al autenticarse mutuamente su autoridad, Cristo y las Sagradas Escrituras se unen formando una sola fuente de autoridad. Desde esta posición, el Cristo bíblicamente interpretado y la Biblia centrada en Cristo y que proclama a Cristo son una misma cosa. Así como de la realidad de la inspiración inferimos que lo que dicen las Sagradas Escrituras, Dios lo dice, también de la relación revelada entre Jesucristo y las Sagradas Escrituras podemos declarar igualmente que lo que las Sagradas Escrituras dicen, Cristo lo dice».

Está en orden una salvedad. La Escritura sola no debe socavar el aprecio de las tradiciones enraizadas en la Biblia. Es posible que ciertos modelos, rutinas y costumbres no se declaren explícitamente en un libro, capítulo y versículo de la Biblia. Pero, no obstante, proveen formas en las cuales encontrar y expresar una fe auténtica. Es natural que estas convenciones luzcan diferentes dependiendo del contexto de uno. Pero mientras que sean coherentes con las Escrituras,

tales tradiciones deben emplearse para la gloria de Dios. En el capítulo 7, bajo el encabezamiento «Ten cuidado con la *Nuda Scriptura*», se tratará con más amplitud esta advertencia en particular.

Capítulo 4

SEGUNDA RAZÓN: LA RELACIÓN PERSONAL CON JESÚS

«¡Fanáticos! Eso es lo que son estos evangélicos». Esta era una declaración que yo mismo había oído y expresado muchas veces. En Long Island la mayoría de la gente se considera católica, judía o en una categoría que lleva la etiqueta de «otro».

Como católico, yo ignoraba el protestantismo. Los únicos evangélicos que encontré eran de la variedad de los fanáticos «nacidos de nuevo». Esa gente recordaba el carácter Euliss «Sony» Dewey, interpretado por Robert Duval en *El Apóstol.* Tal vez recuerdes la escena en la que Sony vence a sus demonios sicosomáticos al mantenerse con el agua a la cintura y bautizarse así mismo como «el Apóstol». De algún modo, estas almas campesinas de ojos abiertos encontraron su camino a la civilización de la Costa Este, incluso hasta Nueva York.

Recuerdo haber hablado con un cristiano evangélico poco después que mataron a Jeffrey Dahmer, el infame asesino en serie, y se supo que antes de morir él se había convertido al cristianismo. El evangélico habló con confianza acerca de la conversión de Dahmer y aseguró que si fue genuina, él pudo recibir perdón sencillamente por haber «confiado en Jesús». Luego de oír innumerables veces la palabra «gracia» y la frase «relación personal con Jesús», respondí con una descarga desapasionada. Fue algo así:

«¿Sabes lo que más me molesta de Jeffrey Dahmer? No es su canibalismo, aunque era repugnante. Diecisiete asesinatos, once cadáveres en su apartamento, cuerpos desmembrados. Luego vino su juicio, su rostro reflejaba falta de remordimiento, estaba rígido, no demostraba arrepentimiento alguno, yo quería saltar sobre la pantalla de la televisión y abofetearlo. Si el mal tiene un rostro, ahí se podía ver. Pero eso no es lo que más me irrita. ¿Sabes cuál fue la parte más escandalosa? ¡Su conversión! ¿Cómo es posible que un monstruo como Dahmer pueda perpetrar tales atrocidades y que luego lo perdonen por completo?»

Después de desahogar mi ira, completé mis comentarios con una declaración que nunca olvidaré. Con bastante orgullo anuncié. «Esta religión de la gracia completa es una evasiva irresponsable, y ese es el motivo por el cual yo nunca me convertiré en un cristiano nacido de nuevo».

COMIENZA EL PEREGRINAJE

Mi traslado hacia el evangelicalismo comenzó una mañana precisamente después de mi viaje al trabajo. Mi abuelo telefoneó poco después que yo llegara a mi oficina en Manhattan. Con un tono serio, me dio un breve mensaje: «Es tu papá; ven a casa». De algún modo supe que no debía hacer preguntas. Sucedió que papá había sufrido un severo ataque al corazón. Durante los días que siguieron experimenté un intenso temor mientras que la vida de mi padre se balanceaba como una vela en el viento.

Después de una semana en el hospital sentado junto a la cama de papá, dejé mi trabajo en el teléfono para administrar el negocio de la familia que era una mediana compañía impresora con una docena de empleados. Todos los días se elevaba el nivel de ansiedad hasta que en su momento las emociones de mamá se quebraron y yo comencé a tener ataques de pánico. Dentro de este oscuro valle apareció una nueva empleada llamada Jan. Pronto me enteré de que era una cristiana nacida de nuevo.

Los resultados del último examen indicaron que mi padre estaba mejorando. Sin embargo, todavía quedaba un largo camino de rehabilitación. Un día, cuando colgaba el teléfono luego de hablar con el doctor, me fijé en una tarjeta escrita a mano que estaba sobre mi escritorio y tenía escrito el Salmo 1:2-3: «en la ley del Señor se deleita, y día y noche medita en ella. Es como el árbol plantado a la orilla de un río que, cuando llega su tiempo, da fruto y sus hojas jamás se marchitan. ¡Todo cuanto hace prospera!»

Era de Jan. Todos los días ella preparaba un versículo bíblico para mí. Unas semanas antes yo hubiera descartado sus notas como propaganda religiosa de una empleada escamosa. Pero ahora, después de meses de desesperación, yo estaba atento y coleccionaba las tarjetas en mi escritorio.

Después de semanas declinando la invitación de Jan para visitar su iglesia, al fin me presenté un miércoles por la noche. Encontré que el estacionamiento de la iglesia (evangélica) Fe estaba repleto. El asombro me sobrecogió al observar el constante fluir de gente caminando a través de la entrada. Inspeccioné el gentío, esperando ver a Sonny, el Apóstol, pero en su lugar encontré a otra clase de Sonny, en realidad a muchos de ellos. Esta gente se parecía a Sonny Corleone, que interpretó James Caan en el *Padrino*.

Después de intercambiar un beso en la mejilla (el saludo acostumbrado en las familias italianas) con Vinnie, conocido como el Alicate de Presión, que usaba un clavel blanco sujeto a la solapa de su traje olivo de dos mil dólares, procedí a tomar asiento en el banco de atrás. Yo uso el nombre *banco*, pero en realidad era una línea de sillas acolchonadas y unidas. El «centro de adoración», como ellos lo llamaban, se sentía como una sala de conciertos. Las luces eran opacas, excepto por aquellas que se enfocaban sobre la plataforma. Es probable que por causa de mi rico trasfondo litúrgico en el catolicismo, el ambiente me dejara un sentimiento más bien conspicuo, como medio kilo de jamón Serrano sentado a plena vista sobre el mostrador de una sinagoga judía. Afortunadamente, Jan llegó cuando el servicio comenzaba.

En ocasiones miraba a Jan a través de mi visión periférica. Sus ojos permanecían cerrados mientras cantaba. Ah, ¡y sí que cantamos! Después de cuarenta minutos de música, al fin el pastor principal caminó hasta el púlpito. Su apariencia y estilo de predicación eran una combinación de Al Pacino y Billy Graham cuando joven. Captó mi atención cuando citó Juan 15:5-6: «Yo soy la vid y ustedes son las ramas. El que permanece en mí como yo en él, dará mucho fruto; separados de mí no pueden ustedes hacer nada. El que no permanece en mí es desechado y se seca, como las ramas que se recogen, se arrojan al fuego y se queman».

El predicador continuó:

> La humanidad intenta producir su propio fruto. Damos vueltas explorando esta y aquella religión, esta y aquella filosofía, y al final del día, cuando ponemos nuestras cabezas en la almohada para dormir, todavía nuestras almas están vacías.
>
> En el Salmo 121 la Biblia dice: «A las montañas levanto mis ojos; ¿de dónde ha de venir mi ayuda? Mi ayuda proviene del Señor, creador del cielo y de la tierra». Y qué encontramos cuando miramos al Señor? Él nos lo ha dicho con sus propios labios. En Mateo 11:28 Jesús promete: «Vengan a mí todos ustedes que están cansados y agobiados, y yo les daré descanso». En otras palabras, levanta tus ojos por encima del horizonte de este mundo para que veas al que te creó y que te ofrece descanso para las almas.
>
> ¿En qué estás descansando? ¿En qué encuentra tu vida significado y propósito?
>
> ¿Quién estará allí por ti un segundo después que exhales tu último suspiro y partas de este mundo por causa de la muerte? ¡Cree en las Buenas Nuevas! Jesús el Mesías murió por nuestros pecados, resucitó de los muertos, reina junto al Padre y llama a la humanidad a abrazarlo como Rey.
>
> Cada persona sobre la tierra enfrenta la misma elección fundamental. ¿Continuaremos viviendo sin depender de Cristo, con el alma agitada, para que en su momento nos

pongan en un montón y nos quemen como una rama inútil? ¿O nos someteremos a su autoridad y permaneceremos en su paz? La primera persona muere en un estado de separación de nunca acabar, la última disfruta de una relación personal con Dios ahora y en la eternidad. ¿Cuál será tu destino?

No sé cómo describir con propiedad lo que pasó después, excepto que algo cambió dentro de mí. De igual modo que a otros convertidos como Agustín, Pascal, Lutero, Newton e incontables otras personas a través de la historia, hubo un momento en el cual encontré a Dios de un modo tan profundo que mi vida cambió de manera permanente. Hasta el día de hoy no tengo una manera mejor de describirlo que con las palabras de Charles Wesley en su famoso himno «And Can It Be That I Should Gain?»

Durante mucho tiempo en prisión oscura mi espíritu yacía
Sujeto con firmeza al pecado y a la maldad.
Un rayo agudo tu ojo difundió
Desperté, y la celda con tu luz resplandeció.
Cayeron mis cadenas, mi corazón se liberó
Me levanté, salí de allí y te seguí, Señor!

Cuando el servicio concluyó, el pastor invitó a los visitantes que tuvieran preguntas a hablar con uno de los ujieres designados con un clavel blanco. Le pedí a Jan unos minutos de soledad, después de los cuales miré alrededor y descubrí a mi amigo Vinnie, el Alicate de Presión. Cuando me volví a presentar, él fue con rapidez a su bolsillo interior. Su respuesta parecía abrupta. Quizá fuera su pecho de barril y su infame apellido lo que me daban temor. Durante el breve momento en que los diamantes centelleantes del anillo en su dedo chiquito se desvanecieron detrás del saco de su traje, yo me estremecí al pensar lo que vendría después. Luego sacó una delgada copia en rústica del Evangelio de Juan, la cual me entregó, asegurándome que me mantendría en oración. Jan llegó un momento después. Yo no tenía palabras adecuadas para describirle mi experiencia, pero con el tiempo ella comprendió.

EL BIFTEC SANCIONADO

El próximo capítulo de mi vida quizá fuera la parte más esclarecedora de mi viaje. Solo unos meses después que mi papá regresara del hospital yo obtuve un puesto con la compañía de Martin J. Moran, una firma profesional de recaudación de fondos. Nuestra oficina tenía su base en el Penn Plaza de Manhattan, pero las campañas me tenían trabajando en diferentes partes del país. Me convertí en el símbolo italiano de una compañía llena de irlandeses. Disfrutábamos de muchísimas risas.

Las oportunidades educativas del puesto de colector de fondos excedían a las de la compañía de teléfonos. Algunas experiencias en la Iglesia Católica fueron especialmente instructivas. Por ejemplo, fui a un acontecimiento formal que se celebró en el Breakers Resort en la Isla de Palm Beach. En un comedor gigantesco se sentaba una audiencia repleta de potenciales donantes acaudalados. Antes que el obispo comenzara en oración, nuestro equipo revisó la agenda por última vez. Fue entonces cuando descubrimos un fallo garrafal. Todos los elementos de la campaña estaban en orden, los voluntarios, el video, los folletos, el problema era la comida. En el menú ofrecían un exquisito filete de carne de res, papa asada dos veces y un vegetal. En cualquier otra época del año el biftec hubiera sido magnífico; lamentablemente, este viernes en particular era durante la Cuaresma. Una estación religiosa especial en la que los católicos se abstienen de comer carne. Consumir carne un viernes durante la cuaresma constituye un pecado. Si uno muriera después de hacerlo, eso lo pondría dentro de las llamas del purgatorio (o quizá peor). ¡Este era un serio problema!

En la actualidad muchos católicos comen carne el viernes durante la Cuaresma, pero no es usual que lo hagan cuando están comiendo con el obispo y el clero. Además, es inconcebible que la Iglesia Católica auspicie una comida tal. La ensalada y un panecillo nos daría unos veinte minutos. Más de una vez me cruzó por la mente la multiplicación del pescado que hizo el Señor.

Nuestro equipo de recaudadores, muy nerviosos, nos mirábamos perplejos en completo silencio, entonces el obispo comenzó a hablar. Él reiteró lo que ya sabíamos acerca de las leyes alimenticias de la Cuaresma y las implicaciones para nuestro aprieto. Luego continuó: «Como obispo, tengo la autoridad de declarar una dispensa especial que nos permitirá comer carne durante la Cuaresma. Si alguna vez ha habido un tiempo para tal provisión es ahora». Luego observé al obispo orar y anunciar el menú, y antes de que los invitados conectaran los puntos doctrinales, él pronunció una bendición especial para sancionar la comida. Mis ojos se volvieron al viejo Joe Sedlak, que estaba sentado a mi lado pensando que de no ser por la bendición del obispo, se hubiera asado si se atragantaba con el biftec y moría. Pero ahora, después de la oración del obispo, ya él podía disfrutar en paz de la fiesta.

Desde el punto de vista evangélico una autoridad clerical de esta clase expande la credulidad hasta el punto de la rotura. Se entiende que la salvación es solo por gracia y, por lo tanto, nos quedamos boquiabiertos mirando con asombro a nuestros amigos católicos. Aun así, el anuncio del obispo tenía sentido según el contexto de la teología católica. Si los obispos están investidos de autoridad hasta el extremo que puedan por su medio otorgar perdón y gracia santificadora, entonces tal acción sacerdotal tiene lógica.

Esa noche dejé los Breakers comprendiendo por fin que el problema de la autoridad de la iglesia es el fulcro que separa a los católicos de los evangélicos. ¿Reconoces que la autoridad se encuentra en los obispos por medio de la sucesión apostólica? Si dices sí, eres católico. Si en su lugar ves las Escrituras como la única autoridad final, tú eres evangélico.

LAS RELACIONES POR ENCIMA DE LAS REGLAS

A la par con la creencia de que la Escritura sola forma la autoridad suprema de la fe cristiana está la convicción de que nuestro conocimiento del Señor es personal y directo en naturaleza. Como un padre se relaciona con su hijo amado, Dios mantiene a la iglesia en su corazón. Tal afecto personalizado es central al dirigirse al Padre.

Es importante notar que algunos católicos han sobresalido en cultivar esta clase de devoción. La historia de la iglesia habla de numerosos místicos y santos, tales como Thomas Merton y Dorothy Day, que se aferraron con intensidad a las dimensiones personales de Dios.[1] Sin embargo, en la actualidad a muchos católicos les falta la faceta personal de la fe, en particular a los ex católicos que entrevisté.

Cuando pregunté a ex católicos cómo ellos se relacionaban antes con Dios, a menudo describían sus experiencias en términos de una «serie de reglas» que les habían impuesto. Ya fuera la doctrina del limbo (que la Iglesia Católica rechazó no hace mucho), comer carne el viernes durante la Cuaresma, o la necesidad de confesar nuestros pecados al sacerdote, las aseveraciones de Roma en cuanto a quién está en pecado mortal y quién está en estado de gracia fueron menos que convincentes.

Si yo tuviera diez centavos por cada historia que oí en nuestros grupos de enfoque acerca de los sacerdotes en el confesionario, tendría suficiente dinero por lo menos para un capuchino de 20 onzas en Starbucks. Por ejemplo, a la edad de doce años Susan se fue durante el verano a ayudar a su abuelo inválido en la finca. Después de varios meses ella regresa a su hogar y en unos días visita la parroquia para confesarse. En el confesionario ella le dice al sacerdote que habían pasado cuatro meses desde su última confesión por causa de su visita al abuelo. Como respuesta el sacerdote le lanza una diatriba acerca de las niñas deshonestas que descuidan el sacramento de penitencia para jugar afuera en los meses cálidos. Nunca más le confesó Susan sus pecados a un sacerdote.

Al transmitir este relato, no quiero mancillar a los sacerdotes en el confesionario. La mayoría de los sacerdotes que conozco son pastores atentos y compasivos que disfrutan su papel de pastores espirituales. Sin duda, el pastor a quien Susan visitó tuvo un mal día. Sin embargo, cuando esta clase de historias se repiten una y otra vez, comienza a

---

1 El legado de la espiritualidad católica es largo y rico. Individuos fieles como Agustín, Francisco de Asís, Blas Pascal, el Hermano Lorenzo, Gregorio de Nyssa, Hans Urs von Balthasar, Ignacio de Loyola, Juan de la Cruz, Teresa de Ávila, Teresa de Lisiewx y figuras más recientes como Evelyn Underhill, han inspirado a muchos del pueblo de Dios a seguir a Cristo con mayor celo.

emerger un cuadro compuesto. Para muchos ex católicos la desilusión que este cuadro les causó es tan vívida hoy como lo fue el día en que abandonaron la parroquia católica.

A diferencia de las experiencias de muchos católicos orientadas por las reglas, la Biblia describe la salvación en términos que son más íntimos y atractivos. Como Jesús lo expresó: «Nadie tiene amor más grande que el dar la vida por sus amigos. Ustedes son mis amigos si hacen lo que yo les mando. Ya no los llamo siervos, porque el siervo no está al tanto de lo que hace su amo; los he llamado amigos, porque todo lo que a mi Padre le oí decir se lo he dado a conocer a ustedes» (Juan 15:13-15).

Cuando fui ordenado en College Church, alguien me dio un cuadro pintado a mano de Jesús llevando a un cordero sobre sus hombros, ese cuadro ahora está enmarcado y lo exhibo en nuestro hogar. Esta imagen de la criatura pequeña y débil acurrucada cerca del cuello del Señor viene a mi mente cuando considero la calidad de esta relación. Jesús, el amigo de los recaudadores de impuestos y de los pecadores, es nada más y nada menos que nuestro amigo.

Es posible que ahora estés comenzando a preguntarte cómo los católicos y los evangélicos pueden llegar a conclusiones tan diferentes cuando tenemos un Nuevo Testamento en común. El capítulo siguiente arroja luz en cuanto a por qué esto es así.

Capítulo 5

TERCERA RAZÓN: ACCESO DIRECTO A DIOS

Pocas cosas personifican la exhuberancia italiana como la vida en una plaza después de la victoria de la Copa Mundial. El júbilo colectivo linda con el motín (con la policía con armadura y en pie tras bastidores). Se abandona toda apariencia de ser una nación civilizada, cuando las banderas, los fuegos artificiales y las luces de bengala se elevan sobre el enjambre de las multitudes. Una erupción volcánica del Vesubio es leve comparada con esto.

En el verano del año 2006 disfruté una de esas celebraciones cuando el equipo italiano de fútbol derrotó a Alemania en una doble prórroga durante los últimos momentos del juego semifinal de la Copa Mundial. Después que la resplandeciente pelota de fútbol alcanzó la parte trasera de la red alemana, los apartamentos a través de toda Italia explotaron con aplausos. El gol final se retransmitió varias veces junto con la versión de Pavarotti de «Nessun dorma» de *Turandot* de Puccini. Con sus tres climáticos *vinceros* al final del aria (traducido «venceré»), la pelota se levantaba, se arqueaba y aterrizaba dulce y con seguridad en la esquina de la red. La desatada euforia que siguió desafió toda descripción. Saludos, aplausos y cantos resonaban a través de las calles y dentro de las plazas adoquinadas. La fuente central de la *Plaza Campo dei Fiori* (Campo de las flores) se convirtió en el escenario sobre el cual los más clamorosos se paraban y cantaban, «*¡C'ínon salta un Tedesco è!*» [¡El que no salta, alemán es!) Enseguida todos en la plaza se estaban riendo, saltando y cantando.

Mientras continuaba la festividad nocturna, las terrazas alrededor de la plaza se llenaban de espectadores. De una de esas ventanas emergió un caballero anciano en camiseta, disfrutando un tabaco. Unos cuantos jóvenes notaron la semejanza de esta persona con el fallecido dictador fascista Benito Mussolini y comenzaron a gritar: «Miren arriba, miren arriba! Y comenzaron a llamar la atención a la ventana del segundo piso, «Ill Duce, Il Duce!» (el apodo de Mussolini traducido «el Líder»). Este fenómeno pronto atrajo a otros. El anciano interpretó su papel con delicia. Al principio pensé que era un actor profesional, ya que él lo hizo tan bien; luego me dí cuenta que era sencillamente un italiano. Rápidamente se unieron otros y pronto toda la plaza estaba mirando a la misma ventana donde el anciano con su nariz prominente en forma de gancho y su barbilla sobresaliente disfrutaba su momento de fama. La multitud continuó cantando, «¡Duce, Duce, Duce!» mientras que el parecido a Benito saludaba y soplaba besos a sus fanáticos adoradores.

Entre las varias lecciones que aprendí en la plaza romana está la importancia de tener un líder. Dios nos creó para que lo siguiéramos; los hombres y las mujeres no pueden funcionar de otra forma. Sin embargo, desde el filósofo griego Protágoras hasta el Sinatra de ojos azules de Hoboken, el hombre se ha medido por sí mismo y ha tratado de vivir a su manera.

Los católicos y los evangélicos están de acuerdo en que los hombres y las mujeres se crearon para depender de Dios y no para vivir como semidioses ilusorios que crean su propio destino. Las Escrituras nos describen como ovejas a las que Dios guía a pastos verdes. Cuando una oveja se desvía, no pasa mucho tiempo antes de que acontezca el peligro. Para evitar esta calamidad, el pastor le proporciona alimento y protección. En la historia siguiente Charles Spurgeon expresó gráficamente tal cuidado cariñoso.

> Una tarde, en 1861, cuando el General Garibaldi iba de camino a su hogar, se encontró con un pastor de Sardinia que lamentaba la pérdida de una oveja de su rebaño. Enseguida Garibaldi se volvió a su personal y les anunció su intención de registrar la montaña en busca de la oveja. Se organizó una gran expedición. Se trajeron linternas y los viejos oficiales de muchas campañas comenzaron llenos de celo a cazar al fugitivo. Pero la oveja no se encontró y se les ordenó a los soldados que fueran a la cama. A la mañana siguiente el asistente del general encontró a Garibaldi en la cama completamente dormido. Esto lo sorprendió porque el general siempre estaba en pie antes que los demás. El asistente salió sin hacer ruido y regresó a la media hora. Todavía Garibaldi dormía. Después de otra espera el asistente lo despertó. El General se restregó los ojos, y así lo hizo su asistente cuando vio al anciano guerrero sacar de debajo de su cobija a la oveja perdida y pedirle que se la entregara al pastor. El General siguió buscándola durante toda la noche hasta que la encontró. Así también lo hace el Buen Pastor que va en busca de su oveja perdida hasta que la encuentra.[1]

«Todos andábamos perdidos, como ovejas; cada uno seguía su propio camino», dice el profeta Isaías (53:6). En el Evangelio de Juan, Jesús dice: «Yo soy el buen pastor; conozco a mis ovejas, y ellas me conocen a mí, así como el Padre me conoce a mí y yo le conozco a él, y doy mi vida por las ovejas» (Juan 10:14-15). En respuesta a estas declaraciones, todos los cristianos dicen, «Amén». Jesús, el Cordero de Dios que quita el pecado del mundo, murió, resucitó y ahora está sentado junto al Padre en el cielo. Hasta este punto los católicos y los evangélicos son de una misma mente. Sin embargo, el desacuerdo viene con la pregunta que usualmente sigue: ¿quién representa al Buen Pastor en la tierra?

---

1 Spurgeon, Charles, *The Best of C.H. Spurgeon*, Baker, Grand Rapids, MI, 1978, p. 117.

EL PAPA

En la ciudad de Roma hay otra ventana ante la cual los espectadores gritan, «¡Miren arriba, miren arriba!» Pero los marcos de esta ventana lo llena un hombre santo. Él está situado precisamente a 3.6 kilómetros del Campo di Fiore en el Vaticano. Desde la ventana de su despacho que mira a la Plaza de San Pedro, el papa se coloca para celebrar la oración del Angelus a mediodía y saludar a los peregrinos fieles que se reúnen para verlo y recibir su bendición. Estos fieles católicos que se reúnen en la Plaza Petrine miran arriba y al unísono exclaman, «Papa, Papa», que quiere decir «Padre».

Es posible que cuando la mayoría de las personas piensen en el catolicismo romano, el papa sea lo primero que les venga a la mente. El papa es la única persona por la que se ora en cada misa católica. Entre los no religiosos es común oír a alguien afirmar una proposición con la pregunta retórica, «¿Es el papa católico?» Ya sea un protestante en Colorado Springs, un judío ortodoxo en Far Rockaway, Brooklyn, o un musulmán en Pakistán, el hecho es que todo el mundo reconoce que el papa es el líder terrenal del catolicismo romano. Pero es probable que la mayoría de la gente no sepa mucho más acerca de él, excepto que vive en Roma y que trabaja en una iglesia. Con el interés de adquirir una comprensión más profunda, escuchemos a la Iglesia Católica hablar por sí misma. El *Catecismio de la Iglesia Católica* ofrece los siguientes comentarios:

> Para proclamar la fe y plantar su reino, Cristo envía a sus apóstoles y a sus sucesores. Él les da participación en su propia misión. De esto reciben ellos el poder de actuar en su persona.[2]

> El Señor hizo que San Pedro fuera el fundamento visible de su iglesia. Él le confió las llaves de la iglesia. El obispo de la iglesia de Roma, sucesor de San Pedro, es «la cabeza del concilio de los obispos, el Vicario de Cristo y el Pastor de la iglesia universal sobre la tierra».[3]

---

2 *Catecismo de la Iglesia Católica*, 934.

3 Ibid., 935.

Hay numerosos pasajes del *Catecismo* que uno puede escoger para describir el oficio del papa. Yo seleccioné estos párrafos porque expresan la naturaleza y función del papa en la iglesia. Para decirlo con sencillez, Jesús hizo a Pedro la cabeza visible de su iglesia cuando le dio las «llaves» del reino. Esta autoridad, que las llaves simbolizan, se ejercen de tres maneras:

1. *Enseñar:* el papa está autorizado para enseñar e interpretar la revelación divina con autoridad.
2. *Santificar:* además de supervisar la administración de los sacramentos, el papa tiene autoridad para ordenar sacerdotes u otros obispos.
3. *Gobernar:* el papa gobierna a la «iglesia universal sobre la tierra».

La autoridad del papa se representa gráficamente. Por ejemplo, observa la insignia papal que aparece a continuación para apreciar los tres símbolos que encierra.

Las llaves cruzadas representan la autoridad del reino que Jesús le dio a Simón Pedro en Mateo 16. La llave de la izquierda (usualmente se representa como de plata) significa el poder para atar y desatar en la tierra, y la de la derecha (se representa como de oro) significa el poder de atar y desatar en el cielo.[4] El segundo símbolo es el así llamado tiara, o triple corona, situada entre las llaves. Esta representa las tres funciones descritas arriba: enseñar, santificar y gobernar. Tercera, la cruz de oro montada en la cima de la tiara expresa la soberanía de Jesús, la cual ejerce el papa.[5]

Como expresan los dos pares de citas últimas, la autoridad de Cristo se pasó a Pedro y a los papas subsiguientes por medio de la «sucesión». De acuerdo a esto, después que un papa muere los cardenales se reúnen en un cónclave en la Capilla Sixtina para nombrar a un sucesor por medio de rondas de votos. Esta práctica es semejante a lo que se observa en el primer capítulo de Hechos, donde el Espíritu Santo dirigió a los apóstoles para escoger a Matías como el que reemplazaría a Judas. Quizá la ilustración siguiente ayudará a clarificar cómo funciona la sucesión papal.

Entre los organismos más grandes en la tierra está el poderoso árbol llamado álamo. Es común encontrarlo en la costa noroeste de los Estados Unidos. Se cree que en el estado de Utah hay un álamo que pesa más de 5443 kilotoneladas. Para quienes no tengan a mano una calculadora, la equivalencia es de 54.430.000 kg o diez millones de libras.

Uno no puede dejar de maravillarse al ver cómo el álamo puede crecer hasta los cielos y vivir solo cien años. En vista de su enorme tamaño, tal lapso de vida es relativamente breve. La razón para tal brevedad es el origen del árbol. En lugar de comenzar con una semilla, el álamo comienzo

---

4 Otra interpretación dice que la llave de plata representa la atadura y la de oro representa la desatadura.

5 Quizá la más suscinta explicación del papel del papa se encuentra en la *Enciclopedia Católica*: «El obispo de Roma... ejerce jurisdicción universal sobre toda la iglesia como el Vicario de Cristo y el Sucesor de San Pedro. El término "papa" se deriva del latín "padre". En el cristianismo occidental, este término se refiere al Pontífice romano, llamado Su Santidad el Papa, que gobierna la iglesia universal como sucesor de San Pedro... quien posee, "por virtud de su oficio... jurisdicción suprema, completa, inmediata y poder de jurisdicción universal y ordinaria en la iglesia"». Canon 331, citado en Pedro M. Stravinskas, *Enciclopedia Católica*, Huntingdon, IN: Our Sunday Visitor, 1991, p. 761.

con una simple rama. Esta rama crece abajo en el suelo y en su oportunidad recibe vida por sí mismo. El proceso de enviar ramas continúa de un árbol a otro hasta que un solo álamo produce miles de otros árboles. Al mirar al bosque, los diferentes árboles parecen ser independientes unos de otros, pero en efecto, todos ellos se derivan orgánicamente del árbol inicial. El limbo original se descompone en la oscuridad entre sus hijos, quienes continúan pasando la vida durante miles de años.

El ciclo de vida del álamo ilustra cómo los objetos inmediatos, tangibles (como los árboles o las papas) comparten la vida con lo que los precede. Aunque el álamo original ha muerto, vive a través de las generaciones sucesivas. De igual modo los católicos afirman que desde la muerte de Pedro hasta Benedicto XVI, el oficio papal continúa.[6]

HABLA POR DIOS

Contrario a la creencia popular, el papa no es el único que gobierna la Iglesia Católica. El liderazgo también incluye al «colegio de los obispos».[7] A menudo los evangélicos pasan por alto el acontecimiento significativo del Vaticano II. Los obispos católicos participan en la autoridad del papa (en términos de enseñar, santificar y gobernar) como un concilio unificado con el Póntifice romano como su «cabeza».[8]

El papa y los obispos, basados en textos como Lucas 10:16, en los que Jesús dice a los setenta y dos discípulos: «El que los escucha a ustedes, me escucha a mí», pretenden hablar a nombre de Dios, proveyéndole a la iglesia la interpretación autorizada de las Escrituras y la tradición. El papa y los obispos juntos componen lo que los católicos llaman el «magisterium».[9] El *Catecismo* define al magisterium como «el oficio de enseñanza vivo de la iglesia, cuya tarea es dar una interpretación auténtica de la Palabra de Dios, ya sea en su forma escrita (las Sagradas

---

6 De acuerdo con la enseñanza católica, el oficio papal no continúa del papa anterior sino del mismo Pedro. Por ello se piensa que cada papa es el sucesor de Pedro. Lon Allison inspiró la analogía del árbol de álamo.

7 *Catecismo de la Iglesia Católica*, 877, 883, 884

8 Ibid., 883.

9 El difunto Avery Cardenal Dulles, escribió un manual útil sobre el magisterium católico, SJ, *Magisterium: Teacher and Guardian of the Faith*, Sapientia, Nápoles, 2007.

Escrituras), o en forma de Tradición. El magisterium asegura la fidelidad de la iglesia a la enseñanza de los Apóstoles en materia de fe y moral».[10]

En la definición del *Catecismo* notarás que el oficio de enseñar se describe como «viviente». No pierdas este detalle. Se entiende que el magisterium está viviendo, así como la persona de Cristo está viviendo en y a través de su iglesia. Ya que la iglesia es el cuerpo viviente de Cristo en la tierra,[11] se piensa que Cristo habla por medio de ella, en particular por medio de la cabeza de la iglesia, el papa. En términos de nuestra analogía con el árbol de álamo, notamos cómo el árbol original continúa su desarrollo más allá de su muerte. De igual modo, se considera que el magisterium es como un oficio «viviente» que trae a la luz la verdad de la Palabra de Dios para cada nueva generación.

Del magisterium viene la enseñanza católica de la infalibilidad, la idea de que la iglesia definitivamente puede proclamar una doctrina particular sin error cuando la hace el papa en unión con los obispos.[12] Se espera que uno pueda comprender un poco mejor por qué surgió tal enseñanza. Si en verdad Jesús, el infalible, fuera a hablar por medio del magisterium, es lógico pensar que tal revelación sería (o pudiera ser) infalible.[13]

DESACUERDO SOBRE EL PAPADO

Durante los veranos, cuando llegaba del colegio bíblico para pasar mis vacaciones en casa, yo trabajaba como chofer. El puesto era ideal por dos razones. Los clientes para quienes yo conducía desde Manhattan hasta los Hamptons tendían a ser compañeros de conversaciones

---

10 *Catecismo de la Iglesia Católica*, 85, 809, 2033. Avery Cardinal Dulles, «The Freedom of Theology», First Things 183, mayo 2008, p. 20.

11 Para obtener más información acerca de esto, vea la encíclica por el papa Pio XII, titulada *Mystici Corporis* [Sobre el cuerpo místico de Cristo], 29 de junio de 1943.

12 Para ver una explicación útil acerca del criterio oficial de la infalibilidad papal, vea Avery Cardinal Dulles, «Infallibility: The Terminology» en *Teaching Authority and Infallibility in the Church*, editores Paul C. Empie y demás, Augsburg, Minneapolis, 1978, pp. 79-80.

13 Por lo general, la dogma de la infalibilidad se mal entiende. Solo cuando el papa habla *ex cathedra* (desde la silla) sus palabras se consideran como si Cristo las estuviera hablando directamente (también se describe en términos de *de fide*, «es lo que tienes que creer»). Desde 1870, la única declaración estrictamente infalible del papa ha sido la ascención de María al cielo, la cual pronunció Pio XII en el 1950.

interesantes y, además, las largas horas de espera en el exterior de las salas de ópera y los estadios me daban tiempo para estudiar la gramática griega. Era un trabajo de ensueño.

Había un cliente que nunca olvidaré, aunque no puedo recordar su nombre. De algún modo entramos en el tópico de la religión cuando él expresó su frustración con esos «irritantes cristianos nacidos de nuevo». Como él daba por sentado que yo era un socio católico (es probable que fuera por mi apellido italiano) decidí no aclarar las cosas hasta que él terminara de desahogarse.

Su mayor queja tenía que ver con la manera demasiado amistosa que los evangélicos usan para dirigirse a Dios. Si puedo parafrasear su diatriba, fue algo como esto: «Los protestantes piensan que ellos tienen tanta autoridad como la del papa. Por ejemplo, mi primo; él pertenece a una iglesia de los nacidos de nuevo que siempre habla de una "relación personal" con Cristo. Él se refiere a Jesús como su "amigo" y llama al Señor por su primer nombre ("Jesús", en contraste con su apellido, Cristo"). Quiero sentar a mi primo para que vea la película *On the Waterfront* [La ley del silencio] de modo que pueda ver cómo se ve una persona realmente santa. Los sacerdotes son los únicos que merecen llamar a Dios "amigo"».

Resistí la tentación de señalar que Cristo no es el apellido de Jesús, sino su título mesiánico, pero no podía ignorar su moratoria dogmática contra el lenguaje de «amigo». Con la mayor inocencia que pude, le pregunté: «¿Cómo explicas tú el hecho de que Jesús usara el término «amigo» en tres ocasiones diferentes en Juan 15 para describir a sus seguidores? O, ¿cómo explicas tú que Dios llamara a Abraham su "amigo" solo porque Abraham creyó en la promesa de Dios?»

Mi pasajero católico hizo una pausa y luego preguntó: «¿Dijiste que eras católico?»

Más adelante en el libro me referiré a la tendencia evangélica de ser «demasiado amistoso» con Dios Todopoderoso, pero por ahora, con la ayuda de uno de mis autores católico romanos favorito, quiero continuar explorando la preocupación evangélica acerca del papado y el sacerdocio.

El Dr. Eamon Duffy es profesor de Historia del Cristianismo en Cambridge. Sus treinta y cinco años de investigación han incluído un examen detallado del papado. Su exposición más popular acerca del tópico es su libro *Santos y pecadores: Una historia de los papas.*[14] Me gusta la escritura de Duffy por varias razones: como católico devoto, a él le interesa cómo se ve la fe en el mundo práctico. Su estilo para escribir es especialmente lúcido e interesante, y tiene una firme comprensión tanto de la teología como de la historia. Para nuestro propósito aquí, su explicación del papado ilumina muchas de las inquietudes de los excatólicos.

En nuestras discusiones acerca del papado con excatólicos, dos asuntos se elevaron hasta el tope. El primero es la aseveración católica de que el cristianismo debe tener una estructura de autoridad visible enraizada en el papa y los obispos. El propósito de esta estructura se explica en *Manual de la teología dogmática* por Ludwig Ott: «Sin un oficio de enseñanza autoritativa no hay una cierta norma de pureza en la doctrina o para la administración de los sacramentos».[15] De modo que el argumento se expone así: sin el papado no hay cabeza; sin la cabeza, no hay cuerpo; sin el cuerpo, no hay iglesia. Por lo tanto, los evangélicos que no se someten a la autoridad del papa están, en efecto, fallando en el sometimiento a Cristo.[16]

Pero, ¿debieran todos los cristianos, católicos, ortodoxos orientales y protestantes, someterse al papa como el representante de Cristo en la tierra que Dios ordenó? El profesor Duffy nos ayuda a pensar en esta pregunta:

> Los católicos tienden a suponer que el desarrollo del papado ha sido una evolución firme desde el nombramiento que Cristo le hizo a Pedro cuando le dijo «alimenta a mis ovejas» hasta los viajes mundiales y pronunciamientos solemnes de Juan Pablo II sobre la objetividad de la moral y la imposibilidad de

---

14 Duffy, Eamon, *Santos y pecadores: Una historia de los papas*, Editorial PPC, Madrid, España

15 Ott, Ludwig, *Manual de la teología dogmática*, Biblioteca Herder, Barcelona, España, p. 301 del inglés.

16 Tromp, SJ, Sebastian, *Corpus Christi quod est ecclesia*, trad. al inglés, Ann Condit, Vantage, New York, 1960, pp. 194-95.

ordenar a las mujeres. La mayoría de la gente está vagamente consciente de que la autoridad papal como nosotros la conocemos no es la que ejercieron los primeros papas, sino que los católicos suponen que los poderes posteriores de los papas han estado implícitos en la autoridad más limitada que en realidad poseyeron los primeros papas. Ay, pero la historia no es tan simple: el desarrollo del papado no es, en ningún sentido, un asunto de un desenvolvimiento continuo de poderes y funciones implícitas. La autoridad nunca es un asunto de teoría en papel ni un mero estatus religioso: está personificada en los poderes reales y adquiere sentido con el ejercicio de esos poderes. Pero muchas de las funciones características del papado, como el nombramiento de los obispos, en verdad es algo muy reciente. Estas funciones están más basadas en los caprichos de la historia y en la confusión de papeles, que en teoría fueron muy distintos, que en las Escrituras o en la historia patrística.[17]

Ni Pablo ni los Hechos ni cualquiera de los Evangelios nos dicen algo directo acerca de la muerte de Pedro, y ninguno de ellos ni siquiera insinúa que ese papel especial de Pedro pasaría a cualquier «sucesor» en particular. Por consiguiente, en las páginas del Nuevo Testamento no hay nada que se acerque a una teoría papal.[18]

La segunda preocupación de los excatólicos en cuanto al papado incluye la función clerical del papa, su relación con el sacerdocio. Ya que los evangélicos no están de acuerdo con la jerarquía sacramental de la iglesia basada en el terreno bíblico, no vemos necesidad alguna de acercarnos a Dios por mediación de un sacerdote (la jerarquía que conecta al papa con los cardenales con los arzobispos, obispos, monseñores, sacerdotes, archidiáconos y diáconos). Los evangélicos consideran sacerdotes a todos los creyentes, quienes disfrutan acceso directo a Dios por virtud de ser de Cristo, quien es nuestro gran Sumo

17 Duffy, Eamon, *Faith of Our Fathers: Reflections on Catholic Tradition*, Continuum, London, 2004, p. 68.
18 Duffy, *Santos y pecadores*, pp. 2, 6 del inglés.

Sacerdote. Los pastores ordenados siguen siendo importantes para transmitir la fe (2 Timoteo 2:2), pero no como mediadores sacerdotales que extienden o niegan acceso a Dios con autoridad sacramental. Una vez más, Duffy ayuda al explicar cómo este papel de mediación de los sacerdotes ordenados es fundamental para la religión católica:

> El sacerdocio era para siempre, y ser sacerdote significaba ser ordenado dentro de un estado de vida tan antiguo y sobrenatural como la misma iglesia. No sacerdotes, no sacramentos; y no sacramentos, no iglesia. Cristo había inventado, o en cuanto a Melquisedec, quizá reinventado, a los sacerdotes en la Última Cena, ordenando a los apóstoles a decir misa y oír confesiones y eso es lo que los sacerdotes han hecho desde entonces. Los sacerdotes que vivían en la casa parroquial local podían usar trajes negros de sarga, jugar bolos, montar en bicicleta con los pantalones sujetos con presillas, pero en cualquier otro aspecto ellos eran precisamente lo que fueron los apóstoles e hicieron lo que hicieron los apóstoles. El clero, y el trabajo del clero, era parte de la eternidad de la iglesia. Ellos fueron santos, una raza aparte, su estado especial estaba simbolizado por y derivado de su celibato.[19]

Me parece que a mi amigo católico en la limosine le hubiera gustado este párrafo porque comunica la misma convicción que él expresó. Es una actitud que eleva a los sacerdotes a un plano espiritual más alto que el de los laicos. Por otro lado, los evangélicos ven esta distinción como una falla del catolicismo, en especial cuando tiene que ver con el celibato. Cada persona que entrevisté, sin excepción, consideró que el celibato es un problema que va más allá del sacerdocio y afecta a toda la comunidad católica. La razón es la relación que se percibe entre el celibato y los sacerdotes que perpetúan la pedofilia. Autores católicos han escrito numerosos libros sobre el tópico. El más reciente que he leído es *The Coming Catholic Church*, por David Gibson. En lugar de

---

19 Duffy, *Faith of Our Fathers*, p. 98.

tratar el problema como evangélico, me parece más apropiado dirigir a los lectores a una crítica interna y honesta como la de Gibson. El punto que quiero destacar es que desde la perspectiva de los excatólicos, el problema de la inmoralidad del sacerdocio trasciende a los perpetradores individuales y a los obispos que tratan de exonerarlos. La conducta de estos hombres también socaba la confianza en la noción general de un clero de espiritualidad elevada, o en la palabras de Duffy, la «raza santa, el estado especial» del sacerdocio.

Algunos de mis más grandes mentores han sido sacerdotes católicos. Mi gratitud genuina se eleva por su sensibilidad pastoral y en realidad no quiero echar aspersiones sobre ellos ni tampoco sobre el papa.[20] Por el contrario, lo que me interesa es el asunto de cómo llegar a la presencia de Dios. Los evangélicos, basados en las Escrituras, contienden que «hay un solo Dios y un solo mediador entre Dios y los hombres, Jesucristo hombre» (1 Timoteo 2:5).

Debido a que nuestra identidad se encuentra en el Cristo resucitado, se nos ha dado este privilegio: «acerquémonos confiadamente al trono de la gracia» (Hebreos 4:16). Esto es posible por una razón, porque el Señor «al final de los tiempos, se ha presentado una sola vez y para siempre a fin de acabar con el pecado mediante el sacrificio de sí mismo» (9:26). Por tanto, como hijos de Dios, nosotros «fijamos la mirada en Jesús, el iniciador y perfeccionador de nuestra fe» (12:2).

En el próximo capítulo consideraremos a dos individuos del período de la Reforma que tuvieron experiencias de conversión semejantes a la de Lutero pero, en última instancia, decidieron ponerse al lado del papa por encima de sus propias conciencias. Sus nombres son Ignacio de Loyola y el Cardenal Gasparo Contarini. Entre otras lecciones, estos hombres ejemplifican el compromiso esencial de los católicos devotos.

---

20 Debe notarse que el papa Benedicto XVI merece crédito por enfatizar la dimensión personal de la fe de formas excepcionales. Por ejemplo, al describir la vida en el Espíritu Santo, él escribe: «Esto es esencial: la ética cristiana no nace de un sistema de mandamientos, es una consecuencia de nuestra amistad con Cristo» (*San Pablo*, 2009, p. 88 del inglés). Parece que este énfasis se expresa hoy con más frecuencia que en generaciones previas.

Capítulo 6

UN RETRATO DE LA FE CATÓLICA: LOYOLA Y CONTARINI

En 1521, el mismo año en que Lutero compareció ante la Dieta de Worms, otro católico participó en el combate. Sin embargo, a diferencia de Lutero, este hombre estaba al lado del emperador. Mientras que los ejércitos franceses descendían sobre el norte de su país, este noble español tuvo la desafortunada experiencia de encontrarse frente a un proyectil de cañón. El impacto le destrozó su pierna y durante su convalescencia leyó detenidamente los dos únicos libros que tenía disponibles en el hospital: *Vida de Cristo*, del siglo catorce, y *La leyenda dorada*, una obra dominica del siglo trece acerca de los santos. Se determinó que el arreglo de su pierna era impropio así que se la fracturaron para volvérsela a arreglar y por consecuencia se vio forzado a permanecer en cama. Sin embargo, su corazón se embarcó en un peregrinaje espiritual que cambió el curso de la historia.

Ese hombre fue Ignacio de Loyola (1491-1556). En la Abadía Benedictina de Monserrat abandonó su ambición de ascender en la corte de Castilla, colgando su armadura y adoptando la vestimenta de un mendigo. Al depender solo de Dios, se dio a tales austeridades como ayunar durante días, envolver su carne en una faja de púas, pedir limosnas en público. Como es de esperar, este estilo de vida lo llevó a una cierta cantidad de depresión, hasta el punto que Ignacio consideró el suicidio. Sin embargo, con el tiempo la oscuridad dio lugar a una iluminación mística que transformó su vida. En sus propias palabras, él era «un hombre nuevo».[1]

Su llamamiento religioso tomó forma mientras que Ignacio consideraba su experiencia mística. En 1523 viajó a Tierra Santa. Ahora Ignacio caminaba (o cojeaba) como un soldado de Cristo por el mismo camino donde los soldados españoles habían marchado en cruzada contra los musulmanes en Jerusalén. También dirigiría una cruzada, la naturaleza de la cual algún día uniría a los hombres en ferviente sumisión a Cristo y al papa.

Después de regresar a Europa, Ignacio se preparó para el sacerdocio. Estudió teología durante once años, cuatro en Barcelona, seguidos por siete en la Universidad de París. Mientras estudiaba, con todo cuidado Ignacio anotaba sus ideas en cuanto a la oración, el auto examen y la sumisión a la autoridad divina. Estas anotaciones formaron la base de su obra clásica *Ejercicios Espirituales*. Con el tiempo se le unieron otros hombres y en 1543 él y estos seis compañeros formaron el núcleo de un movimiento llamado la Sociedad de Jesús, o Jesuítas.

RENOVACIÓN CATÓLICA

La primera Reforma no se limitó a la línea de Wycliffe, Huss y Lutero,[2] porque era claro que los movimientos de renovación *católicos* también estaban creciendo en tamaño e influencia. Tales grupos tenían una variedad de nombres como el Oratorio del Amor Divino, Los Barnabitas, los Teatines, los Capuchinos y los Jesuitas de Ignacio. A menudo los historiadores describen estos grupos en términos de la Reforma Católica. El hilo común entre ellos y sus homólogos protestantes era el deseo de experimentar a Dios profunda y genuinamente, una experiencia tal que transformaría las almas y las naciones.

---

1 O'Malley, John W., *Los primeros jesuitas*, Editorial Sal Terrae, Santender, Cantabria, España, p. 24 del inglés.

2 El siglo dieciséis fue testigo de muchos movimientos de renovación a través de toda Europa, tales como los Lolardos, que se concentraron en Inglaterra, los Valdenses en Francia, los Husitas en Bohemia (República Checa) y *Spirituali* en Italia, MacCulloch, Diarmaid, *The Reformation*, Viking Penguin, New York, 2003, pp. 35-37.

De las varias voces reformadoras, la de Ignacio de Loyola es un ejemplo de primera categoría como uno que permaneció devoto a la iglesia católico romana. Él y sus colegas jesuitas fueron ardientes defensores de la institución católica, en particular del papado. La seriedad de su compromiso se expresa en el edicto papal *Regimini Militantis ecclesiae* [Acerca del gobierno de la iglesia].

Los jesuitas abordaron la renovación espiritual de manera tal que su actividad difiere de la mayoría de las otras órdenes religiosas. A diferencia del fraile o del ermitaño común, ellos evitaron el encierro monástico, las vestimentas clericales y la rutina diaria de la labor y adoración comunales. Similar a los reformadores protestantes, se esforzaron para promover una fe dinámica entre los laicos y para enriquecer las estructuras de la vida pública. A medida que pasaban las décadas persiguieron este objetivo al establecer centros de educación formal. En la actualidad, la presencia de las escuelas jesuitas son testimonio del alcance de su visión.

Aunque en los últimos años los jesuitas pudieran llegar a ser conocidos como los adversarios agresivos del protestantismo, esto no fue así en el principio. «Así que, [por ejemplo] cuando el ginebrino Pierre Favre, uno de los asociados más íntimos de sus días de estudiante en París, le enseñó a sus compañeros jesuitas cómo debían tratar a los luteranos, él enfatizó que debía ser un asunto de simple testimonio cristiano, "hablando con ellos de modo familiar acerca de aquellos tópicos que tenemos en común y evitando todos los argumentos contenciosos en los cuales una parte pudiera parecer que estaba pegándole a la otra"».[3] Esta amigable postura subraya el común interés espiritual que compartían los líderes católicos y protestantes de la renovación.

Ignacio no era el único líder católico que deseara una espiritualidad más profunda y que persiguiera un compromiso cultural. Otros ejemplos incluyen a Gasparo Contarini, Reginal Pole, Bernardino Ochino, Juan de Valdés y Pedro Vermigli. Estos hombres fueron parte de un movimiento llamado *Spirituali* (también llamado «Evangelismo»).[4] Fue el producto del suelo italiano, a diferencia del

---

3 Ibid, p. 218.

4 McGrath, Alister, *Christianity's Dangerous Idea*, Harper One, New York, 2007, pp. 26-27.

protestantismo, el que se desarrolló al norte de los Alpes.[5] En esencia, lo componían católicos de mente espiritual que creían que la salvación, en última instancia, dependía de la provisión de la gracia redentora de parte de Dios, obtenida solo por fe, contrario a los hechos píos de uno.[6]

El Cardenal Gasparo Contarini, uno de los líderes sobresalientes de los *Spirituali*, llevó una vida que se cruzó en los puntos críticos con las enseñanzas de Lutero e Ignacio. Contarini, nacido en 1483, era el mayor de siete hijos y cuatro hijas de Alvise Contarini de Venecia.[7] En los días de Contarini, Italia estaba llena de luchas entre el papado, el Santo Imperio Romano y varios poderes regionales. Estas luchas plagaban la península con invasiones, incluyendo el saqueo de Roma en 1527. Hacía tiempo que la reforma espiritual y política estaban atrasadas. La invocación a un príncipe pragmático que hace Maquiavelo y la fogata de las vanidades de Savonarola solo eran dos ejemplos de cómo los italianos respondían al problema. Este contexto tenebroso proveyó el combustible con el cual los *Spirituali* encendieron una llama.

Contarini, entrenado en filosofía en la Universidad de Padua, era un intelectual que amaba el diálogo acerca de los asuntos complejos de la política y la fe, especialmente mediante las cartas escritas. En una ocasión, su íntimo amigo Tomasso Giustiniani le escribió a Contarini expresándole su angustia porque aun después de entrar en la Orden de Ermitaños Camaldoese, no encontraba ninguna esperanza de salvación.[8] Esto turbó a Contarini en gran manera y lo hizo considerar con seriedad su propia fe. Al igual que la angustia de Lutero, la de Contarini se revolvía alrededor de la pregunta cómo puede uno obtener el perdón divino.[9]

---

5 McGrath, Alister, *Iusticia Dei: A History of the Christian Doctrine of Justification*, 2nd ed., Cambridge Univ. Press, Cambridge, 1998, p. 248.

6 McNair, Philip, *Peter Martyr in Italy: An Anatomy of Apostasy*, Clarendon, Oxford, 1967, pp. 1-50, citado en Elizabeth Gleason, «On the nature of Sixteen-Century Italian Evangelism: Scholarship, 1953-1978» [Acerca de la naturaleza del evangelismo italiano del siglo dieciséis], *Sixteenth Century Journal* 9, no. 3, Otoño 1978, p. 7.

7 Gleason, Elizabeth, *Gasparo Contarini: Venice, Rome, and Reform*, Univ. of California Press, Los Ángeles, 1993, p. 3.

8 Gilbert, Felix, *History: Choice and Commitment*, Harvard Univ. Press, Cambridge, MA, 1977, p. 252.

9 Fenlon, Dermot, *Heresy and Obedience in Tridentine Italy: Cardinal Pole and the Counter Reformation*, Cambridge Univ. Press, Cambridge, 1972, p. 7.

No estamos seguros de cuánto tiempo duró la lucha de Contarini con esta nube oscura de la duda, pero sabemos que al fin un rayo de esperanza penetró en su corazón. Eso fue «el Sábado Santo de 1511» cuando Contarini «experimentó un momento de iluminación» que fue semejante a la epifanía de Lutero, después de la cual él «estuvo completamente convencido de que la salvación no se puede ganar por algún acto humano sino que es la dádiva gratuita de Dios. Y, como en el caso de Lutero, esta convicción estuvo acompañada por una percepción de que el monasterio no podía por sí mismo, procurar una bendición eterna».[10] «"Contarini, al igual que Lutero, encontró en la contemplación del sacrificio de Cristo la solución de sus temores y la resolución de su ansiosa lucha por la perfección". Él comprendió que sus obras no tenían poder para proveer la salvación que solo Cristo nos da».[11] Este fresco descubrimiento de la pasión de Jesús dejó asombrado a Contarini. No solo forjó una afinidad con la doctrina de Lutero acerca de solo por fe, sino que también motivó a Contarini a proclamar la suficiencia de la cruz entre los católicos.[12]

Igual que los primeros misioneros jesuitas, Contarini creyó que los católicos romanos debían ejemplificar un amor semejante al de Cristo hacia los protestantes. En sus palabras:

> No necesitamos concilios, discusiones, silogismos ni selecciones de la Santa Escritura para aquietar la agitación de los luteranos, sino buena voluntad, el amor a Dios y al prójimo y la humildad del alma, mientras que ponemos a un lado la avaricia y el orgullo en nuestras posesiones y espléndidos establecimientos domésticos y convertimos nuestras casas en lo que el evangelio prescribe. Esto es necesario para extinguir

---

10 Bouwsma, William J., *Venice and the Defense of Republican Liberty*, Univ. of California Press, Los Ángeles, 1984, p. 124.

11 Fenlon, *Heresy and Obedience*, p. 9.

12 «[Contarini] reiteró que él viviría seguro y sin temor de su propia iniquidad por causa de la misericordia de Cristo» (Stephen D. Bowd, *Reform before the Reformation: Vincenzo Querini and the Religious Renaissance in Italy*, Brill, Leiden, 2002, p. 93. Ver también James B. Ross, «The Emergence of Gasparo Contarini: A Bibliographic Essay» [El sugerimiento de Gaspara Cantarini: Un ensayo biográfico], *Church History* 41 no. 1, Marzo de 1972, p. 24.

los errores y tumultos de los luteranos. No traigamos ante ellos montones de libros, oraciones ciceronianas, argumentos sutiles; sino una vida recta y una mente humilde limpia de orgullo, deseando solo a Cristo y el bien de nuestros vecinos. Créanme, con estas armas ningún trato con los luteranos ni aun con los turcos y judíos, puede resultar malo. En esto consiste el deber de los prelados cristianos, y para esto ellos debieran emplear todos sus esfuerzos. Si fallan en hacerlo, y en su lugar descansan en el favor de los príncipes, argumentos, autoridades y multitud de libros, en mi opinión, ellos van a lograr poco. Esta es mi firme convicción.[13]

COLOQUIO DE REGENSBURG

Cada vez que identificamos a los individuos como figuras representativas de esta o aquella ideología, estamos en peligro de hacer una simplificación excesiva. Esta clase de simplificación, dependiendo de la fuerza con que se haga, es inevitablemente dañina. Ninguna persona encaja perfectamente en un perfil. No obstante, los perfiles tienen un propósito valioso porque en la práctica muestran cómo se ve un sistema particular de creencias con relación a los otros. Por lo tanto, vamos a proceder con precaución a explorar cómo Lutero, Ignacio y Contarini sirven como figuras representativas.

En abril de 1541, Carlos V, emperador del Sacro Imperio Romano, organizó un cónclave imperial para unificar su imperio contra las amenazas exteriores.[14] De una manera simultánea, él maquinó una conferencia teológica en Regensburg para acompañar las sesiones diplomáticas. Debido a esta íntima conexión entre la iglesia y el estado, el logro de la unidad religiosa entre las fuerzas opositoras de la Iglesia

---

13 *Confutatio articulorum seu quaestionum Lutheranorum*, en Gasparo Contarini, *Gegenreformatorische schriften* (1530 c.1542), ed. Friedrich Hunermann, en William J. Bouwsma, *Venice and the Defense of Republican Liberty: Renaissance Values in the Age of the Counter Reformation*, Univ, of California Press, Berkley, 1968, p. 126.

14 Los principales enemigos de Carlos V fueron los turcos y los franceses (J. van der Walt, «John Calvin as a Person», en *Our Reformational Tradition: A Rich Vocation and Lasting Vocation, ed. Institute for Reformational Studies*, 155-75, Silvertone: Promedia Publications, 1984, p. 159.

Católica Romana y los protestantes fue un paso importante para su meta de establecer una coherencia política.[15]

Para los 1540 las iglesias protestantes habían solidificado sus posiciones teológicas. En 1530 la Confesión de Augsburgo se había establecido y en 1536 Juan Calvino completó su primera edición de su obra magna, *Institución de la Religión Cristiana*. Además, las posiciones doctrinales de Lutero, como la justificación solo por la fe, llegaron a ser familiares a través de toda Europa. Todo esto significaba que lo que Carlos V estaba proponiendo, en la unificación de católicos y protestantes, no era una hazaña pequeña.[16]

Puedes decir que la reunión en Regensburg fue un esfuerzo de último recurso para reconciliar las facciones católicas y protestantes. Después de infructuosos intentos para llegar a un acuerdo ecuménico en Hagenau (1540) y en Worms (1541), la mayoría de las personas perdió la esperanza de reunificarse. Fue en la hora doce que el papa envió al Cardenal Gasparo Contarini para que se reuniera con el emperador y lo animara a tener un diálogo positivo. Se preparó una agenda y se escogieron los representantes de cada lado.[17]

Se escogieron las chispas más brillantes de ambos lados para que participaran en un enfrentamiento de «equipos de sueños» religiosos. El emperador anunció sus nombres el 21 de abril de 1541. Philip Melanchthon, Martin Bucer y Johann Pistorius representaron a los protestantes (el joven Juan Calvino estaba presente a un lado). Por la Iglesia Católica Romana estaban Johann Eck, Johann Gropper y Julius Pflug. Presidió el Cardenal Gasparo Contarini en representación del Papa Pablo III.[18] A la reunión teológica se le llamó el Coloquio de Regensburg.[19]

---

15 Mackensen, Heinz, «El papel teológico de Contarini en Ratisbona en 1541», *Archive for Reformationgeschichte* 51, 1960, p. 36.

16 Anderson, William P., «Gasparo Contarini: Sixteenth Century Ecumenist» [Gasparo Contarini: Un ecuménico del siglo dieciséis], *Ecumenical Trends* 13, Octubre de 1984, p. 140.

17 Atkinson, J., «Martin Luther: Prophet to the Church Catholic» [Martín Lutero: Profeta a la Iglesia Católica], *Scottish Journal of Theology*, vol. 37, 1984, p. 316.

18 Matheson, Peter, *Cardinal Contarini at Regensburg*, Oxford Univ. Press, Oxford, 1972, pp. 93-94.

19 El Coloquio también lleva el nombre de Ratisbona. Mientras que la ciudad donde se celebraba la conferencia era Regensburg, la diócesis católica romana a la cual pertenecía la ciudad se llama Ratisbona. Por

La empresa de diálogo teológico o «ecumenismo» siempre es precaria. Esto fue especialmente así en los días de Contarini. Hace dos décadas William Anderson escribió, «Ser ecuménico a mediados de la década de 1980 es casi estar a la moda: en el siglo dieciséis era un reto serio y a menudo peligroso».[20] Esta realidad infundió aprensión a la obra de Regensburg.

El 5 de abril fue la apertura de la Dieta con una solemne Misa del Espíritu Santo en la catedral de San Pedro. La procesión, con toda la pompa y las circunstancias que uno pudiera esperar, se abrió paso a pie desde los cuarteles imperiales en la Posada de la Cruz de Oro hasta la iglesia. Los protestantes no participaron en la procesión. Tampoco, sorpresivamente, lo hizo Contarini, aunque sí participó en el servicio. Después que terminara la ceremonia, los participantes del coloquio se congregaron en la cámara imperial del ayuntamiento del pueblo para comenzar su reunión.[21]

La discusión se enfocó en el libro que presentó Nicholas Granvelle, canciller de Carlos V, quien comentó que un grupo de teólogos belgas, ya fallecidos, lo habían compilado.[22] Esto era una mentira. En realidad, Gropper, Bucer y un cierto Gerhard Veltwyck fueron quienes lo compusieron en secreto. Los puntos principales de la teología se presentaron, de la manera más agradable posible para ambos lados, en una serie de veintitrés artículos.[23]

Después de la apertura del libro de Regensburg y el comienzo del diálogo teológico, los grupos lograron, para sorpresa de muchos, una cantidad considerable de acuerdos. Ninguno de los grupos impugnó ni cambió los primeros cuatro artículos que trataban acerca de la creación

---

esta razón los escritores católicos romanos con frecuencia (aunque no exclusivamente) usan el nombre de Ratisbona.

20 Anderson, *Gasparo Contarini*, p. 140.

21 Matheson, *Cardinal Contarini*, pp. 79-80.

22 Casi inmediatamente después de la conferencia se hizo una versión inglesa del libro de Regensburg tomada del latín, pero al parecer, no se ha reimpreso desde entonces. Una biblioteca desconocida (localizada en Europa) tiene el manuscrito inglés original. Hay dos copias en microfilm: una está en la biblioteca de la Universidad de California en Berkeley, y la otra está en la biblioteca Bodleian en Oxford. Bucer también hizo una traducción al alemán.

23 Mackensen, Heinz, «El papel diplomático del Cardenal Gasparo Contarini en el coloquio de Ratisbona en 1541», *Church History* vol. 27, 1958, p. 315.

de los humanos y su estado antes de la caída, el libre albedrío, la causa del pecado y el pecado original.[24]

Al día siguiente, 28 de abril, se puso sobre el tapete el controversial asunto de la justificación. Ni Eck ni Melanchthon estaban complacidos con el «artículo largo, aburrido y muy ambiguo».[25] Su insistencia en que el libro era inadecuado causó que se dejara a un lado y, en su lugar, se embarcaron en una discusión abierta sobre el tópico. Melanchthon la inició con una explicación de la posición protestante. Los católicos difirieron con parte de su terminología y, por consiguiente, la rechazaron. Entonces, al día siguiente, los protestantes también rechazaron el borrador católico, Melanchthon sugirió el rompimiento de las negociaciones. Como respuesta, Gropper y Pflug les permitieron a los protestantes revisar el bosquejo católico, lo cual dio por resultado que se tomara un «acuerdo» sobre la doctrina de la justificación.[26]

En una carta personal de Calvino a su amigo William Farrel se ve una mirada íntima de la reacción protestante a la concesión católica: «Te maravillará leer la copia del artículo acerca de la justificación [...] que nuestros adversarios hayan concedido tanto. Se han comprometido a los esenciales de lo que es nuestra enseñanza verídica. Nada se encontró en ella que no se mantenga en nuestros escritos».[27]

Aunque los católicos conservadores como Eck no estaban complacidos con el sabor protestante del artículo, algunos del campo católico lo aprobaron. Entre este grupo estaba Contarini. Más tarde, su confidente Reginald Pole le escribió a Contarini: «la fórmula es parecida a una perla parcialmente oculta que la iglesia siempre poseyó, pero que ahora es accesible para todos».[28]

---

24 Hillerbrand, Hans J., ed., *The Oxford Encyclopedia of the Reformation*, Oxford Univ. Press, New York, 1996, pp. 377-78.

25 Matheson, *Cardinal Contarini*, p. 105.

26 Ibid., p. 107. Los dos rasgos principales del artículo de la justificación fueron una insistencia en que la aceptación divina es solo por gracia, no como resultado de las obras meritorias, y segundo, la imposibilidad de separar la fe de las manifestaciones prácticas del amor. De esta manera la declaración era lo suficientemente básica para que ambas partes la abrazaran solo con extrapolarla hacia sus posiciones respectivas. Para una versión moderna de esta declaración, ver la *Declaración conjunta sobre la Doctrina de la Justificación* por la Federación Luterana Mundial y la Iglesia Católica.

27 Ibid., p. 142.

28 Schenk, Wilhelm, *Reginald Pole, Cardinal of England*, Longmans, Green, and Co., London, 1950, p. 102.

En medio de la celebración había escepticismo de parte de los protestantes en cuanto a la confiabilidad y sinceridad del acuerdo católico. Melanchthon no estaba convencido, como tampoco lo estaba Calvino. Él creía que la parte católica estaba jugando un juego político y sostuvo: «El propósito de los representantes papales, rebajar a los protestantes, permanece ahora como antes».[29]

Luego de alcanzar el acuerdo sobre la doctrina de la justificación, la discusión continuó el 3 de mayo acerca de la siguiente sección del libro de Regensburg que trataba sobre el asunto de la iglesia y su autoridad. Aquí fue donde estallaron los fuegos artificiales. Los artículos 6 al 8 se aceptaron con poca disputa. Entonces vino el artículo 9. Trataba acerca de la autoridad de la iglesia en cuanto a las Escrituras.[30]

El artículo 9, al igual que las declaraciones previas, se formuló en los términos más conciliatorios. La referencia al oficio de enseñanza del papado se excluyó con toda deliberación. Sin embargo, la declaración aseguraba que la Palabra de Dios no solo estaba limitada a las Escrituras sino también a la tradición dogmática de la iglesia. Bucer, que era un consumado diplomático, arguyó como un protestante a favor de la aceptación del artículo por los protestantes. Sin embargo, Melanchthon no fue capaz de pasar por alto la diferencia con tanta facilidad. Para él, estar de acuerdo con elevar la tradición al nivel de las Escrituras significaría traicionar la causa protestante. Ya que el asunto era de igual importancia para los católicos romanos, ambas partes se atascaron en un callejón doctrinal sin salida. Era evidente para todos los participantes que el coloquio estaba en peligro de un conflicto irreparable.

El Conde Federico del Palatinado propuso que los representantes protestantes sometieran su propia declaración como una alternativa. «Este borrador protestante no era polémico, como el artículo original, y fue lejos para encontrarse con la posición católica».[31] Se reconocía el papel interpretativo de la iglesia, y basados en Agustín ellos estuvieron de acuerdo con que la Biblia se debía comprender con propiedad en la

---

29 Matheson, *Cardinal Contarini*, p. 113.
30 Ibid., p. 116.
31 Ibid., p. 118.

iglesia. No obstante, los protestantes objetaron que el don de interpretar la Biblia estuviera unido a cualquier oficio particular de la iglesia. Ellos sostenían: «La infalibilidad de los Concilios y de los Padres de la iglesia primitiva no se puede aceptar ni en el terreno histórico ni tampoco en el teológico».[32]

Ante un obvio impasse, Granvelle intervino, pidiendo que la discusión del artículo 9 se dejase para más adelante y se pospusiese para el fin del Coloquio. Desde el exterior tal vez pudo parecer que la reunión estaba progresando de acuerdo al plan, pero para los que estaban enterados era obvia la severidad del callejón sin salida.

Cuando se evadió el asunto de la autoridad, el fracaso del coloquio parecía cierto. Aunque la discusión continuó más adelante para tratar los artículos 10-17 sobre los sacramentos, la nube oscura del artículo 9 amenazaba desde arriba. Cuando se llegó al asunto de la misa, Contarini se apartó de su manera amistosa normal y dogmáticamente insistió en el uso del término *transubstanciación*. Siguió otro debate. El historiador Michael McDuffee explica por qué es probable que Contarini cambiara su actitud de modo tan drástico: «Contarini adelantó la llegada del fracaso al demandar que los elementos del Señor debían entenderse en términos de transubstanciación. Es probable que él hiciera esto para cubrirse después que quedara claro que no habría un acuerdo general sobre el asunto de la autoridad. [...] Es verdad que no se acordó la naturaleza de la presencia real de Cristo. Sin embargo, este era un conflicto anticlimático. Las diferencias doctrinales retrocedían en importancia en comparación con la pregunta más importante: "¿quién tiene autoridad para pronunciarse en los asuntos de la doctrina?" Hasta el día de hoy este sigue siendo el punto de división más importante entre el catolicismo y el protestantismo».[33]

Cuando llegó la hora de que Contarini escogiera una parte, él se sometió a la autoridad con la cual estaba más familiarizado. Él era católico, lo cual demostró al escoger el papado en lugar de su propia conciencia. El 29 de mayo terminó el coloquio, que duró casi un mes,

---

32 Ibid.

33 MacDuffee, Michael, entrevista por el autor, 11 de diciembre de 2000, Chicago, Illinois, electronic mail.

mientras que la convención imperial continuó hasta el 29 de julio.[34] Diarmaid MacCulloch, el historiador de Oxford, describió la conclusión de Contarini y los *Spirituali*.

> En Roma, Contarini hizo surgir muchos temores por su disposición para comprometerse, y en agosto de 1542 murió bajo arresto domiciliario siendo un hombre quebrantado. Para entonces, los *Spirituali* más dispuestos a confrontar los errores estaban conscientes del peligro de su posición. De Valdes murió en 1541 y por consecuencia evitó el tiempo de prueba, pero a Bernardo Ochino lo llamaron a Roma cuando sus sermones llegaron a ser más francos que nunca. Ochino tuvo la sensatez de no hacerle caso a la orden, y así ganó tiempo para despedirse del moribundo Contarini antes de salir a caballo para Suiza y para la Ginebra de Calvino, pero en su huida Peter Martyr Vermigli lo siguió de cerca. Al final, estos recorridos lo llevaron a disfrutar de una cálida bienvenida de Bucer en Strasburgo. La huida de estos predicadores a quienes toda Italia conocía produjo una enorme sensación. Estas huidas fueron solo las primeras en una serie de defecciones de eruditos y teólogos italianos que se fueron al mundo reformado al otro lado de los Alpes.[35]

La próxima década de la historia de la iglesia se mantiene en contraste absoluto con la obra de Contarini y de otros reformadores católicos. Fue la época de la inquisición, un tiempo en que la iglesia acusaba de herejía a cualquiera que propusiera una renovación y a otros disidentes y los trataba de acuerdo con eso. Una vez acusado, ya se te presumía culpable hasta que probaras lo contrario; era raro que se te confrontara con tus acusadores; podían hacerte confesar contra tí mismo, y te podían torturar. Si te sentenciaban, enfrentabas el

---

34 Mackensen, «Diplomatic Role», p. 316.

35 MacCulloch, *The Reformation*, p. 224. Alguien necesita escribir una historia comprensiva de estos predicadores evangélicos italianos. Si estás buscando un tópico de disertación, ¡este te está esperando! O quizá una monografía titulada *Los predicadores que toda Italia conoció*. ¡Te reto a que lo hagas!

encarcelamiento, la pérdida de las propiedades o que te quemaran en la estaca, a menos que confesaras o te retractaras. Entre los más prominentes de estos inquisidores estaba el Cardenal Gian Pietro Carafa, al que más tarde se le llamaría el Papa Pablo IV. MacCulloch resume el legado de Carafa:

> A Gian Pietro Carafa le llegó la hora. [Él] tenía un caso con la seguridad del hierro fundido para persuadir al Papa Pablo III con el fin de que este instituyera la Inquisición Romana, siguiendo el modelo de la Inquisición Española, y con el mismo cardenal arzobispo de Nápoles como el inquisidor general. El 21 de julio de 1542 se promulgó la Bula papal. Carafa había hecho el voto, «aunque mi propio padre fuera hereje, yo reuniría la madera para quemarlo».[36]
>
> Carafa sabía que tenía poco tiempo, pero su energía no disminuyó y trabajó rápido. Al fin tenía el poder de poner en efecto la agenda rigurosa que podía esperarse del fundador de la Inquisición Romana; él podía tratar al mundo con el mismo puritanismo austero que gobernaba su propia vida (con excepción de sus parientes, para quienes él era casi tan indulgente como cualquiera de sus aristocráticos predecesores). Eso fue durante el pontificado de Pablo IV, en 1557, que la Inquisión Romana, por primera vez publicó un Indice general de los libros prohibidos para toda la iglesia.[37]

Carafa se convirtió en el Papa Pablo IV, y lo precedió su reputación impopular, incluso entre los católicos. Las razones para esto eran numerosas: él odiaba a los españoles y era un anti-semita que confinó en getos a los judíos de los Estados Papales y les ordenó usar sombreros amarillos distintivos. Sus chanchullos políticos estilo mafia avergonzaban al clero, como lo hacía su intolerancia desdeñosa de cualquiera que se le cruzara en el camino.[38] Al fin, cuando el Papa Pablo

---

36 Ibid.
37 Ibid., p. 269.
38 Ibid., pp. 269-70.

IV exhaló su último suspiro, «las noticias de su muerte en agosto de 1559 hicieron estallar alborotadas celebraciones. En Roma, la multitud saqueó las oficinas de la Inquisición para destruir sus archivos, y al norte, en Perugia, hubo una turba similar que atacó la iglesia de Santo Domenico en la que se albergaban los cuarteles locales de la Inquisición».[39] Por desgracia, el daño ya estaba hecho. Se extinguió la llama de la renovación y se destruyó el fundamento organizacional de una generación anterior.

TRES TIPOS DE CATÓLICOS

Antes de concluir este capítulo volveremos a ver el asunto propuesto con anterioridad concerniente a los perfiles básicos católicos del período de la Reforma. Ahora tenemos la esperanza de ver cómo Lutero representa al «ex católico», Ignacio al «católico tradicional» y Contarini al «católico evangélico». La clave para reconocer esta tipología es la relación entre estos individuos y la autoridad religiosa particular a la que se sometieron. Lutero rechazó la supremacía papal en favor del texto bíblico y por eso él representa a los protestantes. Ignacio y sus seguidores fueron con el papa y, como resultado, los jesuitas caracterizan a los católicos tradicionales. Y ya que Contarini basó su fe personal en las Escrituras mientras también se alineó con el papa, él encaja en la categoría del evangélico católico. Cada uno de estos perfiles, junto con un cuarto, el «católico cultural», se tratarán en la segunda parte, donde consideraremos los valores y prioridades de nuestros seres queridos católicos romanos.

En el capítulo siguiente consideraremos la cuarta razón por la que muchos católicos se mueven en una dirección evangélica: un deseo por una devoción Cristocéntrica.

39 Ibid., pp. 270-71.

Capítulo 7

CUARTA RAZÓN: DEVOCIÓN CRISTOCÉNTRICA

Anoche me senté en el piso del salón de estar y vi la película *Las cenizas de Ángela*. Trata de la autobiografía de Frank McCourt, quien describe su vida en Irlanda durante los años 1930 y 1940. Su familia vivía en una casucha con un solo bombillo y chinches en la cama, y un servicio sanitario en el exterior que todos los vecinos usaban. Su padre era alcohólico y raras veces encontraba trabajo, por causa de esto la familia McCourt subsistía con el seguro de desempleados. Durante muchos penosos años la familia sobrevivió solo con pan y té.

En la primera parte de la película, la madre de McCourt (Ángela) pierde sus tres bebés, Margaret Mary, Eugene y Oliver, por causa de la «tuberculosis», una aterradora enfermedad que plagaba a los pobres. Mientras que estaba sentado con mi corazón pegado a la pantalla, me preguntaba cómo la familia McCourt podría sacar los recursos de su herencia católica romana para perseverar en medio del oscuro valle de su sufrimiento. En varias escenas la familia apela a Dios por medio de velas, cuentas del rosario, los santos y los rituales sacramentales. Me impresionó ver cuán radicalmente diferente parecía esta piedad comparada con la oración y adoración evangélicas.

La devoción católica es enorme en extensión y alcance y asombrosa en complejidad, emergiendo de dos mil años de fe y reflexión cristianas.

Se puede aseverar que esta tradición es uno de los puntos fuertes del catolicismo romano, como muchos protestantes señalan con rapidez. En su libro *Christian Spirituality*, el historiador de Oxford, Alister McGrath, provee un manual práctico para la tradición, explicando cómo este ofrece dirección en los aspectos de la lectura, oración, meditación, silencio, estudio y servicio. Durante siglos estas disciplinas han enriquecido la visión espiritual de la iglesia y son parte de la «Gran Tradición», la cual es nuestra herencia religiosa común. Esta tradición ahora es inmensamente popular entre los evangélicos.

Es usual que para el tiempo en que una conversación académica alcance la iglesia, ya haya pasado de moda en los salones de educación, pero una excepción corriente es la Gran Tradición. Ya sea que eches un vistazo a los libros en venta en la Sociedad Evangélica de Teología o visites los pasillos de tu librería local, encontrarás una gran colección de títulos con los términos clave como *patrística, padres, tradición* o *reglas de fe*. Por supuesto, algunos evangélicos han escrito durante años acerca del tópico (por ejemplo, Richard J. Foster, Thomas Oden, Dallas Willard y Robert Weeber, ya fallecido). Sin embargo, ahora la proliferación de conferencias, libros y blogs están en la corriente principal, y es mayor que nunca. Al parecer, los evangélicos están profundamente interesados en comprender a la iglesia anterior al siglo dieciséis.

Por lo general, cuando los evangélicos leemos la Biblia, no pensamos en cómo la historia de la iglesia ha moldeado la comprensión de la doctrina. Actuamos de acuerdo a una cierta presunción, que algunos han llamado la «teoría de la zanja».[1] La figura en la próxima página nos da una explicación.

De acuerdo con la teoría, Jesús y los apóstoles comprendieron y practicaron la fe cristiana en toda su plenitud y pureza. Esta fidelidad continuó hasta que el Emperador Constantino declaró que el cristianismo sería la religión oficial del imperio, en ese tiempo la pureza de la iglesia cayó en la zanja del compromiso y la herejía. Desde Constantino hasta la edad media, el evangelio estuvo inmerso en la tradición no

---

1 El profesor Gregg Quiggle, en su clase de historia de la iglesia, me presentó este concepto mientras yo estaba en la universidad.

bíblica y por consiguiente la gente no lo comprendía con gran claridad, aparte de un pequeño remanente que de alguna manera lo entendió bien. Al fin, en 1517, Dios levantó a Martín Lutero para hacer frente a estos errores, lo que él inició clavando sus noventa y cinco tesis en la puerta del castillo de Wittenberg. Lutero y la Reforma sacaron al cristianismo unas tres cuartas partes de la zanja. En esta condición casi restaurada permaneció el cristianismo hasta la fundación de mi denominación o iglesia, y en ese tiempo, la fe pura y bíblica al fin volvió a su prístina condición original.

LA TEORÍA «ZANJA» DE LA HISTORIA DE LA IGLESIA

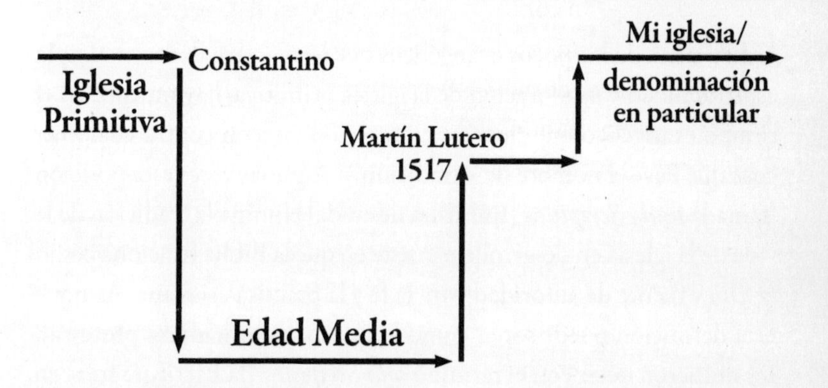

A propósito, la teoría de la zanja es una caricatura y, sin embargo, su historia está implícita en buena parte de la enseñanza protestante. Como Tom Howard, un ex evangélico que ahora es un erudito católico, escribe: «[Los evangélicos] hablan de una fe antigua como si la Biblia hubiera aparecido a la vista solo esta mañana y como si uno pensara que acercarse a ella es tan simple como abrirla, leerla y comenzar a correr».[2] Aunque en principio no estemos de acuerdo con la teoría de la zanja, no podemos negar que esta describe con exactitud mucho de nuestro pensamiento y práctica.

Hace poco, después de una clase de la Escuela Dominical que exploraba los sucesos e ideas de la iglesia primitiva, una congregante

2 Howard, Thomas, *On Being Catholic*, Ignatius, San Francisco, 1997, p. 224.

me preguntó si yo recomendaría la lectura de los libros de la Gran Tradición (por los cuales ella quería decir obras desde la perspectiva de un católico romano o de un ortodoxo oriental). Le dije cómo yo me expuse a propósito a la Gran Tradición en tres formas: la revista *Touchstone*, un catálogo de obras clásicas que vende Eighth Day Books, y el periódico *First Things*. Ella parecía un poco sorprendida de que su pastor evangélico pudiera mantener tal rutina. Sugerí que leer libros y artículos de una perspectiva diferente podía ser muy valioso, si uno los evalúa a la luz de las Escrituras).[3]

TEN CUIDADO CON LA *NUDA SCRIPTURA*

A diferencia de los pocos evangélicos que leen acerca de los credos, la espiritualidad y la adoración de la iglesia primitiva, hay muchos en el campo evangélico que tienen una reacción visceral contra cualquier cosa que lleve el nombre de «tradición». Algunas veces esta posición llamada *nuda Scriptura* [Escritura desnuda] elimina la tradición de la vida de la iglesia en desarrollo e insiste en que la Biblia funciona como la *única* fuente de autoridad para la fe y la práctica cristiana. Aunque esta definición puede sonar como lo que los reformadores protestantes quisieron decir con el término *sola Scriptura* (la Escritura sola) en realidad es muy diferente.

Los evangélicos que sostienen esta posición diferente mantienen que ellos actúan aparte de cualquier forma de tradición de la iglesia. Una vez encontré este punto de vista en una asamblea de los Hermanos Plymouth. La marquesina en el exterior del edificio decía: «No credo sino la Biblia». Al entrar recogí un calendario mensual que destacaba las clases de la Escuela Dominical, el culto de oración los miércoles por la noche, una reunión semanal de cantos congregacionales, prácticas que vienen de la tradición cristiana pero que no se encuentran explícitamente en la Biblia. También encontré que más de una vez el predicador citaba al fundador de los Hermanos Plymouth, un inglés

3 También es útil estar bien enterado de la teología histórica para apreciar cómo el pensamiento religioso se modela en el contexto de la historia humana.

de fines del siglo diecinueve llamado J.N. Darby. Mi amigo hermano se sentía cómodo describiendo la Divinidad en términos de la «Trinidad» (una palabra que no aparece en ninguna parte de las Escrituras), y de haber dialogado más con él, estoy seguro que hubiera afirmado la unión hipostática o la Gran Comisión. Con el debido respeto a mi amigo y a las personas tan amables de su asamblea, de alguna manera es engañoso y menos que bíblico sugerir que los cristianos deben (o incluso pueden) funcionar en un vacío, aparte de la influencia de la tradición cristiana.[4]

A menudo pienso que la expresión «sola Escritura» es desafortunada porque a simple vista parece como si los protestantes estuvieran adhiriéndose al nombre inapropiado que acabo de describir. En la actualidad estamos tratando de expresar lo que en esencia fuera el interés de Jesús en Mateo 15:9 (en comparación con Isaías 19:13), donde el Señor advierte en contra de los «mandamientos humanos» como si fuera la Palabra de Dios, ya que tal desarrollo del dogma puede oscurecer o en algunos casos hasta contradecir la enseñanza de las Escrituras. Desde un punto de vista evangélico, así es como se ven algunos aspectos de la enseñanza católica como son el purgatorio, las indulgencias y la co-mediación de María. En lugar de servir como una revelación divina, estas tradiciones amenazan con socavarla.

Me gusta como el ya fallecido Harold O.J. Brown describió el problema de la *nuda Scriptura*: «Si consideráramos la fe como un alpinista tratando de escalar el pico de una montaña nevada, un grupo [los católicos] lo tendrían tan envuelto en vestimentas flotantes que a duras penas se podría mover, mientras que el otro [los evangélicos] es posible que lo tuvieran desnudo y descalzo, o para ser más decentes, en pantalones cortos y tenis, y en un inminente peligro de hipotermia».[5]

Por desdicha, cuando los católicos critican *sola Scriptura* (que en

---

4 En una ocasión posterior comenté esta preocupación con mi amigo. Él decía que Jesús intentaba que sus seguidores actuaran solo desde el texto, precisamente como el Señor actuaba sobre la base de las Escrituras Hebreas. Nuestra conversación no fue mucho más allá de mi pregunta acerca de por qué el Señor asistía a la sinagoga cuando no hay mención de ella en el Antiguo Testamento.

5 Brown, Harold O.J., *Reclaiming the Great Tradition*, ed. James S. Cutsinger, InterVarsity, Downers Grove, IL, 1997, p. 77.

general es su principal contención), a lo que a menudo se están refiriendo es a un punto de vista erróneo, es decir, lo que nosotros llamamos *nuda Scriptura*. Sin embargo, desde mi punto de vista tal vez sea más perturbador cuando los evangélicos cometen el mismo error. (Ya que es nuestra doctrina, por lo menos debiéramos comprenderla.) Al fin y al cabo, yo estoy de acuerdo con la conclusión de Brown que dice: «En principio necesitamos aceptar la tradición y al mismo tiempo debemos ser críticos de las tradiciones, tanto la nuestra como la de otros, a no ser que se conviertan en los «mandamientos de los hombres» acerca de los cuales Jesús nos hizo su advertencia».[6]

EL CUERPO DE CRISTO

Luego de observar la gran variedad de cuentencillas sacramentales y campanas en *Angela's Ashes*, me hice la pregunta que pasa por las mentes de todos los evangélicos cuando observan la devoción católica: ¿De qué forma estas prácticas se relacionan con la persona y obra de Jesús? Yo veo a los santos. Veo las cuentas del rosario y oigo las oraciones a María. Veo ejemplos del misticismo medieval y las costumbres étnicas, como comer bacalao durante la cuaresma. Pero, en realidad, ¿cómo estas disciplinas contribuyen a la adoración a Jesús?

Mi inquietud es que el resultado no deliberado de tanta tradición católica es que a Jesús se le empuja hasta el fondo. En nuestra investigación entre los ex católicos esta tendencia emergió como otra razón para dejar la Iglesia Católica. En las palabras de un ex católico: «Cuando comprendí que solo Jesús es el Señor, me convertí en un intolerante de los rituales que apartan la atención de la supremacía del Señor». Los rituales a los cuales él se refería eran prácticas tradicionales que se enfocaban en otros objetos o personas religiosas, tales como María y los santos. Para comprender esta tradición comenzaremos preguntando, ¿por qué todo esto tiene una forma tan variada y compleja?

---

6 Ibid., p. 85.

Para comenzar, debemos reconocer que hay una diferencia esencial en la manera en que los católicos y los protestantes estudian a Dios, la manera en que abordamos la teología. Los sacerdotes no abren sencillamente sus Biblias y concentran todos sus esfuerzos en el estudio de las Escrituras antes de llegar a una conclusión. Para el católico es necesario actuar a partir de la enseñanza que se ha desarrollado sobre el curso de la historia católica. Esta «regla de fe» o la «Sagrada Tradición», como se le llama, es una autoridad que ata la conciencia de cada católico fiel. De esta manera, la Biblia sola no define la «Palabra de Dios» (como los evangélicos la entenderían), sino que más bien se considera que la Palabra de Dios es una combinación de las Escrituras «y» la tradición. En las palabras del *Catecismo*, la «Sagrada Tradición y la Sagrada Escritura forman un solo depósito sagrado de la "Palabra de Dios" (*DV 10*), en el cual, como en un espejo, la iglesia peregrina contempla a Dios, la fuente de todas sus riquezas».[7]

La razón por la cual los católicos entienden que la tradición posee autoridad divina se puede resumir en una palabra: encarnación. Es probable que la mayoría de los cristianos hayan usado o por lo menos oído el término. Es una palabra que sale a la superficie durante las estaciones de Adviento y Navidad. La encarnación describe el gran evento en el cual la segunda persona del triuno Dios se hizo carne. Muchos católicos y evangélicos están de acuerdo en esto, Jesús de Nazaret, nacido de una virgen, es verdadero Dios y verdadero hombre. Sin embargo, en el pensamiento católico, el término *encarnación* tiene un significado adicional.

La diferencia crítica entre católicos y evangélicos tiene que ver con la relación de la encarnación de Jesús a su iglesia. En lo que San Agustín y más tarde los teólogos han llamado el «Cristo total» (*totus Christus*) la presencia encarnada de Jesús (la cabeza) se manifiesta en su iglesia (los miembros) para hacer el cuerpo de Cristo.[8] Por consecuencia, la encarnación no es solo un evento histórico de hace dos milenios, también es un proceso místico en desarrollo que se aplica a su

---

7 *Catecismo de la Iglesia Católica*, 97.

8 Lamirande, Emilien, *La comunión de los santos*, Calas i Vall, Andorra, España, 1964, p. 73 del inglés.

cuerpo.[9] El ya fallecido Padre Yves Congar (una voz clave del Vaticano II), lo expresó de esta manera: «Desde la era medieval... hemos sido testigos de una afición particular por la expresión de San Agustín: "el Cristo completo", o por la expresión de Santa Juana de Arco: "Yo creo que entre nuestro Señor y la iglesia, todo es uno... o por el tema de "la encarnación continua"».[10]

En efecto, la posición católica dice que si quieres ver a Jesús en el mundo, mira a la Iglesia Católica Romana. Por eso Joe el Grande, el diácono de la parroquia de mi niñez a quien me referí antes, señalaba los sacramentos católicos como el lugar donde uno recibe la vida en Cristo. La institución de la iglesia se considera como la personificación de Jesús en la tierra (este es el punto de Congar cuando dice la «encarnación continua»). Para venir a Cristo, uno debe venir a la iglesia; tienen la misma entidad. Del mismo modo que la cabeza y el cuerpo hacen a una persona.[11] Para comprender la esencia del asunto, considera la analogía siguiente.

LA GRAN SINFONÍA

A veces un congregante me regalaba entradas para un concierto de música clásica. Tales interpretaciones son impresionantes cuando piensas que una orquesta compuesta por tantos individuos tocando instrumentos diferentes pueden producir un sonido tan rítmicamente coherente. Eso funciona porque estos músicos dependen de dos ingredientes cruciales: una partitura, que explica las notas que deben tocar, y un director, que provee la dirección personal. Sería catastrófico que la orquesta rompiera las partituras o eliminara al director.

---

9 Cardinal Ratzinger, Joseph, *Principios de teología católica: ladrillos de para una teología fundamental*, pp. 44-47, 245.

10 Congar, Yves, O.P., *Jesucristo, Nuestro Mediador, Nuestro Señor*, Edicions 62, Barcelona, España, 1966, pp. 156-57 del inglés. También en el *Catecismo de la Iglesia Católica*: «La Iglesia es a la vez visible y espiritual, sociedad jerárquica y Cuerpo Místico de Cristo. Es una, formada por un doble elemento humano y divino. Ahí está su Misterio que sólo la fe puede aceptar. La Iglesia es, en este mundo, el sacramento de la salvación, el signo y el instrumento de la Comunión con Dios y entre los hombres». (*Catecismo de la Iglesia Católica*, párrafos 779-80).

11 Lamirande, *Communion of Saints*, p. 75.

Un hecho todavía más asombroso es el de dos orquestas que estén tocando las mismas partituras pero que puedan sonar tan diferente. Cuando Arturo Toscanini dirigió el Oratorio *La Creación*, de Haydn, en La Scala de Milán, lo hizo con el estilo puntilloso por el cual él era famoso. Leonard Bernstein, por otra parte, dirigió esta misma pieza en Viena de la manera en que solo alguien con su personalidad excéntrica podría hacerlo. Ambos presentaron las mismas partituras con un estilo diferente, lo cual dio por resultado un sonido orquestal diferente. Este mismo principio se aplica a la adoración.

En la tradición cristiana es apropiado esperar variedad y creatividad. Es natural que Dios, quien existe en tres personas y se relaciona con millones de personas diferentes en culturas y tiempo diversos, genere una rica colección de experiencia religiosa. Tal actividad divina se debe reconocer y celebrar porque testifica la maravilla de un Dios que se relaciona personalmente con su creación. Thomas Howard viene de un trasfondo evangélico y por consecuencia conoce bien esta dinámica: «Esta fructífera moda de alboroto en la adoración pública con toda seguridad sugiere algo profundamente significativo acerca del evangelio, es decir, es una semilla de una vitalidad tan gloriosa que cuando se planta en cualquier lugar entre nosotros los mortales, brota, crece copiosamente y lleva buen fruto. Incluso más: en los coloridos montones desplegados en esta cosecha encontramos el genio rico y particular de cada tribu y pueblo redimido, purificado, elevado y tocado con la misma eternidad. Lo que tú encuentras en España y en América Latina, difiere en gran manera de lo que encuentras en los Países Bajos o en Noruega. Los sicilianos no ordenan su adoración como lo hacen los Watusi, ni tampoco el catolicismo irlandés tiene el mismo parecer de las cosas que tienen los filipinos».[12]

Como lo describe Howard, debemos, por lo tanto, esperar diferencias de estilo en la adoración pública, dependiendo de nuestro contexto. Si dudas esto, busca a un misionero en tu iglesia que esté en casa durante su tiempo de descanso, sácalo a almorzar y pídele una descripción

---

12 Howard, *On Being Catholic*, p. 34

del estilo de adoración entre el pueblo al cual sirve. La variedad es una cosa buena. Sin embargo, debemos recordar que mientras Toscanini y Bernstein diferían en sus presentaciones de la partitura de Haydn, el bosquejo en general seguía siendo fundamentalmente igual. En «Los cielos cuentan», los instrumentos de viento de madera llevan la melodía. A veces los cornos acentúan la melodía, pero los dos instrumentos nunca se confunden. Si cualquier director fallara al diferenciar los cornos de los instrumentos de viento, la integridad del famoso coro de Haydn se vería comprometida. Aquí está la preocupación que tienen los evangélicos acerca de la devoción católica romana. El cuerno de la tradición con frecuencia parece estar usurpando los instrumentos de cuerda de las Escrituras. Déjame darte un ejemplo.

LA DISONANCIA RELIGIOSA

Hace un año me aficioné a escuchar *Relevant Radio*, una estación de radio católica romana que transmite en el área metropolitana de Chicago. Esta estación tiene segmentos de diálogos que motivan pensar, hacen comentarios y también responden llamadas telefónicas. Estos programas fueron muy útiles durante la investigación para este libro porque muchas de sus discusiones trataban la fe católica que aplicaban los oyentes laicos. Yo disfruto mucho oír a un sacerdote llamado Padre John Corapi.

Después de varias décadas de una tremenda riqueza seguida de una severa pobreza, el Padre Corapi al fin se dedicó al sacerdocio y el Papa Juan Pablo II lo ordenó. Su enseñanza es mordazmente ortodoxa, él enfatiza la fidelidad a la doctrina católica según la enseña el catecismo católico. El sitio Web de Corapi describe su ministerio con estas palabras: «La esencia del mensaje del Padre es el mensaje esencial de Jesucristo. Es Buenas Nuevas: un mensaje de verdad y bondad, amor y misericordia. Sobre cualquiera otra cosa es un mensaje de esperanza».[13]

---

13 *www. Fathercorapi.com.*

Nota cómo el resumen del ministerio del Padre Corapi comienza con un énfasis en «el mensaje esencial de Jesucristo». Esta declaración es coherente con lo que se encuentra en la enseñanza católica. Ya sea en el *Catecismo*, los escritos del Papa Benedicto XVI (en particular las exposiciones como las de su libro *Jesús de Nazaret*), o en la enseñanza de los obispos católicos, Jesús es el punto de partida explícito y la aspiración de la fe. Por desdicha, lo que comienza con un enfoque Cristocéntrico a menudo gira en otra dirección.

Hace poco, mientras escuchaba al Padre Corapi, él hizo las siguientes declaraciones. A esa hora yo iba conduciendo por la carretera (y nunca aprendí taquigrafía), así que lo que vas a leer es una paráfrasis: «Tú no puedes mirar fijamente al sol, pero sí puedes mirar a la luna. María, la madre de Dios, es como la luna reflejando la gloria luminosa de su Hijo. Si quieres acercarte al Señor Jesucristo, ve a la Madre de Dios; trae tus peticiones a su madre, y ella te llevará a su hijo. Después de todo, ¿qué muchacho judío jamás podría rehusar la petición de su madre?»

Más tarde en el mensaje, el Padre Corapi explicó con mucha sinceridad cómo promover la espiritualidad cristiana. En sus palabras:

> ¿Quieres ser una persona espiritual? Hay tres cosas que necesitas hacer.
>
> 1. Mantén tu devoción a María.
> 2. Emplea una hora al día ante el Bendito Sacramento, la Eucaristía.
> 3. Permanece en completo acuerdo con el magisterium (la enseñanza oficial de Roma).

Al mantener el principio de la encarnación continua, a Jesús se le identifica como el centro y circunferencia de la fe católica, pero en la práctica, la Sagrada Tradición afirma a María, los sacramentos o algún otro aspecto de la enseñanza magisterial, a tal extremo que sin advertirlo Jesús se desliza del cuadro.

Otro ejemplo de esta tendencia: el 30 de noviembre de 2007, en San Pedro en Roma, el Papa Benedicto XVI emitió la segunda encíclica de su pontificado, *Spe salvi* [Salvados por la esperanza], este es un documento reflexivo y estimulante. Comienza con las siguientes palabras: «*Spe Salvi facti sumus*, en esperanza somo salvos, dice San Pablo a los romanos y de igual manera a nosotros (Romanos 8:24). De acuerdo con la fe cristiana, "la redención" —salvación— no se recibe automáticamente. La redención se nos ofrece en el sentido que se nos da esperanza, esperanza confiable, por virtud de la cual podemos enfrentar el presente: el presente, aun si este es arduo, se puede vivir y aceptar si nos guía hacia la meta, si podemos estar seguros de esta meta y si esta meta es lo suficientemente grande para justificar el esfuerzo de la jornada».

El Papa Benedicto XVI, que es un gran erudito bíblico, comienza por referirse a la declaración de esperanza de Pablo a los romanos. La encíclica continúa reuniendo algunas de las declaraciones más fuertes de las Escrituras sobre el tópico. Él también cita algunos pasajes excelentes de los padres de la iglesia e interactúa con una impresionante fila de pensadores modernos, desde Bacon y Kant hasta Marx y Adorno. En la tabla de contenido podrás dar una visión, a vuelo de pájaro, del documento:[14]

- Introducción
- La fe es esperanza
- El concepto de la esperanza basado en la fe en el Nuevo Testamento y en la iglesia primitiva
- ¿Qué es la vida eterna?
- ¿Es la esperanza cristiana individualista?
- La transformación de la fe cristiana —la esperanza en la edad moderna
- La forma verdadera de la esperanza cristiana
- «Ambientes» para aprender y practicar la esperanza
  1. La oración como una escuela de esperanza
  2. La acción y el sufrimiento como entornos para aprender la esperanza

14 *Spe salvi*, en un libro titulado: *Salvados por la esperanza* del Editorial EDIBESA, Madrid, España, 2007.

3. El juicio como un ambiente para aprender y practicar la esperanza

- María, la Estrella de la esperanza

Spe salvi es digno de leerse. En su estilo clásico, el papa no solo enseña la Gran Tradición; él aplica con maestría su verdad a nuestro mundo contemporáneo con la voz incisiva y profética que hemos llegado a esperar de él. Por ejemplo, considera sus palabras del párrafo 16: «¿Cómo llegamos a esta interpretación de la "salvación del alma" como una huida de la responsabilidad por el todo, y cómo llegamos a concebir el proyecto cristiano como una búsqueda egoísta de salvación que rechaza la idea de servir a otros?»

Yo saludo al papa por declaraciones como esta. Nosotros, la iglesia, debemos responder humildemente a tales exhortaciones si con seriedad queremos mostrar al mundo la verdadera esperanza. Al mismo tiempo hay algunos lugares en la encíclica donde los lectores evangélicos tendrán dificultad. El papa, resiste la comprensión que tiene Lutero acerca de la fe (párrafo 7), imagina que el bautismo infantil es el medio normativo de la regeneración (párrafo 10) y reflexiona en el significado del purgatorio (párrafo 44-47). La parte más perturbadora puede ser muy bien la sección concluyente, en la que el papa con oración exalta a María como una «Estrella de esperanza»: «Por consiguiente tú permaneces en medio de los discípulos como su Madre, como la Madre de esperanza. Santa María, Madre de Dios, nuestra Madre, enséñanos a creer, a esperar, a amar contigo. ¡Muéstranos el camino a su reino! ¡Estrella del mar, brilla sobre nosotros y guíanos en nuestro camino!»[15]

Mi razón para citar al papa es solo ilustrar cómo, en un último análisis, los aspectos de la Gran Tradición pueden eclipsar el mensaje Cristocéntrico de la Biblia. Estoy escribiendo esto hoy lunes por la noche, durante el Adviento. Ayer por la mañana, en los servicios de adoración de College Church, leí en el Evangelio de Lucas acerca de la

15 Un movimiento similar al de las Escrituras para exaltar a María se encuentra en la décima encíclica del Papa Juan Pablo II, *Veritatis Splendor* [El esplendor de la Verdad].

piedad de María, la madre de Jesús. Con entusiasmo unimos nuestras voces a la Gran Tradición en gratitud y admiración a la niña fiel y humilde cuya alma magnificó al Señor. Pero sobre la base de las Escrituras, los evangélicos mantienen que Jesús, la Estrella de esperanza, es el único intermediario entre Dios y la humanidad, el Salvador, a quien exaltamos, el que solo brilla con luz redentora en nuestros corazones (2 Corintios 4:6; 1 Timoteo 2:5).

■■■

De las cinco razones para dejar el catolicismo romano, la que se cubrirá en el capítulo próximo es la más prominente. Cuando los participantes en nuestros grupos de enfoque hablaron de esto, lo hicieron con pasión y detalles notables. Dicho con sencillez, es el deseo de que se les motive por la gracia en lugar de por la culpa.

Capítulo 8

QUINTA RAZÓN: MOTIVADO POR LA GRACIA EN LUGAR DE POR LA CULPA

Un diácono de la parroquia bendice y enciende la vela Pascual. Tú has visto esta vela antes, es la vela alta y blanca con la cruz en el medio y el casco de bronce sobre la cima. Según la época del año, esta vela se coloca al lado del altar o cerca de la pila bautismal. Esta ocasión en particular era la vigilia de Resurrección, y como es costumbre, el diácono cantaba el así llamado *Exultet* (proclamación de Resurrección) con una resonante voz de barítono. Las palabras son tan hermosas que son dignas de leerse:

En esta noche de gracia,
acepta, Padre Santo,
el sacrificio vespertino de esta llama
que la santa iglesia te ofrece
en la solemne ofrenda de este cirio,
obra de las abejas.
Te rogamos, Señor, que este cirio
Consagrado a tu nombre
Para destruir la oscuridad de esta noche
Arda sin apagarse
Y aceptado como perfume
Se asocie a las lumbreras del cielo.

Que el lucero matinal lo encuentre ardiendo,
ese lucero que no conoce ocaso
Jesucristo, tu Hijo,
que volviendo del abismo,
brilla sereno para el linaje humano,
y vive y reina por los siglos de los siglos.
Amén.

Durante la estación de Resurrección la vela Pascual permanece encendida en la misa. Simboliza la vida de Cristo y por ese motivo se usa en los servicios bautismales para representar el nacimiento espiritual. Mientras yo observaba el servicio de la hija recién nacida de un amigo, sentí intriga por el rico uso de símbolos y me preguntaba si alguien más apreciaría las lecciones teológicas que se estaban desplegando ante nosotros.

Mis amigos llevaron a la preciosa Carlotica a la pila bautismal. La niña, vestida de blanco con múltiples capas de encaje, iba envuelta en una frazada que había tejido una bisabuela y que había pasado de generación a generación. Alrededor estaba reunida la familia, los padrinos, los amigos íntimos y un sacerdote. El sacerdote hizo sobre Carlota las señas del signo de la cruz, lo que los católicos llaman la «marca de Cristo». Después de leer las Escrituras, entonces el sacerdote ungió su frente, labios, cuello y pecho con el aceite sagrado, que simboliza la presencia y protección del Espíritu Santo sobre ella. Bendijo el agua bautismal y la derramó sobre su cabeza mientras decía: «Carlota, yo te bautizo en el nombre del Padre y del Hijo y del Espíritu Santo». Luego aplicó el aceite perfumado que simboliza la iluminación del Espíritu. Los padrinos estaban cerca sosteniendo sus velas. Con la llama de la vela Pascual ante ellos, hablaron a nombre de Carlota, afirmando las creencias doctrinales y recitando la Oración del Señor. El servicio concluyó cuando el sacerdote les dio una solemne bendición.

Así es como los infantes entran a la Iglesia Católica, el primero de los siete sacramentos que nutrirá el alma de Carlota con la gracia salvadora.

Estos sacramentos son:

1. Bautismo
2. Penitencia
3. Eucaristía
4. Confirmación
5. Ungimiento del enfermo

Los otros dos sacramentos tienen el mismo significado, pero no se aplican directamente a todos los católicos:

6. Matrimonio (algunos católicos permanecen solteros)[1]
7. Órdenes sagradas (solo se puede ordenar a los hombres)

Los siete sacramentos de la Iglesia Católica no son opciones litúrgicas para los mojigatos. Son el corazón de la fe y las prácticas católicas. No solo señalan las etapas transicionales de la vida de uno, sino que además intentan conferirle poder a uno para permanecer en el favor de Dios «desde el vientre hasta la tumba». Si tú quieres comprender lo que los católicos creen acerca de la salvación, debes familiarizarte con los sacramentos. Por lo tanto, tomaremos un momento para considerarlos en orden.

Después de bautizada, el próximo paso para Carlota será su primera Santa Comunión. Es usual que esto suceda a la edad de siete años (antes de ese tiempo a los niños no se les considera moralmente responsables de sus pecados). Las niñitas aparecen vestidas de blanco, como novias en miniatura, y es tradición que los muchachos usen trajes blancos, corbatas blancas y zapatos blancos. (Mantener a los muchachos limpios hasta después del servicio y la toma de fotografías requiere nada menos que un milagro.) Esto va precedido de inmediato por el sacramento de la reconciliación (que popularmente se conoce como la confesión). Según la tradición, esto incluye una reflexión personal por nuestras malas acciones, antes de admitirlas al sacerdote, que se inician con las palabras «Bendígame, Padre, porque he pecado».

1 El sacramento del matrimonio difiere de los demás en que en lugar de ser el sacerdote quien lo oficie, el hombre y la mujer (debidamente bautizados) son los que llevan a cabo la ceremonia de la boda.

Como respuesta, el sacerdote asigna alguna forma de penitencia para enmendar la culpa.

Debido a que la Eucaristía es central en la vida espiritual católica, la Primera Santa Comunión es un suceso de suma importancia. Desde ese día en lo adelante, Carlota se unirá a su parroquia en una comida sagrada que la unirá con Cristo y unirá a los miembros de la iglesia unos con otros. En cuanto a lo que los católicos llaman la «presencia real» de Cristo en la comida, ellos no solo celebran el sacrificio de Cristo sino que también entienden que la Eucaristía infunde gracia santificadora dentro de sus almas. Esto es lo que hace la Comunión la «fuente y cima» de la adoración católica.[2]

La próxima ceremonia sacramental en la vida de Carlota será la confirmación. Por lo general se hace en el tiempo de la vida cuando el joven está comenzando la adolescencia, esto aumenta y establece más la fe que se inició en el bautismo. (Los obispos locales deciden la edad precisa de la confirmación, que puede ser en cualquier momento entre los siete y los dieciocho años.) Cualquiera de nosotros que tenga un vago recuerdo de lo que fueron nuestros años de adolescentes, comprenderá por qué esto es tan importante. Carlota escogerá un nombre de confirmación, es probable que sea de un santo que es un ejemplo espiritual, y seleccionará a un padrino que durante la ceremonia se sitúe junto a ella como señal de apoyo. Por medio de los siete dones del Espíritu Santo (sabiduría, comprensión, discernimiento, reverencia, conocimiento, valor y temor santo), Carlota busca recibir poder espiritual antes de encaminarse a la vida adulta.

Se espera que Carlota, muchos años después de andar en el camino y luego de haber vivido una vida larga y fructífera, observe lo que se llama el ungimiento de los enfermos o los ritos finales. Antes del Vaticano II era común que la iglesia se refiriera a esta práctica como la extrema unción. (Extrema describe la condición urgente de quienes están cerca a partir de esta vida, y la unción se refiere al aceite que se aplica en el ritual.) Los últimos ritos incluyen tres sacramentos

---

2 *El catecismo de la Iglesia Católica*, 1324.

diferentes en uno: reconciliación, la Eucaristía y el ungimiento del enfermo. Los tres se aplican en una visita como la infusión final de la gracia santificadora para limpiar y capacitar a uno que está cerca de cruzar el umbral de la muerte.

EX CATÓLICOS HABLAN ACERCA DE LA SALVACIÓN

Nuestros grupos de enfoque identificaron varios factores que precipitaron su salida de la Iglesia Católica. Entre ellos, la razón principal de una mayoría abrumadora fue el desacuerdo con el camino católico de la salvación. Cuando los ex católicos comunicaron esta idea, a menudo expresaron aprecio por el rico simbolismo, la base histórica y la profundidad teológica de los rituales católicos. Al mismo tiempo había frustración y aun resentimiento por haber pasado décadas en la Iglesia Católica sin haber oído jamás una explicación clara del mensaje de salvación. Ellos comprendieron cómo tener una relación con la Iglesia Católica, pero no con Jesucristo.

Realmente no queremos crear una división entre conocer a Jesús y la participación en su iglesia. Los evangélicos tienden a cometer este trágico error. Tenemos absoluta necesidad de la comunidad del pueblo de Dios, porque es una parte esencial de nuestra identidad en Cristo. Sin embargo, el problema surge cuando la Iglesia Católica se presenta a sí misma como la mediadora sacramental y única representante de Jesucristo en la tierra. Esta posición con facilidad degenera en una relación con la institución de la iglesia en lugar de una relación con la persona de Jesucristo. Seguimos con un ejemplo de cuán radicalmente diferente pueden ser estas dos maneras de abordar el asunto. Es la historia de la conversión del ex católico, Andy Brucato, quien ahora sirve como misionero en el norte de Italia.

> Estas «buenas nuevas» de salvación por fe, y no por guardar las reglas, eran desconocidas para mí cuando yo era un niño católico que vivía en el Bronx. Entonces mi vida era muy sencilla: ir a la escuela todos los días, jugar con los niños en

el barrio y durante los veranos calientes estar en las calles de Nueva York. Aunque la vida no era muy complicada, yo creé mi propia confusión al comenzar a usar drogas siendo un adolescente. Había un vacío en mi vida que necesitaba llenar, pero no sabía cómo. En el 1968 me alisté en la Marina y me enviaron a Vietnam. Después de la guerra regresé a vivir en Nueva York y a aumentar mi consumo de drogas. Andaba sin dirección y ni siquiera lo sabía.

Entonces algo cambió. Un amigo mío desapareció de nuestra banda de hippies. Se fue durante unos seis meses. Cuando regresó, dijo que algo había sucedido en su vida. Él no podía explicar lo que había sucedido, pero me dio una Biblia y me pidió que comenzara a leerla.

Poco después me fui de Nueva York y me encaminé a la Florida. Trabajaba cuando quería y jugaba el resto del tiempo. No tenía ni responsabilidades ni ataduras. Sin embargo, por dentro estaba el vacío que no podía llenar con los placeres ni con las drogas de la «vida libre». Fue durante ese tiempo que una pareja de mediana edad, que vivía cerca de mi hogar, me invitaron a una iglesia evangélica para oír lo que decía la Biblia acerca de los sucesos futuros. No solo oí acerca del futuro de acuerdo con la Biblia sino también acerca de mi vida personal y mi futuro. Por primera vez en mi vida oí cuánto me amaba Dios y cómo él había dado a su Hijo, Jesucristo, para que muriera en mi lugar. Oí que él murió por mi pecado, mi abuso de drogas, mi egoísmo y cómo se levantó victoriosamente de la tumba.

El mensaje era uno que describía no una nueva religión, o una nueva colección de reglas sino una relación con el Dios viviente que me amó y murió por mi pecado y mi vergüenza. Este era el mensaje que yo anhelaba sin siquiera saberlo. La persona del mismo Cristo llenó el vacío en mi vida. Lo acepté como mi Salvador. Ese fue el gran intercambio. Yo le di mi pecado, y él me dio perdón y vida eterna.

> Estuve muy consciente de la necesidad que otros tenían de oír las buenas nuevas de salvación por medio de una relación personal con el Señor Jesús. Yo quería comunicar las nuevas a todos los que me escucharan. Mi familia y amigos necesitaban oír que la vida eterna es una dádiva que se recibe, no una recompensa que se gana por las buenas obras ni las observancias religiosas.[3]

Si fuéramos a desempacar los elementos del testimonio de Andy, encontraríamos que consiste de ideas que la mayoría de los ex católicos tienen en común. Él menciona que las reglas definían principalmente la experiencia de su niñez en cuanto al catolicismo. Debido a que las reglas no satisfacen los anhelos del corazón humano, su alma se quedó vacía. Esta condición persistió hasta un día en que oyó el mensaje que Jesús murió sobre la cruz como su sustituto y se levantó con victoria de la tumba, lo que él llamó el «gran intercambio». A diferencia de su experiencia en que la Iglesia Católica orientaba las reglas, ahora Andy disfrutaba una relación personal con Cristo por la fe. Esto no solo le brindó la seguridad de que Dios lo había aceptado como un hijo; también le dio propósito a su vida en la empresa de comunicar a otros las buenas nuevas de Cristo.

El encuentro de Andy con Dios no es solo común para los ex católicos sino que también es la fuerza impulsora detrás de su migración espiritual. Como muchos de ellos lo explican: «En lugar de religión, ahora tengo una relación con Dios». Quizá hayas usado esta expresión. Si es así, tú sabes que esta no tiene el propósito de denigrar la religión como tal. Después de todo, la Biblia usa la palabra *religión* en un sentido positivo. (Santiago 1:27: «La religión pura y sin mancha delante de Dios nuestro Padre es ésta: atender a los huérfanos y a las viudas».) Más bien, el contraste entre religión y relación subraya el hecho de que no es necesario que primero uno esté bien con la Iglesia Católica al observar las estipulaciones sacramentales antes de recibir la salvación de Cristo. En su lugar, esta solo viene por la fe. De acuerdo con el apóstol Pablo:

---

3 De una comunicación por correo electrónico con el Rev. Andy Brucato, 7 de julio de 2008.

«si confiesas con tu boca que Jesús es el Señor, y crees en tu corazón que Dios lo levantó de entre los muertos, serás salvo. Porque con el corazón se cree para ser justificado, pero con la boca se confiesa para ser salvo» (Romanos 10:9-10; ver también Efesios 1:13-14). O como lo expresa el apóstol Pedro: «Y todo el que invoque el nombre del Señor será salvo» (Hechos 2:21). Para expresarlo con sencillez, la humanidad se reconcilia con Dios al creer en el evangelio y no por merecer el favor de Dios por medio de rituales sagrados.

El testimonio de Andy y otros como ese presentan una ironía interesante. Después que los individuos dejan la Iglesia Católica, consideran que los sacramentos, las prácticas más importantes de la iglesia y los medios de la gracia salvadora son obstáculos para la fe genuina. Desde el punto de vista de un católico, esta noción no solo suena absurda, sino que parece como un ataque a la iglesia de uno. Solo toma una fracción de segundo de pensamiento antes de que esta amenaza llegue a ser personal. ¿Acaso es una sorpresa que a menudo los católicos piensen que los evangélicos ex católicos los ponen a la defensiva?

Quizá estés pensando: «Chris, estás exagerando esto. ¿Cómo es posible que alguien criado en la Iglesia Católica no comprenda el evangelio? Es posible que algunas personas de tus grupos de enfoque se sintieran de esa forma, pero seguramente la mayoría de los católicos no se sienten así». Más de una vez he tenido amigos católicos que expresaron esta clase de escepticismo. Es una respuesta justa. Por su bien, déjame ofrecer otro ejemplo.

América, es un semanario nacional católico que publican los jesuitas. En enero de 1991 se publicó un artículo titulado «Llegan a entender las pérdidas: La migración de católicos al protestantismo conservador» por Mark Christensen. El artículo es digno de leerse en su totalidad. Debajo hay una selección en la cual el autor explica cómo el evangelio permaneció oscuro para él a pesar de sus años de participación activa en la Iglesia Católica:

> El efecto de oscuridad para mí era que, mientras que con certeza crecí sabiendo acerca de Jesús, nunca me di cuenta

quién es él o por qué vino a la tierra en primer lugar. Yo sabía catolicismo... El catolicismo me formó como un sistema de religión y cultura, pero, yo nunca oí el evangelio.

Puedo ver a los líderes religiosos católicos halarse los pelos con esta declaración: «¿Qué quieres decir con que nunca oíste el evangelio? ¿Qué piensas que hemos estado proclamando durante los últimos 2,000 años en la Eucaristía?» Sí, me doy cuenta del lugar preeminente que tiene Cristo en la misa. Conozco las Escrituras que se leen cada domingo. Conozco la magnificencia y pureza del Credo Niceno... No tengo interés en difamar una institución por la cual siento un respeto tremendo. Pero tengo que informar lo que oigo salir de la boca de los ex católicos cuando describen la razón número uno para dejar el catolicismo: Un amigo mío habló airado, «¿Cómo pude pasar 22 años en la Iglesia Católica sin nunca oír el evangelio?»

¿Cuáles son los problemas reales aquí?

Al principio, cuando dejamos el catolicismo, me preguntaba si nosotros los desertores estaríamos comprando una nueva terminología en lugar de una nueva espiritualidad. Tal vez los evangélicos solo tenían un paquete más bonito con las mismas verdades. Pero les confieso que durante los últimos ocho años le he preguntado a docenas de católicos si ellos saben quién es Cristo o por qué él vino a la tierra. Pero la vasta mayoría, sencillamente no lo saben. Aquí yo no estoy hablando acerca de una jerga fundamentalista. Estoy hablando del gran mensaje apostólico, no atiborrado de jerga y calificación: Cristo vino a liberarnos de la carga del pecado, proveyéndonos lo que nosotros no podíamos hacer por nosotros mismos: restaurarnos a Dios por la eternidad».[4]

---

4 Christensen, Mark, «Coming to Grips with Losses: The Migration of Catholics into Conservative Protestantism [Hacerle frente a las pérdidas: La migración de los católicos al protestantismo consevador]», *América*, 26 de enero de 1991, pp. 58-59.

En marzo de ese mismo año *América* publicó una continuación al artículo de Christensen, porque en las palabras del editor, este «provocó muchas respuestas calientes, ambas en pro y en contra». ¡Qué sorpresa! Las crudas emociones de estas respuestas ilustran todavía más la naturaleza controversial de la discusión acerca de la salvación entre los católicos y los evangélicos.

Para comprender cuán exactamente difieren las posiciones acerca de la salvación, uno debe examinar unos cuantos asuntos clave. Estos incluyen el perpetuo sacrificio de la misa, la justificación, las obras de supererogación, el purgatorio, las indulgencias, el tesoro de mérito, la transubstanciación, el canon del Concilio de Trento, el papel de mediadora de María, la imputación, la penitencia y el clericalismo. Sin embargo, mi editor (que tiene unos bíceps ligeramente más grandes que los míos) ganó la lucha de los brazos y decidió que en lugar de tratar todos estos tópicos, lo cual haría nuestro libro dos veces más largo, yo debía dirigir a los lectores a otro libro. Así que aquí está: *Roman Catholics and Evangelicals: Agreements and Differences* por Norman L. Geisler y Ralph E. MacKenzie. En mi humilde opinión ahí es donde estos asuntos se tratan con más claridad y están más completo. No solo trata todos los tópicos que he mencionado sino que lo hacen con caridad y perspicacia.

Antes de concluir este capítulo debemos considerar una implicación práctica que emerge con naturalidad del camino católico de la salvación. Sin tener en cuenta la edad de uno, el lugar donde vivas o el origen étnico, este factor ejerce una enorme influencia en el modo en que los ex católicos ven a Dios y la salvación. Es una culpa insana la que se pregunta si en realidad Dios nos acepta.

LA CENTRALIDAD DE LA GRACIA

Imagina esto. Es viernes por la noche y te dispones a comer en la Casa del Biftec Spark en Nueva York. Pero es la estación de la Cuaresma y está prohibida la carne de cualquier clase. Tu anfitrión insiste en que ordenes un biftec de lomo con salsa de mostaza y cogñac, porque es la especialidad del chef. ¿Qué haces?

De inmediato tu conciencia católica te tira en un salto sin paracaídas. Considerar comer carne en un viernes de Cuaresma es un pecado venial, y *querer* comerla es otro. No has abierto el menú y ya cometiste dos pecados. Tu camarero te entrega tus bebidas y dice que regresará en un momento para tomar tu orden. En ese medio tiempo te preguntas, «Qué si pido el biftec?» ¿Será un pecado venial o mortal? Todo depende. Si piensas que es mortal, puede que lo sea. Si piensas que es venial, también podría ser mortal. En este momento regresa el camarero. Saluda al anfitrión por su nombre, te mira y con un acento gentil dice: «¿Pudiera sugerirle el biftec de lomo con salsa de mostaza y coñac?» Con rapidez decides que por lo menos, en esta ocasión, comer biftec no puede ser más que un pecado venial y, por lo tanto, respondes: «lo probaré». Aunque elegiste con libertad, estimaste que podrías ir a confesarte dentro de veinticuatro horas antes de la misa del sábado por la tarde. ¿Pero un pecado venial se convierte en mortal cuando se elige libremente? Ese es el riesgo que estás tomando. ¿Qué si por error pensaste que era jueves en lugar de viernes? Esto te permitiría comer carne pero, por desdicha, olvidar que es viernes de Cuaresma sí sería un pecado. ¿Qué si recuerdas que es viernes después del segundo bocado? ¿Es un pecado venial continuar comiendo? Si finges un dolor de estómago y no terminas, ¿sería un pecado mentir? Dentro de diez minutos habrás cometido tantos pecados que tu visita al purgatorio se extenderá durante quince años.[5]

Aunque esta historia es ficticia, el problema que ilustra es muy real. Si creciste como católico, consideras que la culpa no es simplemente un incidente; es una forma de sicosis. Con el tiempo forma un instrumento mental para extender esos impulsos de convencimiento de culpa.

En el simpático libro *Growing up Catholic*, que escribieron varios autores católicos, hay un segmento llamado «La competencia de la gran culpa: los católicos y los judíos». Como soy nativo de Long Island,

---

5 La inspiración para esta ilustración vino de *Growing Up Catholic*, en la que los autores describen un escenario similar que incluye un perro caliente (Mary Jane Frances Cavolina Meara, Jeffrey Allen Joseph Stone, Maureen Anne Teresa Kelly, Richard Glen Michael Davis, *Growing Up Catholic*, Dolphin, Garden City, NY, 1984, pp. 123-24).

crecí rodeado de ambos y tal vez por eso el libro resonó en mí. Pero no importa de dónde seas, encontrarás que el libro contiene una profunda comprensión en cuanto al problema de la culpa:

> En la competencia por el Campeonato Mundial de la Culpa, los campeones, sin discusión, son los católicos y los judíos. Los protestantes con la ética de la culpa de las obras, aunque son contendientes, no están en la misma liga. Aunque la culpa católica y la judía parecen ser similares, en realidad tienen orígenes muy diferentes. En general, la familia judía provoca la culpa judía después de violar una tradición familiar, tal como rehusar llevarse a casa la sopa de pollo extra que tu madre te hizo, o convertirte en guardabosque en lugar de un médico.
>
> La culpa católica también puede relacionarse con la desaprobación de la familia, pero no en un sentido tan inmediato. La raíz de toda la culpa católica está en el conocimiento de que cada pecado cometido, pasado, presente o futuro, se añade a los sufrimientos de Jesús en la cruz. Ya que virtualmente cualquier cosa que hagas (o no hagas) puede ser pecado, esta es una carga muy pesada de llevar. Ya es suficientemente malo que tú mismo tengas que pagar por tus pecados, pero hacer que la persona más amable del mundo tenga que aceptar la culpa, es demasiado terrible.
>
> Por lo tanto, las dos formas excepcionales de la culpa se pueden resumir como sigue: El judío rebelde piensa «Qué terrible es hacerle eso a alguien». El pecador católico piensa «Qué persona tan terrible soy yo».[6]

Pero seamos justos, la Iglesia Católica distingue entre la culpa, que es sentirte mal acerca de tu conducta y sentir vergüenza, lo cual se dirige a uno mismo. Pero si te pasas toda tu vida religiosa diciendo *Mea culpa, mea culpa, mea maxima culpa* (en latín que significa «mi culpa, mi culpa, mi gravísima culpa») con un universo de estipulaciones

6 Ibid.

religiosas esperando que se violen —todo desde las regulaciones alimenticias hasta los días santos de obligación— no pasará mucho tiempo antes de que la culpa crezca en proporciones inimaginables. Es como una trampa de hierro para osos apretando tu conciencia; o te cortas la conciencia o permaneces cautivo de ella.[7]

Yo creo que la victoria sobre una culpa insana sigue a la comprensión de quiénes somos en Cristo. Después de varios años caminando con Jesús, Dios usó Gálatas 2:20 para inculcar esta lección, en particular las palabras: «ya no vivo yo, sino que Cristo vive en mí». Además, una lección del ministerio de Lutero llamada «La colina de excremento» también le otorgó liberación a mi conciencia católica. Tal vez tú también la encuentres útil.

Supuestamente, Martín Lutero estaba sentado con algunos de sus estudiantes al lado de una ventana cuando comenzó a caer la nieve. Lutero señaló un montón de estiércol cerca de su casa y explicó a los estudiantes que por causa del pecado, la condición moral de los humanos se asemeja al mal olor del excremento. Entre las implicaciones de esta condición están la culpa y la condenación ante Dios.

En una hora, la nieve había caído con tanta regularidad que la colina de excremento quedó cubierta. Lutero hizo una pausa en su lección y una vez más señaló al montículo. Pidió a los estudiantes que le dijeran lo que vieron. En lugar de estiércol los estudiantes describieron una colina de polvo blanco. A medida que la luz del sol resplandeció en la nieve fresca, Lutero declaró: «Así es como Dios nos ve en su Hijo, Jesucristo. Aunque permanecemos llenos de pecado, en Cristo estamos vestidos con su perfecta justicia y por lo tanto somos aceptos a la vista de Dios».

Cada vez que cuento esta historia, con rapidez señalo que la analogía es imperfecta. Porque Dios nos da su Espíritu Santo y cumple su obra de santificación en nosotros, él nos hace más que estiércol. (¡Alabado sea Dios!) Aquí es donde la analogía se rompe más. Pero hay otra parte de

7 En lugar de las opciones de una conciencia reseca o cortada, Dios quiere que sus hijos renueven sus mentes en oración y adoración llenándose de las verdades bíblicas que tienen que ver con su misericordia y gracia divinas (Romanos 12:1-2).

la analogía que no solo es exacta, es gloriosa. Es lo que Andy Brucato, en su testimonio, llamó «el gran intercambio»; es decir, le damos a Cristo nuestro pecado y él nos da su justicia. Richard Hooker, el teólogo inglés del siglo dieciséis, resume la idea de un modo atractivo: «A la vista de Dios el Padre somos como el mismo Hijo de Dios. Que piensen que es una tontería o un frenesí, furia o lo que sea. Para nosotros es nuestra sabiduría y consuelo; no queremos otro conocimiento en el mundo sino este: el hombre ha pecado y Dios ha sufrido, Dios se hizo a sí mismo el pecado de los hombres y los hombres se han hecho la justicia de Dios».[8]

Ya que nuestra identidad está fundada en el Cristo resucitado, que está sentado a la diestra de Dios, Dios nos mira como vestidos con la perfección de su Hijo. Sobre *esta* base, somos aceptados, como Pablo afirma en Romanos 8:31-39:

> ¿Qué diremos frente a esto? Si Dios está de nuestra parte, ¿quién puede estar en contra nuestra? El que no escatimó ni a su propio Hijo, sino que lo entregó por todos nosotros, ¿cómo no habrá de darnos generosamente, junto con él, todas las cosas? ¿Quién acusará a los que Dios ha escogido? Dios es el que justifica. ¿Quién condenará? Cristo Jesús es el que murió, e incluso resucitó, y está a la derecha de Dios e intercede por nosotros. ¿Quién nos apartará del amor de Cristo? ¿La tribulación, o la angustia, la persecución, el hambre, la indigencia, el peligro, o la violencia? Así está escrito: «Por tu causa siempre nos llevan a la muerte; ¡nos tratan como a ovejas para el matadero!»
>
> Sin embargo, en todo esto somos más que vencedores por medio de aquel que nos amó. Pues estoy convencido de que ni la muerte ni la vida, ni los ángeles ni los demonios, ni lo presente ni lo por venir, ni los poderes, ni lo alto ni lo profundo, ni cosa alguna en toda la creación, podrá apartarnos del amor que Dios nos ha manifestado en Cristo Jesús nuestro Señor.

---

8 Hooker, Richard, «Sermon on Habakkuk 1:4» (1585), en *The Works of Richard Hooker*, ed. John Keble, vol 3, 5ta. edición, Oxford University Press, Oxford, 1865, pp. 490-91.

Las palabras de Pablo no solo proveen el antídoto para la culpa sino que también nos dan una medida saludable de seguridad: en Cristo, Dios nos acepta por completo como sus hijos. Como declaró Pablo con anterioridad en Romanos 5:8-10: «Pero Dios demuestra su amor por nosotros en esto: en que cuando todavía éramos pecadores, Cristo murió por nosotros. Y ahora que hemos sido justificados por su sangre, ¡con cuánta más razón, por medio de él, seremos salvados del castigo de Dios! Porque si, cuando éramos enemigos de Dios, fuimos reconciliados con él mediante la muerte de su Hijo, ¡con cuánta más razón, habiendo sido reconciliados, seremos salvados por su vida!»

Además de estos grandes pasajes, hay otros cuatro que yo recomendaría asimilar si es que sigues luchando con la culpa. Solo tienes que escribirlos en tarjetas y mirarlos en los momentos libres de tu día.

*Salmo 103:*12: «Tan lejos de nosotros echó nuestras transgresiones como lejos del oriente está el occidente».

*Romanos 8:*1: «Por lo tanto, ya no hay ninguna condenación para los que están unidos a Cristo Jesús».

*Gálatas 2:*20: «He sido crucificado con Cristo, y ya no vivo yo sino que Cristo vive en mí. Lo que ahora vivo en el cuerpo, lo vivo por la fe en el Hijo de Dios, quien me amó y dio su vida por mí».

*2 Corintios 5:*21: «Al que no cometió pecado alguno, por nosotros Dios lo trató como pecador, para que en él recibiéramos la justicia de Dios».

«CONSUMADO ES»

Una vez enseñé una lección en College Church titulada «Por qué yo creo en el purgatorio». Si alguna vez quieres atraer a una gran cantidad de personas para que te oigan hablar y no te molesta recibir un montón de correos electrónicos en tu casilla antes de hablar, debes considerar el anunciar tu mensaje con este título. Las expresiones faciales de los que estaban sentados en la clase antes de que yo comenzara a hablar no tenían precio. Eran como la del muchacho que miró a Joe Jackson después que encontraran culpable al famoso jugador de las Medias

Blancas por aceptar soborno para influenciar en el juego de la Serie Mundial de 1919 y exclamó: «Joe, dí que no es así». Es evidente que muchos pensaron que esa debía ser mi fiesta de despedida teológica, las confesiones verdaderas de un católico en el clóset. Es probable que no fuera de ayuda el que yo comenzara la lección diciendo: «Creo en el purgatorio».

Casi al final de la lección mi esposa mi miró con furia como diciendo: «*Por favor*, basta ya de mantener a esta gente en suspenso». Para evitar tener que dormir en el sofá esa noche, decidí que era hora de explicarme. Mis comentarios fueron algo así como lo que sigue:

> Algunos de ustedes se estarán preguntando cómo es que yo puedo creer en el purgatorio. Déjenme decirles. La palabra *purgatorio* describe la purificación o la purga del pecado. En la tradición católico romana se cree que esto ocurre después que la persona muere para entrar puros al cielo y sin mancha. Sin embargo, yo también creo en el purgatorio, creo que sucedió una vez y por todas en la cruz de Jesucristo. El Señor colgaba entre el cielo y la tierra y derramaba su sangre y lo hizo como un sustituto para la humanidad. Pagó la pena por nuestra culpa una vez por todas, como dice en 1 Pedro 3:18: «Porque Cristo murió por los pecados una vez por todas, el justo por los injustos, a fin de llevarlos a ustedes a Dios. Él sufrió la muerte en su cuerpo, pero el Espíritu hizo que volviera a la vida».
>
> En su muerte Jesús satisfizo perfectamente los requisitos justos de la ley de Dios, por lo cual en Juan 19:30 dice: «Al probar Jesús el vinagre, dijo: "Todo se ha cumplido". Luego inclinó la cabeza y entregó el espíritu».

En Cristo ha terminado la obra del purgatorio. Dios nos acepta por completo gracias a lo que Jesús hizo por nosotros. Este es un regalo que sigue dándose continuamente. No es culpa, es gracia.

Luego de considerar las cinco razones por las cuales muchos evangélicos han emigrado de su trasfondo católico, ahora estamos en posición de explorar cómo en realidad se ve la fe católica sobre el terreno. En particular aprenderemos a comunicar de maneras que alaben al Señor Jesús. Comenzamos haciendo la pregunta: ¿cómo ven los católicos a los evangélicos?

Segunda parte

CÓMO RELACIONARSE CON LOS CATÓLICOS ROMANOS

Capítulo 9

CÓMO LOS CATÓLICOS VEN A LOS EVANGÉLICOS

«El Señor dijo también a Job: "¿Corregirá al Todopoderoso quien contra él contiende? ¡Que le responda a Dios quien se atreve a acusarlo!" Entonces Job le respondió: "¿Qué puedo responderte, si soy tan indigno? ¡Me tapo la boca con la mano!"»

Job 40:1-4

Cuando Dios nos confronta, es apropiado cubrir nuestras bocas. En realidad, el precedente bíblico también debiera hacernos caer postrados en humillación. El carácter santo de Dios merece, realmente requiere, tal respuesta. Y cuando la *gente* nos confronta, tal vez no nos postremos, sin embargo, debemos escuchar con cuidado, porque la gente está hecha a la imagen de Dios. Si esto requiere que cubramos nuestras bocas, que así sea; cualquier cosa que sea necesaria para que oigamos con exactitud lo que tienen que decir. Tal atención no es solo cortés, es profundamente teológica.

Después de haber llegado tan lejos expresando numerosas observaciones acerca de la Iglesia Católica, ahora me corresponde a mí permitir que los católicos hablen. En particular, queremos oír a los católicos describir su percepción de los evangélicos, las cosas que decimos y hacemos que llaman su atención y quizá los haga querer huir. No solo queremos escuchar con cuidado, debemos dejar que su crítica nos conduzca a una auto evaluación y en algunos puntos incluso al arrepentimiento. No solo las virtudes de humildad y fidelidad requieren esto de nosotros, sino que así lo hace la sabiduría, porque estas ideas tienen el poder de mejorar en gran manera la comunicación con nuestros seres queridos católicos.

LA SALVACIÓN COMO UN «SEGURO CONTRA INCENDIOS»

Permítaseme ofrecer un ejemplo de esta crítica en el artículo que publicó la señorita Anna Nussbaum en 2004 cuando era una estudiante de penúltimo año en la Universidad de Notre Dame. Procede de las páginas de *Commonweal*, un periódico religioso que los católicos laicos editan y administran.

> El vuelo a África Oriental era un vuelo nocturno, pero en el reloj de mi cuerpo era de día, y yo estaba fatigada luego de varios días viajando sola. Así que oré, tomé mucha agua, me estiré en el pasillo, y traté de no mirar la TV que estaba transmitiendo la decapitación de un civil de los Estados Unidos en Iraq. Esperaba en la fila para usar el baño, cuando un hombre blanco en sus sesenta, de los Estados Unidos, comenzó una conversación.
>
> —¿Qué vas a hacer en África? —preguntó con cordialidad.
>
> —Voy a enseñar inglés en la escuela de Santa Cruz» —le contesté, tratando de armarme de la confianza que pensé que demandaban las palabras—. La escuela está en las afueras de Jinja y estaré trabajando con la CSCs y los Asociados a la Santa Cruz cerca de allí. Entonces le pregunté que estaba él haciendo en Uganda, y me dijo que era un traductor de la Biblia, y que estaba trabajando con una organización que traducía el Nuevo Testamento a los idiomas africanos. Yo sonreí. Entonces él me preguntó:

—¿Eres salva?

—No —le dije todavía sonriendo—, soy católica.

Sus ojos azules brillaron cuando levantó sus cejas.

—Pero, ¿eres cristiana? ¿ Crees en Jesucristo? —preguntó, animándose más y más. Yo dudé.

—Sí, yo creo en Jesucristo —le dije tratando de ser respetuosa.

—Pero, ¿quién crees tú que es él? —preguntó el misionero.

Esa era una buena pregunta, y difícil de contestar mientras esperaba por el baño. Me sentí incómoda y quería que el hombre me dejara sola. Me recordó a los fundamentalistas que venían al parque al cruzar la calle de mi escuela secundaria pública y nos preguntaban a aquellos de nosotros que parecíamos duros si queríamos aceptar a Jesús como nuestro salvador personal. Contesté su pregunta lo mejor que pude:

—Creo que es el salvador del universo —y bajé la vista hasta mis medias.

—Entonces, ¿por qué no te salvas ahora mismo? —me persuadía él.

¿Le había dado la respuesta incorrecta?

—¿Qué si este avión se desplomara en esa agua helada? ¿Qué si el avión se estrellara? ¿Estás segura de ir al cielo? ¿Lo estás?

Lo miré directamente a la cara y le dije:

—No, no lo estoy —mientras que mi mente vagaba por el océano que se agitaba a diez mil quinientos metros por debajo de nosotros. *¿Cuándo te vi desnudo y te vestí? ¿Cuándo te vi hambriendo y te alimenté?*

No podía decirle esto sin correr el riesgo de molestarlo más. Y en ese momento, esperando para entrar al baño y hacer mis necesidades, yo no estaba preparada para defender una teología de fe y obras. No pude decir nada. Estaba demasiado frustrada y muy tensa para hablar. Mi amigo misionero continuó predicándome hasta que la puerta del baño se abrió y yo escapé dentro.[1]

En esta experiencia de Anna hay una multitud de ideas dignas de sacarse a relucir, sin embargo, me gustaría enfocarme en una en particular. ¿Por qué crees que la mente de Anna fue a las palabras de Jesús acerca de vestir al desnudo y alimentar al hambriento? Aunque no tuve la oportunidad de comunicarme con Anna, me siento bastante confiado acerca de la respuesta. Era la reacción a la tendencia evangélica de tratar la salvación como un seguro contra incendios.

Por otra parte, aplaudo el esfuerzo del hombre evangélico que comunicó su fe. Él se interesó lo suficiente como para presentar el evangelio, lo cual es más de lo que se puede decir de muchos de nosotros. Sin embargo, su manera de abordar el asunto dejó algo que desear. Como un carnero implacable golpeando a su víctima, el evangélico presionó con agresividad a su víctima impávida en busca de (o quizá sin tomar en cuenta) las respuestas de Anna. Al hacerlo así, por lo menos a los ojos de ella, redujo el evangelio a «decir la oración». Esta es la caricatura que el católico tiene de los evangélicos. La salvación es como un seguro contra incendios: sencillamente «sé salvo» y ya estás cubierto.

Creo que esa fue la razón por la cual Anna se refirió al mandamiento de Jesús de cuidar a los necesitados. Lejos de «una fácil creencia» o una «gracia barata» el cristianismo auténtico define la conversión como una muerte necesaria al yo y apartarse para servir a Cristo. Esta es nuestra identidad como la nueva creación para quienes las cosas viejas pasaron y lo nuevo ha llegado (2 Corintios 5:17). El servicio «encarnado» marca esta vida, personificando el amor de Jesús al mundo. Más que una espiritualidad privada, es una misión pública con Jesús al centro, inspirando a su iglesia a exhibir y extender la redención de maneras tangibles. Por lo tanto, prometerle a uno la salvación basándose en una sola oración no solo suena como reduccionismo

---

1 Nussbaum, Anna, «Slowly By Slowly What Africa Taught Me» [Lo que África me enseñó poco a poco], *Commonweal*, 17 de diciembre de 2004. © 2004 Commonweal Foundation, reimpreso con permiso. Para suscripciones: *wwwcommonwealmagazine.org*.

sino que tiene el sabor de una herejía. Me inclino a darle el beneficio de la duda al evangélico en el avión, creo que él estaría de acuerdo con nuestra insistencia en la obediencia. Sin embargo, muchos evangélicos son culpables ante la acusación de la gracia barata.

Anna y nuestros amigos católicos tienen razón. La idea de que uno pueda articular la sencilla oración del pecador y solo sobre esa base estar seguro de la salvación es desacertado. Esto no fue lo que realmente enseñaron los reformadores protestantes. Ellos aclararon que la justificación es solo por la fe, pero no por una fe que es sola.[2] Como declaró Juan Calvino: «No soñamos con una fe carente de buenas obras ni tampoco una justificación en las que estas falten».[3] Este énfasis continuó entre los evangélicos que siguieron, como Jonathan Edwards escribió: «Y una gran cosa que él [Jesús] se propuso en la redención fue liberarlos de sus ídolos y traerlos a Dios».[4] Desde el siglo dieciséis hasta el presente la mejor teología evangélica ha enseñado que el propósito de la salvación es alcanzar la madurez en Cristo para la gloria de Dios, no un seguro contra incendios.

Más importante que los escritos de los reformadores evangélicos es el texto sagrado de las Escrituras. La Biblia hace mucho énfasis en la necesidad de la obediencia. Como Santiago asegura en su carta: «Hermanos míos, ¿de qué le sirve a uno alegar que tiene fe, si no tiene obras? ¿Acaso podrá salvarlo esa fe? Supongamos que un hermano o una hermana no tienen con qué vestirse y carecen del alimento diario, y uno de ustedes les dice: "Que les vaya bien; abríguense y coman hasta saciarse", pero no les da lo necesario para el cuerpo. ¿De qué servirá eso? Así también la fe por sí sola, si no tiene obras, está muerta» (Santiago 2:14-17).

Otro ejemplo valioso está en Efesios. Nosotros los evangélicos lo

---

2 O en el *La confesión de fe de Westminster*: «De esta manera, fe es recibir y descansar en Cristo y su justicia, es el único instrumento de justificación: pero no está solo en la persona justificada, sino que siempre va acompañada con todas las gracias salvadoras. Y no es fe muerta, sino obras por amor». (*La confesión de fe de Westminster*, «De la justificación», capítulo 11.2).

3 Calvino, Juan, *La institución de la religión cristiana*, trad, Cipriano Valera, Nueva Creación, Buenos Aires y Grand Rapids, 1:798 (3.16.1).

4 Edwards, Jonathan, *The Works of Jonathan Edwards*, vol. 2 «Discourse: Men Naturally Are God's Enemies», 1834; repr., Peabody, MA: Hendrickson, 1998, p. 139.

citamos a menudo 2:8-9 para presentar la gracia libre: «Porque por gracia ustedes han sido salvados mediante la fe; esto no procede de ustedes, sino que es el regalo de Dios, no por obras, para que nadie se jacte».

Es desafortunado que no lleguemos al versículo 10, el cual completa el pensamiento de Pablo: «Porque somos hechura de Dios, creados en Cristo Jesús para buenas obras, las cuales Dios dispuso de antemano a fin de que las pongamos en práctica».

J.I. Packer explica cómo esta tradición, al fin y al cabo, está enraizada en las enseñanzas de Jesús: «Un hombre debe saber eso, en las palabras de la primera de las Noventa y cinco tesis de Lutero: "cuando Jesucristo —nuestro Señor y Maestro— dijo 'Arrepentíos', él pidió que toda la vida de los creyentes fuera una de arrepentimiento", y él también debe saber lo que incluye el arrepentimiento. Más de una vez deliberadamente Cristo llamó la atención al rompimiento radical con el pasado que incluye el arrepentimiento: "Si alguien quiere ser mi discípulo, que *se niegue así mismo*, lleve su cruz cada día, y me siga… el que *pierda su vida por mi causa*, la salvará (pero solo él)"».[5]

Debemos ser cautelosos al recordar nuestra analogía acerca del montón de estiércol de Lutero. Mientras que la base por la cual Dios acepta a los pecadores es su identificación con el Cristo crucificado y resucitado, lo cual viene solo por gracia (Efesios 2:8-9) la autenticidad de esta fe se manifestará en una conducta pía, las buenas obras (Efesios 2:10).

A un antiguo profesor y amigo mío le gustaba explicar la necesidad de las obras en la salvación en términos de una tarjeta de COSTCO. Es casi seguro que la mayor parte del país es miembro de COSTCO o algún equivalente. Esta es una cadena de almacenes que ofrece a sus miembros descuentos en una amplia selección de productos porque la mercancía se compra al por mayor. La transacción que provee acceso a COSTCO ocurre cuando uno se convierte en miembro. Solo pagas la cuota, consigues tu tarjeta de miembro con una foto bochornosa, y compras según el deseo de tu corazón. Cada vez que visitas la tienda

---

5 Packer, J.I., *Evangelism and the Sovereignity of God*, InterVarsity, Downers Grove, IL, 1991, p. 72.

debes presentar tu tarjeta a la dama agradable que está a la puerta para verificar que tú pagaste la cuota de miembro. Esta práctica de mostrar la tarjeta, que se ejecuta en todas tus visitas, simplemente confirma que completaste la transacción perteneciente al miembro.[6]

Así sucede con las buenas obras en la salvación. Nuestra conducta virtuosa nunca procurará ni de manera alguna aumentará el favor de Dios. El precio del perdón y la vida nueva es infinito y nosotros estamos en bancarrota. Solo Cristo puede completar la transacción por nosotros, lo cual hizo al derramar su sangre. Al morir en la cruz como nuestro sustituto y levantarse de los muertos, Jesús nos capacitó para acercarnos con confianza al trono de la gracia. Pero no solo tenemos confianza, Dios también envió a su Espíritu Santo para vivir dentro de nosotros y nos ha bendecido con toda bendición espiritual en los cielos para que la iglesia camine en buenas obras las cuales él preparó de antemano. Por eso debemos considerar que la salvación es mucho más que un seguro de vida eterna que nos da entrada al cielo. El favor inmerecido de Dios debe tomar, aquí y ahora, la forma de una vida de fe obediente, como escribe el apóstol Pablo: «Como tenemos estas promesas, queridos hermanos, purifiquémonos de todo lo que contamina el cuerpo y el espíritu, para completar en el temor de Dios la obra de nuestra santificación» (2 Corintios 7:1).

Apéndice explicativo: algo que los evangélicos pueden aprender de los católicos

Los evangélicos parecen tener una enfermedad teológica. No es una condición que se pueda identificar con facilidad como el piojo o el pie de atleta. Es mucho más sutil, como un parásito tenia o lombriz solitaria que se esconde en el tracto digestivo durante meses antes que se descubra. Los

6 Como todas las analogías, hay unos cuantos puntos donde la comparación con la tarjeta de COSTCO se descompone. Por ejemplo, cuando se vence la fecha de tu inscripción como miembro, debes comprar otra. También debes hacer otra transacción monetaria cuando compras productos de la tienda. Por alguna razón, encuentro que estos pagos son siempre muy grandes.

filósofos lo llaman el dualismo platónico. Es un punto de vista que considera las cosas espirituales como inherentemente superiores al mundo físico, el espíritu es bueno, la materia es mala.

Cuando los católicos identifican nuestra enfermedad, a menudo lo hacen con la frase siguiente: «La mente de ustedes es tan celestial que no sirven como terrestres». Estas palabras describen la tendencia de los evangélicos a ser, por una parte sobre espirituales y por la otra inconscientes de las necesidades prácticas de la sociedad. Como un predicador evangélico que era aficionado a decir: «No lleves un hogaza de pan en una mano y la Biblia en la otra, a no ser que en tus esfuerzos por alimentar a los pobres se te olvide que estás llevando la Palabra de Dios».

Con mucha frecuencia olvidamos que tenemos la lombriz solitaria teológica hasta que nuestros amigos católicos nos la revelan con su ejemplo positivo. Me estoy refiriendo a la práctica católica de comprometer la cultura de modo positivo, lo que a menudo se le llama acción social. Seguido de su énfasis en el principio de la encarnación, al ministerio católico le preocupa cómo la vida de Cristo se dirige a las dimensiones tangibles de nuestro mundo. Ya sea la educación, la política, la economía, problemas sexuales, reforma de las prisiones, la pobreza, los problemas raciales o la santidad de la vida, los católicos operan con una teología moral robusta que en general es extraña al evangelicalismo.

En mi papel como pastor de alcance a la comunidad, estoy muy consciente de cuánto luchamos por comprender cómo el ministerio del evangelio se relaciona con la empresa de compromiso cultural. En nuestra iglesia tenemos una comprensión muy buena de lo que es necesario que suceda en nombre del evangelismo, pero nuestro manejo en el alcance social, como mínimo, es torpe.

Gracias a Dios que en la actualidad parece haber una

conciencia creciente entre los evangélicos acerca de la necesidad de arrepentirse de nuestro dualismo no bíblico. Estos líderes evangélicos, a menudo más jóvenes, de algún modo han quitado la lombriz solitaria y por lo tanto sienten apetito por enriquecer la cultura como agentes constructivos del reino de Cristo. Cerraré esta sección con una cita de uno de estos agentes que hace tiempo se libró de su lombriz solitaria, si es que alguna vez la tuvo, el pastor británico John Stott: «Es triste todavía encontrar a algunos que creen que los cristianos no tienen responsabilidad social en este mundo sino solo la comisión de evangelizar a aquellos que no han oído el evangelio. Es claro que Jesús en su ministerio aplicó tanto «enseñando [...] y anunciando» (Mateo 4:23; 9:35) como «haciendo el bien y sanando» (Hechos 10:38). Por consecuencia, «ha habido una relación íntima entre evangelismo y preocupación social a través de toda la historia de la Iglesia».[7]

DEMASIADO AMIGOS DE DIOS

Una vez, cuando era niño, cometí el error de recoger un paquete de fósforos junto al camino. Durante años había visto a los adultos rayar fósforos, y me pareció natural probar cómo era eso. Por fortuna, mi padre notó mi piromanía antes de que yo fuera más lejos. Su rápida intervención me dejó tal impresión que al instante desapareció mi deseo de ver llamas.

La Biblia dice que nuestro «Dios es un fuego consumidor». Aparte de la misericordia, la santidad divina reduciría la humanidad a un montón de cenizas carbonizadas. No obstante, los evangélicos tienen el hábito de comportarse con despreocupación hacia Dios, como si fuera un copo de nieve en lugar de un fuego consumidor. Por esto los católicos nos describen como «sobre confianzudos». Por ejemplo,

7 Stott, John, *Serie: Grandes oportunidades y retos que el cristianismo enfrenta hoy, Oportunidades y retos contextuales*, Trad. E. y R. Simons, Editorial Vida, Miami, FL, p. 26.

Anne Dillard articula la preocupación católica: «Por lo general, no encuentro cristianos fuera de las catacumbas que sea lo suficientemente sensibles a la condiciones [de la presencia] de Dios. ¿Tiene alguien la más vaga idea de qué clase de poder estamos invocando sin preocupación? O, como sospecho, ¿nadie cree una palabra de esto? Las iglesias son niños jugando sobre el piso con sus colecciones de química, mezclando una cantidad de TNT para matar el tiempo durante un domingo por la mañana. Es una locura usar sombreros de paja y sombreros de terciopelo de mujeres para ir a la iglesia; todos debiéramos usar cascos de choque. Los ujieres deben proveer salvavidas y luces de bengala y deben amarrarnos a nuestros bancos. El dios durmiente puede despertarse algún día y ofenderse; o el dios andante puede sacarnos fuera, a donde nunca podamos regresar».[8]

La perspectiva católica está influenciada en parte por una comprensión diferente al orden social. El terreno sagrado se niveló cuando los reformadores protestantes le dieron otra forma a cómo la iglesia entendía la vocación, destruyendo la distinción medieval entre lo espiritual (esa que la iglesia controlaba) y lo secular (las instituciones y convenciones sociales fuera de la iglesia). Para disfrutar una íntima relación con Dios uno no tiene que estar entre la élite religiosa o el clero.

Sin embargo, el problema con muchos evangélicos es que enfatizamos lo de nivelar este terreno hasta el grado de olvidar el peso insondable de la santidad de Dios. En las palabras de J.B. Phillips: «Nuestro Dios es demasiado pequeño». Cuando esto ocurre, nos dirigimos al Todopoderoso como nos dirigiríamos a un mero mortal. En la faz de tal orgullo y auto suficiencia, nuestros amigos católicos nos recuerdan cómo debemos acercarnos a Dios con reverencia. Tal vez no estemos de acuerdo con sus fundamentos teológicos o litúrgicos, pero su énfasis en la humildad y el temor santo es algo que en verdad debiéramos apreciar y aprender.

---

8 Dillard, Annie, *Teaching a Stone to Talk*, Harper and Row, New York, 1982, pp. 40-41.

AUSENCIA DE UNIDAD

Los cubitos de hielo han llegado lejos. Hace un siglo los cubitos se distribuían en un enorme bloque. Cuando yo era niño, mi familia usaba bandejas de cubitos. Sin embargo, hoy, si necesitas llenar una nevera de bebidas para un picnic o juego de pelota, ni siquiera necesitas tocar una bandeja. Muchos refrigeradores producen cubitos, uno a uno. Solo necesitas poner tu neverita debajo del distribuidor automático, apretar el botón y ver cómo los pedazos individuales de hielo salen rodando por la puerta.

Las iglesias evangélicas se han ido igual que los cubitos de hielo. Esto es cierto por lo menos en la cultura occidental, donde la identidad de uno no se define por el bloque (la Iglesia Católica) o la bandeja (la denominación en la cual hay una estructura eclesiástica compartida). En lugar de eso, los evangélicos son individuos que ruedan por la puerta con poco o ningún compromiso para ser miembros de una iglesia.

Dada la profundidad del individualismo dentro de la mayoría de los círculos evangélicos, a menudo los católicos nos ven como una multitud de creyentes aislados desprovistos de unidad. No tenemos un líder papal, ni obispos que nos gobiernen, ni una liturgia común que estabilice la adoración pública y una carencia de acuerdos acerca de lo que constituye la creencia y la práctica ortodoxa. Lo que tenemos es un millón de diferentes pastores principales que parecen tomar decisiones basados en los caprichos de su preferencia. Los evangélicos ven esta fragmentación como «desafortunada»; sin embargo, para los católicos es una parodia que socava la legitimidad evangélica.

Un componente del problema es la carencia católica de familiaridad con el protestantismo. Cuando están ausentes los símbolos típicos de la religión (liturgia, clérigos y estatuaria), los católicos suponen una ausencia de vida religiosa. Además, debido a que las denominaciones protestantes son instituciones distintas, los católicos que ven la iglesia desde un punto de vista institucional naturalmente pasan por alto la unidad fundamental que tienen estas denominaciones, unidad alrededor de las proposiciones básicas doctrinales; es decir, «el evangelio».

En realidad, es muy raro encontrar un católico que sea experto en los sucesos históricos entre Martín Lutero y una figura moderna como Billy Graham. ¿Y por qué debían serlo? Si tú perteneces a la iglesia única, santa, católica y apostólica, realmente no tienes necesidad de considerar alternativas eclesiásticas. Para expresarlo con tosquedad, si tú posees una colección de clubs de golf Big Bertha, no tiene sentido que te intereses en las imitaciones.

Quizá la razón fundamental por la cual los católicos y evangélicos tienen esa perspectiva radical diferente acerca de la necesidad de unidad sea la doctrina que tratamos antes, llamada la encarnción continua. Los católicos que mantienen este punto de vista entienden que la vida de Jesús se extiende al mundo dentro y mediante la estructura tangible de la iglesia católico romana. Sin esta solidaridad institucional, ya deja de haber una iglesia unificada, esa es su lógica.

Como respuesta a la crítica del individualismo, debiéramos reconocer que una vez más los católicos ponen su dedo en una falla legítima dentro del evangelicalismo. En su totalidad, sufrimos de una eclesiología anémica, es decir, no apreciamos la necesidad de la unidad cristiana. El pastor Josh Moody explica cómo somos culpables de este error: «Nosotros, en los círculos conservadores cristianos, hemos mantenido con vigor el *mensaje* del evangelio pero, por lo menos en algunos aspectos y entre algunos movimientos, se ha comenzado a perder una comprensión profunda de la comunidad de Cristo. Hemos dicho, con razón, que una relación con Dios es un asunto personal. Aunque en nuestro contexto esto ha llegado a ser solo un paso, y un paso que muchos de nosotros ha tomado sin pensarlo: conformarse con que una relación con Dios es un asunto puramente *individual*. Esto es una heterodoxia práctica. Jesús dijo que puedes identificar a sus discípulos por la clase de relación que ellos tienen *unos con otros*, por el amor que sienten unos por otros».[9]

En el mismo estilo que Moody, el teólogo del Nuevo Testamento, Robert Banks, destaca este problema cuando escribe: «Lo que Pablo

9 Moody, Josh, *The God-Centered Life: Insights from Jonathan Edwards for Today*, Regent College Publishing, Vancouver, 2006, p. 113.

entendía por comunidad es nada menos que ¡el evangelio en forma corporativa!»[10] Piensa en esto durante un momento.

Cuando un erudito cuidadoso como Banks hace tal declaración audaz y provocativa, debemos poner mucha atención. Mediante una sencilla oración él nos asestó un golpe directo con un aspecto de la salvación que a menudo se nos escapa: cuando Dios nos redimió, nos hizo nacer dentro de su comunidad. Cada uno de nosotros representa una piedra viva que Dios une para formar un edificio espiritual (Efesios 2:19-22; 1 Pedro 2:4-10). Somos miembros del cuerpo de Cristo, conectados orgánicamente unos con otros (Romanos 12:3-8; 1 Corintios 12:12-31). El mismo Señor Jesús ora por esta unidad, pidiendo al Padre que nos haga uno, del mismo modo que el triuno Dios es uno (Juan 17:11), y el apóstol Pablo nos exhorta a preservar de todo corazón nuestra unidad (Efesios 4:3). Cualquier cosa menos es sub-cristiana.

SUPERFICIALIDAD

En su libro *Holyland* USA, Peter Feuerherd, un periodista católico, describe lo que él observó en el parque de diversión evangélico más grande de los Estados Unidos. Él escribe:

> Estaba rodeado de shorts y camisetas proclamando La Roca, El Cordero, incluso uno que decía Lea entre líneas, con un cuadro de la espalda de un Cristo crucificado, lleno de rayas de sangre roja. Cuando entramos, la señal para la cafetería anunciaba Hamburguesas Goliath y carne beduina.[11]
>
> Mi esposa y amigos se preguntaban si yo tendría algún tornillo suelto. Ningún norteño de pensamiento liberal que se respete a sí mismo se aventuraría en un mundo tan extraño, un lugar donde se cruzan los puntos de vista del mundo de

---

10 Banks, Robert, *La idea de comunidad de Pablo*, Clie, Barcelona, España, 2011, p. 190 del inglés.

11 Feuerherd, Peter, *Holyland USA: A Catholic Ride Throug America's Evangelical Landscape*, Crossroad, New York, 2006, p. 2.

Disney y Jimmy Swaggart. La hija de diez años de un amigo católico consideró un sacrilegio combinar lo santo con lo profano en un parque de diversiones de *Holy Land* [Tierra Santa].[12]

Quiero considerar el comentario de la niña de diez años de edad. ¿Por qué el parque de diversiones Holy Land tiene a todas las niñas evangélicas de diez años comiendo con absoluta delicia las hamburguesas Goliat mientras que las homólogas católicas se ofenden con la idea? La primera considera que el abridor de cartas con la espada del Espíritu y el colgante con la moneda de la viuda que ella compró en la tienda de regalos son contribuciones positivas para la sociedad o, por lo menos, para su vida. La última considera tales baratijas como una transigencia religiosa con el mundo y una capitulación total a la cultura popular, aunque no lo diga con esas palabras.

Al final de su libro, Feuerhard habla de este asunto cuando escribe: «Los evangélicos son pioneros en traer la cultura popular americana y bautizarla dentro de la esfera cristiana».[13] Puede que tenga razón. Cuando se hace este bautismo cultural con responsabilidad, lo llamamos contextualizción, queriendo decir que hemos tratado de traducir la verdad bíblica a nuestro contexto moderno. Por lo general, los católicos y los evangélicos están de acuerdo en que esta actividad es buena y necesaria. Como lo expresó el apóstol Pablo: «Me hice todo para todos, a fin de salvar a algunos por todos los medios posibles» (1 Corintios 9:22). Sin embargo, cuando esto se hace pobremente, lo llamamos algo así como quitarle importancia a Dios, el lado superficial o de mercancía barata de la subcultura evangélica. Por desdicha, los evangélicos son famosos por inclinarse en esta última dirección.

Cuando hablas con los católicos acerca de la cultura popular evangélica, descubres que tienen una mezcla de asombro, desconcierto y repulsión. Dado el lugar que la tradición, la reverencia y la austeridad tienen en la liturgia católica, eso no es para sorprenderse. Cuando a

12 Ibid., pp. 151-52.
13 Ibid., p. 160.

las cosas tangibles se le asignan valores sagrados como a las estatuas, los vitrales y las pilas de agua bendita, la ausencia de tales símbolos concretos con naturalidad llevan a los católicos a concluir que esa santidad está ausente. Solo contrasta la rica complejidad y textura de la mayoría de las parroquias católicas con el estilo minimizado de las iglesias evangélicas, en particular la de algunas mega iglesias donde es probable que no se vea ni tan siquiera una cruz sencilla, y comprenderás mejor por qué la cultura evangélica deja a muchos católicos con una sensación incómoda.

La dificultad para apreciar la extensión de la humanidad de Jesús es una tendencia católica común que influye en parte de esta crítica católica. Déjame explicar cómo se logró esto.

Se cuenta la siguiente historia de G.K. Chesterton (1874-1936), un eminente autor británico de una generación anterior: «Un día el gran escritor británico G.K. Chesterton iba disparado por una calle de Londres, su gruesa capa volaba detrás de él mientras iba preocupado por el peso de sus pensamientos. Llevaba la cabeza baja y al doblar una esquina chocó con un hombre que venía rodando un reloj de pie por la acera estrecha. Chesterton se sacudió, frunció el ceño y le gritó al hombre: "¿Por qué no puede usted usar un reloj de pulsera como todo el mundo?»[14]

Chesterton no solo era brillante, además tenía una comicidad genial. Sin embargo, aunque un ingenio agudo era una de sus cualidades sobresalientes, es fascinante leer lo que él tuvo que decir del humor de Jesús. En la conclusión de su libro clásico *Orthodoxia*, él escribió: «Hubo una cosa demasiado grande para que Dios nos la mostrara cuando caminó sobre nuestra tierra; y algunas veces yo he fantaseado que era su alegría».[15]

Chesterton estaba diciendo que él no se podía imaginar al Jesús encarnado riéndose a carcajadas. El austero Dios hombre caminó con

14 Vaughn, Ellen, *Time Peace: Living Here and Now with a Timeless God*, Zondervan, Grand Rapids, MI, 2007, p. 61.

15 Chesterton, G.K., *Ortodoxia*, trad., Denes Martos, http://www.laeditorialvirtual.com.ar, 1908, pp. 167-68 del inglés.

sandalias reales, comió comida real, bebió vino real, pero nunca llegó tan lejos como hasta reírse. Lejos esté de mí, un insignificante autor principiante discrepar con un titán literario como Chesterton; sin embargo, en este ejemplo difiero con humildad.

Me gustaría sugerir que el punto de vista de Chesterton en cuanto a Jesús es representativo de muchos católicos. Este se refleja, por ejemplo, en la aversión de la niña católica a las hamburguesas Goliat. Ella protestó por la combinación sacrílega de lo santo y lo profano. Pero, ¿de dónde vienen estas categorías? Puedo conceder que la carne de beduino es evidentemente cursi, pero, ¿dónde encontramos la noción que en la nueva creación de Cristo hay dos esferas separadas llamadas sagrada y profana? Debemos reconocer que hay una clara diferencia entre la santidad y el pecado, pero consignar experiencias como la risa y el entretenimiento al reino de la profanidad no tiene un fundamento bíblico. De hecho, es peor. Eso te deja con un Jesús cuyos pies se sostenían en el aire a quince centímetros sobre sus sandalias sin nunca tocar el suelo.

Si la falla católica es un Cristo menos que humano, los evangélicos batallan con el otro extremo. Concebimos a Jesús con zapatos de deporte, una sudadera de Sergio Tacchini y corriendo junto a nosotros en la máquina de caminar. Pocos de nosotros articularíamos tal percepción crasa, pero si escuchas a los evangélicos referirse a Dios en oración o en conversación, comienzas a preguntarte si será así. La inminencia divina y la presencia personal son así enfatizadas de manera tan drástica que la superficialidad reina en lugar del Rey de reyes y el Señor de señores. Uno no necesita ser un teólogo bíblico para reconocer que tal visión de Cristo es absurda, y que donde seamos culpables de ello, nosotros los evangélicos debemos arrepentirnos.

CONCLUSIÓN

Al concluir esta sección debo hacer lo que es quizá el punto más importante. Al hablar con la familia y los amigos acerca de asuntos de la fe, debemos reconocer que hay una hueste de asuntos personales en el trasfondo que tienen tanta importancia para nuestras discusiones como las mismas palabras. Más allá de los distintos asuntos que hemos cubierto en este capítulo, hay también intensas heridas y temores. Déjame explicar.

Durante mi investigación llamé a Martha, una parienta distante de la familia por el lado de mi esposa. Ahora, en la mitad de sus setenta, ella permanece completamente comprometida con su fe católica aunque sus cinco hijos han dejado la Iglesia Católica. Le pregunté cómo se sentía con esto, en particular al considerar que ahora dos de sus hijos están comprometidos con iglesias evangélicas. Su respuesta fue conmovedora. Después de una pausa, ella respondió con una declaración sencilla: «Siento que he fracasado».

Mientras continuaba hablando con Martha, ella explicó la razón para sentirse así. Ella y su esposo habían llevado a sus hijos a la Misa todas las semanas, los habían enviado a escuelas parroquiales e hicieron numerosos sacrificios a lo largo del camino para estimular su formación religiosa. Sin embargo, cuando los muchachos llegaron a ser adultos, dejaron de ir a la Misa. Todavía peor, dos de ellos llegaron a ser la clase de evangélico que desdeña la Iglesia Católica y se sentían en libertad de decirlo así.

Desde ese punto en lo adelante, la relación de Martha con sus hijos evangélicos fue desastrosa.

Después de escuchar a Martha se me hizo obvio que cuando llega el tiempo de hablar a nuestras familias católicas, debemos reconocer que hay problemas personales complejos están en juego. Ya sean esperanzas y sueños fallidos, culpa o sentimientos de traición, nuestros seres queridos sienten un dolor real. Por eso, debemos ser sensibles y sabios cada vez que conversemos.

A continuación hay un ejemplo de la clase de humilde sensibilidad que se requiere de nosotros en las relaciones con los católicos. Lo escribió Mark Christensen, un ex católico que ahora es evangélico:

> Me atrajo la esplendente centralidad de Cristo, que por medio de la predicación del evangelio se mantenía constantemente al

> frente. Muy queridos familiares y amigos, esa fue la causa por la que me fui y por la que pienso que la mayoría dejan la Iglesia Católica por el evangelicalismo. No nos fuimos para ofenderlos ni para sugerir que éramos mejores que ustedes. No nos fuimos para decir que no queremos esa parte de su pasado o que hicieron algo mal hecho al criarnos. Nos fuimos porque nos encontramos con Jesucristo, y él cambió nuestras vidas de una manera que nunca conocimos en la Iglesia Católica. Yo me fui porque alguien me comunicó el mismo evangelio que asió a San Pedro, a los apóstoles, a los mártires y a miles de santos católicos y protestantes desde entonces. Vine a entender quién es Jesús y por qué vino a la tierra.[16]

Nuestra oportunidad es para expresar esta idea con gracia y verdad. ¡Que Dios nos ayude!

El próximo capítulo es crítico. Si vamos a tener una oportunidad de relacionarnos con nuestros seres queridos católicos, debemos comprenderlos. Trataremos de hacerlo analizando los tres tipos más prominentes de católicos en los Estados Unidos en el día de hoy.

---

16 Christensen, Mark, «Coming to Grips with Losses: The Migration of Catholics into Conservative Protestantism» [Enfrentar las pérdidas: La migración de católicos al protestantismo conservador], *América*, Enero 26 de 1991, pp. 58-59.

Capítulo 10

CATÓLICOS TRADICIONALES, EVANGÉLICOS Y CULTURALES

Mi abuelo se fracturó la nariz en unas cuantas ocasiones, y se notaba. En un determinado momento, durante mi niñez, me armé de suficiente valor para preguntarle por qué su nariz no estaba exactamente en el centro de su cara. Él describió una ocasión en que se interpuso entre dos amigos que estaban peleando y de repente recibió un puñetazo volante.

Lo que intento hacer en este capítulo es tan inseguro como interponerse en una pelea. Debido a las limitaciones de espacio estoy obligado a sentirme como algunos de los que describo como mal representados. Primero, déjame decir esto: Pido disculpas. Como mencioné con anterioridad, este es el problema de desarrollar perfiles. Pero necesitamos los perfiles, de otra manera continuaremos sin comprender a nuestros amigos católicos. Dada la elección, supongo que prefiero recibir un puñetazo que sentarme avergonzado en los extremos, sintiéndome temeroso de salir a la palestra. Cada perfil es un pequeño esbozo que invita a hacer distinciones más refinadas. No obstante, de las fuentes principales de autoridad sobre las cuales se basa la fe católica, las tres mayores son la tradición, la Biblia y la cultura. De estos compromisos fundamentales, la identidad religiosa adquiere su forma.

En este momento uno se puede preguntar con propiedad cuál es la meta de esta comunicación que estoy proponiendo. ¿Estoy sugiriendo que tengamos como objetivo a cada persona católica para el proselitismo? Y si así fuera, ¿qué estoy suponiendo acerca de la legitimidad de su fe cristiana? Déjame ofrecerte una respuesta de modo que sepas de donde vengo.

Solo Dios sabe con seguridad el estado del alma de alguien. En 1 Samuel 16:7 dice: «La gente se fija en las apariencias, pero yo me fijo en el corazón». Por estar bien familiarizado con el engaño en mi propio corazón, soy reticente a decir si un seguidor de Cristo que teme a Dios es un creyente genuino. ¿Quién de nosotros lo sabe con seguridad? Espero que todos nosotros de alguna manera nos sorprendamos cuando oigamos pasar lista en el cielo y encontremos quién está presente (por supuesto, suponiendo que nosotros también perseveremos hasta el fin). Afortunadamente, el Espíritu Santo produce frutos de virtud en la vida de un creyente para indicar que en verdad somos sus hijos. Tales frutos debieran celebrarse para la gloria de Dios y verse como la verificación de que en verdad estamos en la fe (2 Corintios 13:5). Sin embargo, debemos ser cuidadosos acerca de nombrarnos a nosotros mismos como inspectores de frutos aseverando dogmáticamente quién está dentro y quién está fuera de Cristo.

Entonces, ¿cuál es el propósito de comunicarnos con los católicos acerca del evangelio? Yo afirmaría que tenemos el mismo propósito que motiva la comunicación del evangelio entre los evangélicos, o es la razón por la cual yo debo predicarme a mí mismo cada día. El evangelio es mayor que el momento de la conversión de uno porque se extiende y tiene un alcance futuro para definir y transformar toda la vida. Por lo tanto, constantemente debemos recordarnos unos a otros que Jesucristo es el Señor (2 Corintios 10:3-5; Colosenses 3:16). Tenemos la empresa de estimularnos y exhortarnos a odiar el pecado y amar a Jesús como dice en Hebreos 3:12-13: «Cuídense, hermanos, de que ninguno de ustedes tenga un corazón pecaminoso e incrédulo que los haga apartarse del Dios vivo. Más bien, mientras dure ese "hoy", anímense unos a otros cada día, para que ninguno de ustedes se endurezca por el engaño del pecado». Por eso, exponer la esperanza de Jesucristo a un católico, amigo o miembro de la familia, no significa juzgar su estado espiritual. Por el contrario, destaca la extrema importancia de proclamar al mundo la redención en Cristo.

EL CATÓLICO TRADICIONAL

Quiero comenzar con una cita tomada de *Holyland* USA por el autor católico Peter Feuerherd. Debemos comprender su observación concerniente a la variedad y forma compleja del catolicismo: «En realidad, el catolicismo incluye a aquellos con autoridad y opiniones diferentes acerca de casi todo lo que está debajo del sol. Hay obispos liberales y obispos conservadores. Algunas veces el papa difiere de su propia Curia. Es común que los expertos vean a los votantes católicos americanos como un grupo crucial de balanceo en cada elección nacional, demasiado difuso para categorizarlo en verdad. De hecho, algunos eruditos en religión se refieren al catolicismo como al hinduismo del cristianismo, porque está infundido con tantas escuelas diferentes de oración, ritual y perspectiva tan parecidas a las diversas religiones nativas de la India que ahora la gente se refiere a esta con la simple rúbrica de hinduismo».[1]

Es útil que recordemos el punto de vista de Feuerherd. Es fácil ver el ropaje clerical común de los sacerdotes, el orden litúrgico de la misa y la estructura jerárquica que unifica las parroquias y concluye que hay una unidad general en la Iglesia Católica. No en su totalidad. Al igual que con el protestantismo, hay progresivos y conservadores, carismáticos y estoicos, feministas y elitistas masculinos, relativistas post modernos, teólogos de la liberación, tradicionalistas, místicos y todo lo demás que exista entre los ya enumerados.

De los distintos tipos de católicos que acabamos de mencionar, es

---

1 Feuerherd, Peter, *Holyland* USA: *A Catholic Ride through America's Evangelical Landscape*, Crossroad, New York, 2006, p. 72.

probable que el católico tradicional sea el que más se acerca a lo que pudiéramos llamar el fundamentalista. La gente que piensa de esta manera reconoce que la autoridad básica de la fe cristiana es la enseñanza de la iglesia, con el papa como su vocero principal. Esta es, si así lo prefieres, la mentalidad Vaticano I. Por lo general, los proponentes manifiestan las características siguientes:

- Tienen una gran consideración por el clero católico
- Consideran la fe como privada
- Es raro que practiquen la lectura individual de la Biblia
- Ven a los protestantes como herejes o sub cristianos
- Algunos asisten a la misa en latín (aunque la mayoría no lo hace)
- Consideran la frase «relación personal con Jesucristo» como presuntuosa

Hace dos años yo consideraba que este grupo era pequeño y que principalmente lo formaban ancianos, pero después de escuchar la radio católica y comunicarme con varios católicos, pienso que es probable que esta posición sea más prominente de lo que muchos de nosotros piensa. Déjame darte un ejemplo.

Al comienzo de mi investigación decidí comunicarme con dos apologistas católicos (individuos que explican la fe católica a los no creyentes) para fomentar una amistad con ellos. Yo tenía dos propósitos en la mente: (1) que gracias a ellos yo fuera responsable de hacer un escrito justo y exacto, y (2) practicar lo que estoy proponiendo en este libro, es decir, relacionarnos con los católicos con gracia y verdad. Por fin, ambos respondieron a mis correos electrónicos. El primero expresó incomodidad al hablar con alguien como yo que consideró la evidencia para la fe católica y la rechazó. El segundo no tenía interés, aunque se ofreció para solo debatirme la doctrina de la Biblia. Como no estoy citando sus nombres, ahora mismo puedo darles un ejemplo que saqué de mi casilla de correo electrónico. En respuesta a un anuncio diciéndole a los amigos que Zondervan publicaría este libro, uno de ellos respondió con una oración: «Me alegraré de escribir una refutación al libro si en efecto va en contra de la fe católica y apostólica».

Sé lo que estás pensando: «Te aseguro que no todos los católicos tradicionales son desagradables». Estoy seguro que tienes razón. Lo que quiero destacar es la actitud del católico tradicional hacia los evangélicos. Dicho con sencillez, los evangélicos constituyen una forma de cristianismo ilegítima, y amenazante en potencia. Cuando hablamos a esta gente acerca del evangelio, les parecemos como lobos vestidos de ovejas, instrumentos del Maligno que tratan de minar la obra de Cristo.

Antes de ser demasiado fuertes sobre los católicos tradicionales, debemos entender que desde su perspectiva ellos simplemente están siendo fieles. Piensa de esta manera. ¿Cómo te sientes cuando un mormón o un testigo de Jehová visita a tu hermanita, a tu hijo o nieta con una invitación para visitar su salón del reino? Los evangélicos ven a estos grupos como cultos inaceptablemente lejos de la ortodoxia cristiana y por consecuencia nos sentimos a la defensiva, y si somos honestos, menos que amorosos hacia quienes intentan minar la fe. Esta es la clase de obstáculo con la que tratamos cuando hablamos a un católico tradicional.

Al comunicarnos con un católico tradicional, debemos estar conscientes de sus valores particulares y entonces acercarnos a ellos de acuerdo con los mismos. Aquí sigue una lista corta de lo que necesitamos estar conscientes:

- No debemos insultar al cléro católico.
- Ya que los católicos tradicionales consideran la fe como asunto privado, debemos mencionar el asunto de las cosas espirituales con lentitud y cuidado. Imagínate ir conduciendo a través de la rural Illinois con un católico tradicional y comentarle sobre las vacas comiendo hierba. «Mira las patas fuertes de ese toro, las cuatro de ellas ¡qué tremendas! A propósito, ¿has oído de las cuatro leyes espirituales...?» Pocos de nosotros usaríamos una forma tan grosera de abordar el asunto (yo espero), pero lo comunico para subrayar el principio. En lugar de hacer preguntas que parecen salir del cielo, *gradualmente* necesitamos dirigir la atención a las cosas de Dios.

- Al hablar con un católico tradicional necesitamos decir las Escrituras porque la Palabra de Dios es el medio señalado por el cual los individuos encuentran a Cristo, pero cuando entramos a un salón usando la Biblia como Bruce Lee o Jackie Chan balanceaban un arma nunchackus, no es probable que administremos la Palabra de vida con mucha eficiencia. Debemos comunicar las Escrituras en un espíritu de amor.
- Ya que los católicos tradicionales ven a los evangélicos como heterodoxos (los que tienen una enseñanza incorrecta e inaceptable), debemos concentrarnos en establecer la credibilidad y la relación armoniosa con los católicos tradicionales. Ellos deben saber que nosotros nos interesamos en ellos con toda sinceridad y que no los vemos como muescas potenciales en las empuñaduras de nuestras pistolas de evangelismo.
- Yo no sé qué decir a la gente que insiste en la misa en latín. Estoy tentado a preguntarles por qué el latín es tan importante para ellos cuando la Biblia se escribió en hebreo, arameo y griego, pero al tomar este planteamiento se mina el principio que estoy tratando de promover. Si el latín se presenta, cambia el asunto.
- Debido a que el católico tradicional enfatiza la trascendencia de Dios (que Dios es exaltado sobre la creación), la frase «relación personal con Jesús» suena presuntuosa. Como una vez me dijo un amigo católico: «Cuando los evangélicos oran, parece que estuvieran hablando con un compañero de golf en lugar del Dios todopoderoso». Él tiene razón. En realidad, Dios es trascendente y merece nuestra reverencia. Esto es algo que podemos afirmar acerca de la tradición católica. Al mismo tiempo, tenemos la oportunidad de señalar que Dios se acerca en la persona de su Hijo. Esta presencia inmanente de Dios es útil especialmente para comunicarla cuando alguien experimenta sufrimiento. Los pasajes bíblicos que tratan con la cercanía de Dios son precisamente lo que necesitan los corazones sufrientes en tales ocasiones.

EL CATÓLICO EVANGÉLICO

En su libro *Evangelical Catholics?*, el autor Keith Fournier hace una pregunta provocativa: ¿Puede un católico ser también evangélico? Para muchas personas esto suena como una contradicción de términos. «Escoge tú», replican ellos, «católico o evangélico, pero no puedes tener ambos». Sin embargo, de acuerdo con Fournier, la respuesta es ¡sí! Fournier, hablando como un laico católico, insiste en que ser un católico verdadero significa que uno es evangélico simultáneamente.[2] En sus propias palabras: «El reto que tengo como un católico cristiano es el mismo que para cualquier [evangélico] cristiano: llevar a las personas a Jesucristo, a una decisión personal de aceptarle como Salvador y Señor, para traerlos a un arrepentimiento y conversión personales... La iglesia existe para evangelizar, una misión que le confió su Cabeza, Maestro y Señor, el mismo evangelio, Jesucristo».[3]

Si estás familiarizado con el legado del Vaticano II, comprendes de dónde viene el énfasis en la fe personal y el evangelismo. La otra fuerza influyente detrás del catolicismo evangélico es el movimiento carismático que floreció en la década de 1970 y que continúa siendo un impulso vibrante en el día de hoy. Es muy frecuente que las parroquias católicas carismáticas no se distingan mucho de sus homólogas protestantes (aparte de la misa), como ilustra la descripción siguiente: «Un estilo carismático de oración es común en Cristo el Rey (una Iglesia Católica). Las personas tienen la libertad de levantar sus manos en oración y durante los cantos muchos oran sus propias oraciones de forma audible, algunos oran en lenguas, etc... Ellos oran con una oración expresiva o carismática en las reuniones mensuales de oración en la parroquia, al comienzo de las reuniones de la parroquia y más especialmente durante algunos momentos en la Santa Misa. Estas son algunas de las señales externas de una parroquia carismática. Las señales

---

2 Fournier, Keith, *Evangelicals Catholics?*, Thomas Nelson, Nashville, 1990, pp. 21-23. Esta categoría de católicos evangélicos usada con amplitud sigue siendo problemática porque a menudo no incluye un compromiso con la doctrina de la justificación por la fe sola, la cual es central a la creencia e identidad evangélicas. Sin embargo, tanto los católicos como los protestantes siguen usando el término en sentido sociológico por igual.

3 Ibid., pp. 18-19.

internas incluyen un sometimiento radical al señorío de Jesucristo en todos los aspectos de la vida, una fuerte adherencia al evangelio y las enseñanzas de la Iglesia Católica, y la búsqueda de fuertes amistades centradas en Cristo».[4]

Carismáticos o no, los católicos evangélicos poseen una fe que es personal, Cristocéntrica y orientada al alcance. Estas cualidades constituyen el puente que los relaciona con los evangélicos protestantes. Por ejemplo, toma el programa de alcance llamado Alpha. Nacido en la iglesia Holy Trinity en Brompton, una iglesia anglicana en Londres, Inglaterra, Alpha es un ministerio de evangelismo que da la bienvenida a los visitantes que no asisten a una iglesia y durante varias semanas consecutivas les dan comida, explicación del mensaje cristiano y comentarios. Durante dos décadas el programa ganó una enorme popularidad en muchas denominaciones protestantes, y ahora se usa en parroquias católicas, con el apoyo oficial de los obispos y los sacerdotes.[5]

Usualmente se le añade la enseñanza católica distintiva como un suplemento, pero por lo demás el mensaje de fe personal en Jesucristo es el mismo.

Algunas partes del país tienen una concentración más alta de evangélicos católicos.[6] Por lo general encontrarás más de ellos en comunidades donde existe una preponderancia de iglesias evangélicas protestantes.[7] Por ejemplo, recuerdo una iglesia evangélica católica en Long Island. Por otra parte, la mayoría de los católicos que conocí en Wheaton, Illinois, son de la variedad evangélica. Sabrás que estás hablando con un evangélico católico cuando observas las cualidades siguientes:

---

4 *www.rc,net/ansing/cyk.*

5 En particular, por el Cardenal Christoph Schönborn, Arzobispo de Viena y el Cardenal Walter Kasper, presidente del Concilio Pontifical para la promoción de la unidad cristiana.

6 De acuerdo a la Encuesta americana de identificación religiosa de 2008, el 18.4 por ciento de los católicos se identifican como «nacidos de nuevo», Kosmin, Barry A. y Ariela Keysar, ARIS: *Summary Report*, Marzo de 2009, Trinity College.

7 Para más acerca de esta tendencia, ver el artículo por John J. Allen Jr. «The Triumph of Evangelical Catholicism» [El triunfo del catolicismo evangélico], *National Catholic Reporter*, 31 de agosto de 2007.

- Menos propensos a considerar la fe como un asunto privado
- Practican la lectura personal de la Biblia
- Ven a los protestantes como hermanos
- Pueden ser carismáticos
- Una relación personal con Jesús es un valor principal

Hace poco pasé un sábado con algunos evangélicos católicos. La noche antes recibí un mensaje por correo electrónico de un miembro de la iglesia llamado Chad. Mi amigo Chad trabaja en una oficina en la que hay un gran balance de católicos y evangélicos. Es de suponer que cuando otros corredores de la bolsa hablan durante su tiempo de descanso, lo hacen acerca de tabaco y bodegas de vino, pero él y sus colegas católicos debaten teología.

Chad llamó para decirme que el famoso apologista católico Scott Hahn vendría al área y que uno de los colegas de Chad, llamado Chris, tenía un ticket extra. Él sabía de mi investigación y me invitó para que asistiera en su lugar. A los pocos minutos Chris y yo establecimos un lugar para encontrarnos a la mañana siguiente en la iglesia de Santa María de la Anunciación.

Parte de la popularidad de Hahn viene de su historia personal. Él había sido evangélico antes de convertirse al catolicismo. Yo sabía acerca de él porque asistió al Seminario Gordon-Conwell varios años antes que yo y allí fue un estudiante sobresaliente. Con la batería del laptop completamente cargada, guié a Mundelein esperando aprender.

El santuario de la iglesia estaba lleno a capacidad, más de setecientas personas. Era muy semejante a una conferencia de la Biblia, excepto por las estatuas y el agua bendita. Mientras Scott hablaba yo investigaba la multitud e hice algunas observaciones interesantes. Mucha gente tenía Biblias en sus regazos, algo que nunca había visto entre los católicos de la Costa Este. Durante los recesos ellos discutían la fe en términos personales. Compraban libros, CDs y hablaban de cómo comunicar el evangelio a los no creyentes.

Chris, mi anfitrión, nos llevó a sus amigos y a mí a un restaurante para el almuerzo durante el cual disfrutamos de un intercambio acerca de nuestras diferencias y similitudes religiosas. A la mitad del salmón asado y el arroz pilaf se encendió la luz. Estos amigos eran los evangélicos católicos que describió Fournier. Se sentían en libertad de hablar de su relación personal con Jesús, y al mismo tiempo afirmaban la presencia real de Cristo en la Eucaristía. Desde su perspectiva ellos poseían la plenitud de la fe evangélica, a diferencia de mí, con mi eclesiología anémica.

Chris determinó que comiéramos con Scott Hahn. Algo similar a cuando Jesús caminaba en medio de la densa multitud de judíos ofendidos que trataban de despeñarlo desde un barranco, Chris se las arregló para meterse a través del enorme gentío que rodeaba a Hahn para hacerle la invitación, pero Scott tenía que tomar un avión inmediatamente después de su última conferencia. Chris no se dio por vencido y ofreció que yo llevara a Scott al aeropuerto. Por alguna razón Scott aceptó.

Durante los cuarenta minutos de espera para que Scott terminara de firmar libros, fui a una cafetería cercana y llamé a mi esposa para informarle que llegaría tarde a casa. Mi esposa también conocía la reputación de Scott por medio de nuestro vecino del seminario, que era su cuñado. Como Jedi Knight que movía sus dedos con magia en un truco para persuadir las mentes de sus interlocutores, Scott por sí mismo influenció a más protestantes para que se convirtieran al catolicismo que el finado Arzobispo Fulton Sheen. Le prometí a mi esposa que si notaba cualquier movimiento hipnótico de los dedos cerraría los ojos o saltaría del carro si fuere necesario. Ella se consoló.

Durante la hora que nos llevó el viaje hasta el aeropuerto O'Hare, Scott y yo comentamos una gran variedad de asuntos. Un miembro de la parroquia era el que conducía, así que pude concentrarme en hablar. (Nosotros los italianos tenemos que usar nuestras manos cuando hablamos.) Hablábamos tan rápido y usamos tantos términos teológicos que el querido hermano detrás del volante nos miraba como si estuviéramos hablando japonés. Discutimos la Cristología Adánica en la comunidad de Qumrán, la influencia de Aquino en la visión mundial de Martín Lutero, la importancia de comprender el monergismo en la teología paulina y un montón de otros tópicos. Una o dos veces Scott trató su apología Jedi, pero yo miré por la ventana antes de que su mojo hipnótico me hiciera efecto. Sin embargo, aunque seriamente no estuvimos de acuerdo en muchas cosas, hablamos con respeto mutuo. Esto fue muy diferente a mi experiencia con los apologistas católicos tradicionales que describí antes. Esa noche, cuando llegué a casa, escribí las lecciones principales que había aprendido acerca de relacionarse con los evangélicos católicos:

- Ya que ellos son menos dados a tratar la fe como un asunto privado, es mas fácil hacer preguntas que pertenecen a Dios. Como la empresa de comunicar a Cristo es una parte central de su identidad, es natural plantear el asunto. Si tú no lo traes a colación, ellos pueden discutir muy bien el evangelio contigo. Si es así, puedes encontrarte en el extremo de recibir el evangelismo. En tal situación, es crítico que tú no los cierres con una respuesta rápida o una refutación. Este es el tiempo de escuchar con cortesía y de aprender. Toma nota de los asuntos en lo que estés de acuerdo con ellos. Afirma lo que es verdad. Si oyes una declaración que parezca extraña a las Escrituras, no es necesario que saltes sobre ellos para corregirla. Usa la sabiduría y ora para que cuando tengas la oportunidad de tratar el tópico, lo hagas manteniendo lo que dice 1 Pedro 3:15-16: «[háganlo] con gentileza y respeto, manteniendo la conciencia limpia».
- Nuestro compromiso común con la Biblia brinda grandes oportunidades para conversar con los evangélicos católicos. Muchos en nuestra comunidad de Wheaton se reúnen en sus hogares o en el edificio de nuestra iglesia y tienen estudios bíblicos con amigos católicos. Me gusta decir que la forma más fructífera de alcance local que tenemos en College Church es nuestro estudio bíblico semanal de mujeres, a los que vienen docenas de damas católicas, que algunas veces están expuestas a una mínima cantidad de estudio de la Biblia en sus parroquias locales, y se alimentan espiritualmente. Todo eso comenzó con una sencilla invitación a mirar dentro de la Biblia.

- Ya que los evangélicos católicos ven a los protestantes como hermanos, no es muy probable que haya la barrera de «nosotros contra ellos». En general, hay una disposición más positiva al inicio de la conversación, lo cual permite un progreso más fácil para la edificación de las relaciones.
- Aquellos de ustedes que son protestantes carismáticos se asombrarán de cuán similar es su estilo de adoración y el de los carismáticos católicos. Al principio yo llegué a una fe personal en una iglesia pentecostal. Poco después yo representaba una firma de colección de fondos en una parroquia carismática católica en Port Saint Lucy, Florida. En una noche que había una actividad de postres, conversé con los parroquianos acerca de sus rutinas espirituales y me asombré de cómo ellos se parecían a los pentecostales. Estos amigos habían leído muchos de los libros, usaban un lenguaje similar y perseguían el mismo fin de una devoción íntima con Cristo.
- Ya que una relación personal con Jesús es un valor principal de los evangélicos católicos, esto constituye otro denominador común importante. Muy parecido a la lectura de la Biblia, con toda naturalidad podemos comprometer a nuestros amigos en este aspecto al tratar tópicos de la dinámica espiritual, la disciplina de la oración, la adoración, consejería, discipulado, servicio y justicia social, para nombrar solo algunos.

EL CATÓLICO CULTURAL

Luego de dos años en mi cargo en College Church, me invitaron a hablar a los estudiantes de medicina de un hospital católico en Chicago. Me pidieron que usara treinta y cinco minutos contestando la pregunta «¿qué es un evangélico y qué implicaciones tiene nuestra teología para el cuidado de la salud?» Reservaron quince minutos para hacer comentarios al final.

Se rumoraba que en los meses anteriores prácticamente cada clérigo bajo el sol había aparecido para hablar acerca de la misma pregunta, es decir, cada uno excepto un protestante conservador. Los estudiantes evangélicos expresaron a la administración su frustración por el descuido y pidieron que se invitara a uno de los suyos. La voz principal entre estos estudiantes pertenecía a nuestra iglesia. Me invitaron a causa de su persistencia.

Al entrar al salón de clase, me dí cuenta que los salones de clases de la escuela de medicina eran más grandes que los que yo había tenido en el seminario. Cuando llegué al atril y miré a los más o menos sesenta estudiantes, decidí hacer algo que los predicadores protestantes hacemos en ocasiones. Deseché mi introducción e improvisé. Dije algo como esto: «Quiero darles las gracias. Mi esposa y yo tenemos una profunda deuda con los médicos. Desde nuestra perspectiva, ustedes son un reflejo del Médico Divino. Desde que a mi hijo mayor lo diagnosticaron con hemofilia severa, nosotros hemos visto las maravillosas formas en las que Dios usa a los médicos para impartir vida y esperanza a los que sufren».

Después de unos cuantos minutos de revelación cándida, sucedió algo especial. A través del salón se esparció una profunda quietud. Cuando expliqué el reto de llegar a las pequeñas venas de mi hijo con una aguja para sus infusiones, los estudiantes escucharon con gran interés. Más tarde supe que al principio de la semana la clase había estudiado los desórdenes de la sangre.

La conferencia fue mejor de lo que yo pude haber imaginado. Señales de asentimiento puntuaban cada sección, con un sentido de aprobación y aprecio general en los rostros de los estudiantes, es decir, hasta que llegué al segmento de preguntas y respuestas. Allí fue donde cambió el tono.

El punto de viraje fue una pregunta acerca de si yo consideraba que Jesús era el único medio de salvación. Cuando contesté de forma afirmativa, algunos estudiantes se quedaron visiblemente infelices. En su momento la conversación decayó a una simple pregunta controversial: ¿Es apropiado que los médicos comuniquen su fe de forma activa a sus pacientes? Como respuesta, enseguida la capellana católica se puso en pie profiriendo que bajo ninguna circunstancia un médico debía intentar proselitizar a sus pacientes porque al hacerlo así podía injustamente explotar la vulnerabilidad de su paciente. Con la conclusión de su declaración, todos los ojos se volvieron hacia mí para oír qué iba a decir el pastor evangélico.

Después de respirar profundamente y hacer una de esas oraciones de «Ayúdame Señor», le pedí a la clase que me aclarara cómo la escuela definía el cuidado holístico; en otras palabras, ¿incluía el modo de abordarlo un cuidado del espíritu junto con el del cuerpo? Luego de obtener una respuesta positiva, le pedí a la clase que describiera cómo se ve el cuidado espiritual desde un punto de vista cristiano. Al unir las respuestas concluí que el evangelio —las buenas nuevas de la muerte y resurrección de Jesús— es la fuente de la salud espiritual en la vida. Por último, sugerí que hasta que nuestros corazones no abracen esta realidad, considerar a Jesús con sinceridad como el único remedio para la muerte espiritual, los médicos no tienen otra elección que hablar de él, con sinceridad y amor, a sus pacientes. Hacerlo de otro modo sería contradecir nuestro llamamiento para

cuidar a las personas de modo holístico.

Luego de despedir a la clase, la capellana ofreció comprarme el almuerzo. Aunque nuestros puntos de vista diferían agudamente, ella fue una anfitriona muy cordial. Mientras comíamos un pollo estilo chino hablamos más acerca de su comprensión de Jesús. Sus comentarios eran algo así: «Chris, usted habla como si la verdad se aplicara a la gente de la misma forma. Si vamos a ser honestos, ¿no tenemos que admitir que todos nosotros construimos la verdad para que satisfaga nuestras necesidades y preferencias individuales? Para ser franca, me incomoda cuando la gente sostiene sus creencias de un modo absoluto. Usualmente esas personas están empujando una agenda personal: No me mal interprete, yo creo que es importante tener fe. El problema es insistir en que otros crean como nosotros. Está bien que usted y otros evangélicos miren a Jesús como su Salvador; pero no está bien imponer su punto de vista a todos los demás».

Mientras conducía a casa pensé en los comentarios de la capellana. Era evidente que el pensamiento post moderno había influenciado su visión de Jesús más de un poco. De acuerdo con este, la verdad se construye de modo subjetivo y relativo a las necesidades y deseos específicos de uno. Una comprensión de Dios puede ser cierta para mí sin tener que ser cierta para ti. Esta es la filosofía que está por debajo de la declaración citada a menudo: «Me alegra mucho que tu religión funcione para ti, pero por favor, no sugieras que yo también la necesito» (aunque nuestras afirmaciones acerca de Dios son contradictorias). La noción de una verdad divina que es obligatoria para todas las personas no solo se niega, sino que se ve con sospecha e incluso con desprecio.

Conduje desde la escuela de medicina hasta mi casa con una lista mental de cómo comparar a los católicos culturales con los otros perfiles.

- Es típico que consideren la fe como privada
- Mantienen que las creencias personales tienen más importancia que las revelaciones bíblicas o magisteriales
- En general ven a los evangélicos como estrechos, dogmáticos y demasiado exclusivos
- La identificación con el catolicismo puede ser poco más que una función o una herencia étnica o familiar
- Ven la verdad como relativa a las necesidades individuales y preferencias de uno

Tal vez te estés rascando la cabeza confundido acerca de por qué yo pondría a la capellana en la categoría de católica cultural. Estás pensando: «La querida niña dio su vida al ministerio. Es posible que su compromiso con Dios se eleve sobre el nivel del agua de la mera cultura. De hecho, Chris, su devoción puede muy bien sobrepasar la tuya».

Este es un buen punto y un importante calificador para comprender cómo estamos definiendo el perfil del católico cultural. Y en cuanto al compromiso con el ministerio de la capellana, no tengo dudas que este es firme y verdadero. Como con todos los perfiles, nuestra meta no es juzgar el corazón sino reconocer las fuentes de autoridad sobre las cuales basan su fe. La capellana no era ni tradicional ni evangélica porque las fuentes de autoridad que están por debajo de estas posiciones, la tradición y la Biblia, estaban en segundo plano a su opinión subjetiva de lo que constituye la verdad religiosa. Era su experiencia personal de Dios la que formaba su autoridad. La Biblia y la tradición eran parte del cuadro, pero no constituían partes muy grandes.

Cuando la mayoría de nosotros piensa en un católico cultural, es probable que pensemos en alguien que es nominal (católico de nombre). Durante varios años esto me describía a mí. Cuando estas personas entran al hospital o completan el censo, se inscriben como católicos romanos, aunque durante nueve años seguidos no han asistido a misa. O quizá asisten a misa dos veces al año, en Navidad y en Resurrección. Ellos son los «católicos de cafetería» que toman y escogen elementos de la religión que vienen bien a sus gustos, como el vegetariano escoge la lechuga y las cebollas de la línea de bufet en Bubba Rib Fest. Tal vez vayan a la iglesia cuando necesitan algo de Dios. Al igual que el protestante nominal, estos católicos usan la etiqueta religiosa aunque el cristianismo tenga poca o ninguna influencia en sus vidas.

En la Italia del norte, bajo el pórtico sobre la Vía Cavazzoni, conocí a Rosa. Su café estaba al cruzar la calle de mi residencia y yo lo visitaba muy a menudo. Los clientes entraban en busca de las bandejas de *paste* (pasteles) que estaban envueltos en papeles decorativos y ella saludaba a todos los clientes por sus nombres.

Dada la personalidad extrovertida de Rosa era fácil conversar con ella acerca de Dios, especialmente cuando me enteré que ella y su esposo eran oriundos de Catania, Sicilia, donde yo también tengo parientes. En buena parte del sur de Italia hay un catolicismo social que está bien relacionado con catedrales, rosarios y festivales. Rosa describió estas costumbres con alguna extensión.

En los bares italianos de café tú no te sientas. Estás de pie junto al mostrador y bebes tu expreso con un trago de agua carbonatada. (Y, a propósito, el capuchino es una bebida estrictamente matinal que no se ordena después de las 11:00 a.m. No pases el bochorno que yo pasé.) Los pasteles en la vidriera te hacen la boca agua. El color y el arreglo del cannoli, corneti (un pastel en espiral lleno de crema) y Napolitani rival de la calidad artística de la Capilla Sixtina. Antes de morder algo que yo casi no pude pronunciar, le pregunté a Rosa cómo era su relación con Jesús. Su respuesta fue fascinante. Ella dijo: «Mis creencias espirituales son privadas, no creo en la Biblia porque fue escrita por hombres». Ella usó unas palabras muy punzantes acerca de los clérigos católicos. Al final, y como la mayoría de su respuesta, ella describió una cierta parada siciliana dedicada al santo patrón de la pesca.

Sospecho que si algunos de mis congregantes de Wheaton, nacidos y criados evangélicos, hubieran estado presentes, se habrían quedado atónitos porque la respuesta de Rosa no tenía nada que ver con Jesús. Sin embargo, no me amedrenté en lo más mínimo porque hace veinte años yo hubiera contestado de la misma forma. Y sea la espiritualidad de la Nueva Era, el relativismo post moderno, la reticencia agnóstica o el paganismo antiguo, los católicos culturales toman sus señales de alguna otra parte menos de la enseñanza cristiana. A la luz de esta tendencia, verás a continuación algunas sugerencias de cómo puedes comunicarte con tus amigos y seres queridos que exhiban estas cualidades.

- Los católicos culturales consideran que la fe es un asunto privado porque ellos piensan que las creencias doctrinales son en su mayoría irrelevantes. Aunque el papa nunca aprobaría poner la fe en la categoría privada (si dudas esto lee el magnífico libro del Papa Benedicto titulado *Thruth and Tolerance*) al hacerlo así permitiría a los católicos culturales mantener puntos de vista no cristianos teniendo que dar cuenta por ellos. Si llegas a este reino privado sin que tus amigos te den permiso, corres el riesgo de dañar la relación. Por lo tanto, al igual que con los católicos tradicionales, cuando te encuentres esta respuesta, trátala con cuidado.
- Debido a que las creencias personales son más significativas que las revelaciones bíblicas o magisteriales, tú estás cantando una partitura de música diferente. Una vez más, tal diferencia no significa que desechemos las Escrituras. Así que la fe viene como resultado de oír el mensaje, y el mensaje que se oye es la

palabra de Cristo (Romanos 10:17). Sin embargo, no debemos esperar que nuestros amigos católicos culturales se persuadan de inmediato por la simple idea que la Biblia lo enseña. Aquí es donde el poder del testimonio personal es tan útil. Explica cómo Dios confirmó y desarrolló el evangelio en tu vida. Estas anécdotas tienen un enorme potencial para comunicar la verdad bíblica de una manera que resuene en las mentes orientadas a la experiencia.

- Cuando tú comprendes la opinión acerca de la verdad del católico cultural —la idea de que está socialmente construida y es relativa a las preferencias de uno— entonces puedes ver por qué ellos ven a los evangélicos como de mente estrecha, dogmáticos y muy exclusivos. Si mi profesor de filosofía estuviera hablando de esto, describiría la situación como una «diferencia de epistemología». Los cristianos creyentes en la Biblia ven la verdad como algo que en realidad podemos conocer (aunque imperfectamente). Es autoritativa y une a toda la humanidad porque procede de Dios. Nuestro reto es mantener esta convicción concerniente a la naturaleza absoluta de la Palabra de Dios de manera tal que esté llena de humildad y de gracia, como dice en 1 Timoteo 1:5: «Debes hacerlo así para que el amor brote de un corazón limpio, de una buena conciencia y de una fe sincera».
- Rosa es un buen ejemplo de cómo el catolicismo puede ser una función de nuestra herencia étnica o familiar. No importa que la persona sea polaca, italiana, filipina, mejicana o algo más, la lealtad al catolicismo puede surgir de nuestro origen étnico. Muy a menudo estas personas pelearán a capa y espada si sugieres que su catolicismo es de algún modo deficiente; mientras tanto, raras veces leen la Biblia o van a misa, no comunican su fe ni nunca visitan a un sacerdote. Una vez más, necesitamos señalar que los protestantes también son culpables de esto. «Yo soy bautista» ¿Por qué? «Soy de Kentucky, ¿qué piensas que voy a ser?». (Lo digo con el debido respeto a mis amigos de Kentucky.) En ambos casos, es necesario ayudar a nuestros seres

queridos a ver que seguir a Cristo es mucho más que ser parte de una cierta etnicidad o algo demográfico. La manera de hacer esto no es agarrarlos por el cuello. Por el contrario, es demostrar cómo Jesús con todo significado define cada faceta de tu vida y ora para que tu ejemplo guíe a tu amigo a una autoevaluación honesta. Con el tiempo, Dios puede proveer una oportunidad para que tú expliques la razón de tu esperanza en Cristo.

- La gente puede declarar que la verdad se construye social y relativamente, pero que nadie vive esa vida constantemente. El dicho «no hay ateos en las trincheras» es verdadero. Es inevitable que la vida nos presente circunstancias que exceden nuestros recursos y hagan que miremos honestamente hacia Dios. Es posible que pasen años antes que tus amigos alcancen este lugar, pero el día vendrá, puedes estar seguro. Ora pidiendo a Dios que mientras continúas ejemplificando la vida de Cristo, ellos te vean como un amigo seguro en quien pueden confiar cuando llega este día de prueba.

Mientras visitaba Italia, enseñé en una iglesia evangélica. Después de presentar una lección en particular, una monja, llamada Idana, se me acercó con una brillante sonrisa para expresarme su gratitud. Más tarde supe por mi anfitrión que Idana experimentó una especie de conversión y ahora es una excelente estudiante de la Biblia. En su vida como monja católica se ha identificado con cada una de las categorías que hemos discutido. Sirvió en el ministerio antes del Vaticano II y todavía, cuarenta años después, sigue sirviendo con fuerza. En años recientes una misionera evangélica influyó en ella. Tomé la siguiente selección del testimonio que gentilmente ella nos escribió. Mientras lo leas, anota cómo sus convicciones se centran en las prioridades evangélicas de las Escrituras y su relación personal con Dios:

Marzo 2008.

Aquí hay una breve reflexión de mi encuentro con la Palabra de Dios. Soy monja en el norte de Italia. Como resultado de la preciosa amistad con una iglesia evangélica en nuestra ciudad, ahora soy diferente. Llevo en mi corazón la atención a la Palabra de Dios y un anhelo creciente de conocerla. Creo que los rituales religiosos tales como las homilías de nuestros sacerdotes no son suficientes. No poseen el intercambio personal de la verdad que es mucho más sencillo y más conducente a amar a Dios.

Hoy me considero bendecida. Unas cuantas horas a la semana tengo la oportunidad de relacionarme con mi amiga evangélica. Dios la ha usado para mostrarme que su Palabra escrita es la autoridad que trae gozo. Es necesario dar prioridad a la Biblia y estudiarla cada día de modo que nos familiaricemos con ella, listos para manejarla en los distintos problemas que se presentan en la vida diaria. Ella vendrá espontáneamente, fluyendo de nuestro corazón e intelecto, la cita correcta en el tiempo correcto. Este es mi gran deseo. Esperar que Dios hable por medio de su Palabra.

Creo que la Biblia se interpreta a sí misma con la Biblia: esta es la clave, la manera central en la que se debe aplicar la verdad de Dios. En este punto nuestra fe llega a ser tanto objetiva como subjetiva: objetiva porque se basa sobre la Roca, la cual es Cristo Jesús; subjetiva porque es apropiada a nuestra experiencia personal. Es precisamente al vivir en esta tensión de interacción entre el Creador y la criatura que obtenemos una intimidad más grande con Jesús, el Dios-hombre.

Yo estoy interesada en la teología, y en particular en el tema de la vida eterna: «El que tiene al Hijo, tiene la vida» (1 Juan 5:12); «Porque tanto amó Dios al mundo, que dio a su Hijo unigénito, para que todo el que cree en él no se pierda, sino que tenga vida eterna» (Juan 3:16). «Ciertamente les aseguro que el que oye mi palabra y cree al que me envió, tiene vida eterna y no será juzgado, sino que ha pasado de la muerte a la vida» (Juan 5:24).

Gracias por la amistad que me ofreció esta oportunidad

para tener intercambios, así como para penetrar la Palabra de Dios, la cual es nuestro regalo y gozo.

En fede,
Srta. Idana

Algunos encontrarán que nuestros tres perfiles de católicos son demasiado limitados. Es posible que quieran señalar formas adicionales de catolicismo, tales como la espiritualidad latina, la devoción mística o proponentes de la justicia social. Esta es una observación válida. Sin embargo, hasta en estos ejemplos se aplican los tres perfiles. Por ejemplo, hay católicos latinos para los cuales el énfasis tradicional en Nuestra Señora de Guadalupe lo es todo. Otros latinos están más orientados a la Biblia. E incluso hay otros cuyo catolicismo no va más allá que la cruz de oro alrededor de sus cuellos, como en los católicos culturales. Mientras que los detalles y las creencias particulares de los católicos en cada uno de los perfiles puede variar, la autoridad básica por la cual ellos se suscriben por lo general tiene que ver con una de estas tres: tradicional, evangélico o cultural.

Pienso que el periodista católico Peter Feurdherd lo dijo bien: «La realidad religiosa es complicada, y el por qué la gente hace lo que hace con sus vidas espirituales viene de una mezcla completa de tradición, cultura y elección personal».[8] De acuerdo con esta realidad, debemos tener una mente misionera hacia nuestros amigos y miembros de la familia que son católicos. Esta perspectiva misional nos preparará para relacionarnos con ellos con un balance apropiado de gracia y verdad. En el capítulo siguiente consideraremos cómo podemos realizar este balance escurridizo.

---

8 Feuerherd, *Holyland USA*, p. 83

Capítulo 11

CÓMO RELACIONARSE CON LOS CATÓLICOS CON GRACIA Y VERDAD

Mientras caminaba a través de un puente, vi a un hombre preparándose para saltar. Corrí a su encuentro y le dije:

—Deténte. No lo hagas.

—¿Por qué no? —preguntó.

—Bueno, ¡hay mucho por qué vivir!

—¿Cómo qué?

—¿Eres religioso?

—Sí —dijo él.

—Yo también. ¿Eres cristiano o budista? —le pregunté.

—Cristiano.

—Yo también. ¿Eres católico o protestante?

—Protestante.

—Yo también. ¿Eres episcopal o bautista?

—Bautista.

—Yo también. ¿Eres bautista Iglesia de Dios o Iglesia del Señor?

—Bautista Iglesia de Dios.

—Yo también! ¿Eres Iglesia Bautista de Dios reformada, Reformada de 1879, o Iglesia Bautista de Dios reformada, Reformada de 1915?

—«Reformada de 1915» —dijo él.

—Muere, verdín hereje —le dije y lo empujé.[1]

Durante muchos años este chiste ha circulado como un ejemplo del peor dogmatismo protestante. Todavía anda por ahí porque tristemente contiene un poco de verdad. Algunas veces uno defiende esta conducta citando un texto bíblico como Judas 3, «sigan luchando vigorosamente por la fe encomendada una vez por todas a los santos». Por urgente que sea para nosotros mantener la doctrina correcta, las polémicas evangélicas con demasiada infrecuencia incluyen el amor por las personas (1 Timoteo 1:5) y un compromiso para preservar la unidad (Efesios 4:3).[2]

Por favor, no me mal entiendan, no estoy sugiriendo que debiéramos tener la mente tan abierta que los cerebros se cayeran de nuestras cabezas. También debemos discernir, como Pablo dice a los filipenses: «Esto es lo que pido en oración: que el amor de ustedes abunde cada vez más en conocimiento y en buen juicio, para que disciernan lo que es mejor» (Filipenses 1:9-10). Y si vamos a asumir una actitud crítica, que sea para defender el mensaje de la muerte y resurrección de Jesús (Gálatas 1:1-9). Lo que yo quiero criticar es la postura combativa que va directamente a la yugular de cualquier pobre alma que pueda discrepar con nuestro punto de vista en particular. Para mi vergüenza, yo he sido culpable de esto más de una vez.

EL FEUDO FAMILIAR

Después de mi primer año en el Instituto Bíblico Moody regresé a mi hogar en New York y me las arreglé para separarme de más de uno de los miembros de la familia y amigos católicos. Mi intención era genuina, pero al recordarlo, reconozco que me comporté como un perro

---

1 Twitchell, James B., *Shopping for God: How Christianity Went from in Your Heart to in your face*, Simon and Schuster, New York, 2007, pp. 113-14.

2 También puedes considerar Mateo 13:30: «Dejen que crezcan juntos hasta la cosecha. Entonces les diré a los segadores: Recojan primero la mala hierba, y átenla en manojos para quemarla; después recojan el trigo y guárdenlo en mi granero», o las palabras de Jesús cuando dijo: «El que no está contra nosotros está a favor de nosotros» (Marcos 9:40).

de presa doctrinal. La palabra *sophomore* captura la razón para mi estupidez. Esta palabra, que describe el segundo año de estudio en la universidad, viene de dos palabras griegas, *sophos* que significa «sabio» y moros que significa «tonto» (o más literalmente «morón»). Este es un lapso de tiempo que el teólogo alemán Helmut Thielicke llamó «la pubertad teológica», una fase típica en el desarrollo de cada estudiante en la cual su conocimiento excede la madurez espiritual.

Cuando asistía a Moody, acompañé a un profesor y a algunos compañeros de clase a una conferencia de tres días en Dallas titulada «Ex católicos para Cristo». Se celebró en una gran iglesia de la Biblia en los suburbios y atrajo a ex católicos de todo el país. La serie de lecciones era predecible: los maestros de la Biblia explicaban un texto bíblico (la mayoría de Gálatas) o daban una conferencia acerca de un suceso de la Reforma Protestante. En más de una sesión se describió al papa negativamente usando el libro de Apocalipsis.

Al final del segundo día algo captó mi atención. Por casualidad oí a una pareja de invitados disertantes discutiendo acerca de lo que ellos llamaban la «apostasía» de ciertos líderes cristianos por haber firmado el documento ecuménico «los evangélicos y los católicos juntos». Quizá la parte más perturbadora era el tono condescendiente con el cual hablaban. Pronto oí los mismos improperios y difamaciones que otros lanzaron. Entonces se me hizo obvio que, con pocas excepciones, este coro de disentimiento se había estado expresando en muy buena parte de la conferencia. Aunque yo estaba de acuerdo con muchas de sus preocupaciones teológicas, me sentí consternado por su espíritu de condena. Llegó al punto de ser tan perturbador que consideré salir a buscar un cuello clerical católico para usarlo en la sesión plenaria solo para ver cómo los individuos responderían ante la cara de una persona viva y respirando. El auto control prevaleció.

Me casé después de completar mis estudios en Moody, y mi esposa y yo nos mudamos a Nueva Inglaterra para que yo pudiera comenzar una licenciatura en divinidades en Gordon Conwell Theological Seminary. Una de las extraordinarias ventajas de Gordon-Conwell es el así llamado Boston Theological Institute (BTI).

BTI es un consorcio de nueve escuelas de divinidad en el área de Boston donde la inscripción está abierta para los estudiantes que deciden participar. La clase más memorable que tomé a través de BTI fue en la Escuela de Divinidad de Harvard con el profesor visitante N.T. Wright (un erudito británico del Nuevo Testamento). Además de escuchar las conferencias de Wright, los estudiantes se reunían en sesiones de una hora después de cada clase.

Si fuera a describir el perfil de nuestras reuniones de escape con una palabra, esta sería *ecléctica*. Esta variedad era parcialmente una función de Harvard; es probable que la otra razón fuera la popularidad del profesor Wright. Cualquiera que haya sido la causa, los estudiantes venían de una amplia gama de orígenes religiosos.

En una sesión, nuestra estudiante líder comenzó con una declaración fascinante. Ella dijo: «Todas las religiones del mundo tratan de contestar la pregunta: "¿cómo puedo ser salvo?". Podemos definir "salvo" de modos diferentes, no obstante, todos deseamos ser librados de un estado de asuntos hacia un nivel más alto de existencia». Luego señaló a varios alumnos alrededor de la mesa y les pidió que dieran una respuesta a su pregunta desde el punto de vista de su tradición religiosa. Yo nunca olvidaré lo que vino después:

—Enkyo, ¿cómo contestarías esta pregunta?

Enkyo cerró los ojos y habló con su típica voz suave.

—El budismo dice que sufrimos porque nuestros deseos no refinados ansían lo que es temporario. La solución para esto es el cese de todo deseo para realizar la no existencia del yo, conocido de otro modo como nirvana.

—Gloria, ¿cómo contestarías?

Gloria era una mujer joven, que era menos que afectuosa para el género masculino. Pensó durante un momento y respondió:

—Dios, la Madre divina, nutre a su creación con la leche de su espíritu cósmico. Nosotros observaremos la salvación cuando la humanidad deje de discriminar según la base de cualidades biológicas determinadas como el sexo.

—Vishnu, ¿cómo responderías la pregunta?

Era evidente que Vishnu había estado preparando su respuesta mientras que los otros hablaban porque con rapidez respondió sin detenerse:

—Como hindúes nosotros creemos que, por naturaleza, el hombre es bueno y hecho de la misma esencia de lo divino. El problema del hombre es que ignora su naturaleza divina. Debemos reconocer nuestra divinidad y debemos luchar por separarnos de los deseos egoístas para obtener la iluminación.

—Peter, ¿cómo contestarías la pregunta?

Peter, un estudiante católico, pensó durante un momento y luego, con sencillez, recitó el Credo de los Apóstoles:

—Creo en Dios, el Padre Todopoderoso, Creador del cielo y de la tierra, y en Jesucristo, su único Hijo, nuestro Señor: que fue concebido del Espíritu Santo, nacido de la Virgen María, sufrió bajo Poncio Pilato, fue crucificado, muerto y sepultado. Descendió al infierno. Al tercer día resucitó de los muertos. Ascendió al cielo y está sentado a la diestra de Dios el Padre Todopoderoso. De allí vendrá para juzgar a los vivos y a los muertos. Creo en el Espíritu Santo, la santa Iglesia Católica, la comunión de los santos, el perdón de los pecados, la resurrección del cuerpo y la vida eterna. Amén.

Su respuesta me impactó porque era la única que yo hubiera dado.

De la respuesta de Pedro aprendí una profunda lección. Mientras que hay muchas doctrinas importantes que dividen a los católicos y a los evangélicos, también hay mucho en lo cual estamos de acuerdo (por ejemplo el Credo de los Apóstoles y el Credo Niceno). Este pequeño incidente me ayudó a ver nuestras similitudes de formas nunca antes vistas. Esta misma idea vendría a la superficie varias veces más antes de terminar el semestre. Por ejemplo, cuando nuestra clase debatió la veracidad de la resurrección de Jesús, Peter y sus compañeros estudiantes de doctorado del Boston College ofrecieron argumentos demoledores contra nuestros estudiantes protestantes liberales. Peter no solo ofreció refutaciones convincentes a aquellos que negaban la tumba vacía, él también explicó la resurrección de formas que conmovían el alma. A pesar de las diferencias doctrinales importantes, estos eruditos católicos fueron nuestros aliados en los debates teológicos, e igualmente importante, nuestros hermanos en Cristo.

CÓMO VEMOS A LOS CATÓLICOS

Algunos lectores acaban de lanzar la copia de este libro contra la pared gritando algo que contiene las palabras *ecuménico* y *lunático.* Esto es bueno. Necesitas sacarlo de tu sistema. Pero antes de que me transfieras a la sociedad herética de Judas, Arrio y Pelagio, déjame explicarte un poco más.

Entre los evangélicos hay una variedad de maneras de ver a los católicos. Nuestro punto de vista particular naturalmente informa cómo los consideramos y nos relacionamos con ellos. Algunos se sienten llamados a lanzar a los católicos desde el puente proverbial. Otros nadan río abajo, sujetando un salvavidas con sus dientes. Cualquiera que sea la posición que tú mantienes, es importante estar conscientes de esta porque de otra manera vas a estar lanzando libros por todo el salón sin saber por qué.

Un amigo mío llamado Jim Hatcher ha creado una herramienta muy útil para evaluar las formas en que los evangélicos ven a los católicos. Él sirvió en Austria durante muchos años y está bien equipado con los matices de estas posiciones. A medida que lees a través de su bosquejo, considera qué categoría te describe mejor.

Evangélicos[3] y católicos romanos
Una taxonomía de los enfoques evangélicos

Muy activos en contra de los católicos romanos	Los evangélicos con una activa tendencia anti católicos romanos tienen un fuerte enfoque en las enseñanzas y prácticas de la Iglesia Católica Romana que ellos sienten que son contrarias a la enseñanza bíblica.

3 «Evangélicos» aquí se definen como los cristianos protestantes que están de acuerdo con las «Bases de Fe» de la Alianza Evangélica Europea. Usado con permiso de James Hatcher.

Sienten que los errores de estas enseñanzas y prácticas son tan sustanciales y fundamentales que la mayoría de los evangélicos con este enfoque piensan que es virtualmente imposible ser ambas cosas, un cristiano nacido de nuevo y un miembro practicante de la Iglesia Católica Romana. Las iglesias y los individuos con este enfoque sienten que es importante, con regularidad y decisión, explicar estas diferencias. La relación con los católicos romanos se limita en general a evangelizarlos y a polémicas públicas, en las cuales se exponen los errores percibidos de la enseñanza y práctica de los católicos romanos.

Pasivos anti católico romanos	Los evangélicos con un enfoque pasivo anti católico romano participan de las convicciones de aquellos que son activos anti-católicos romanos concerniente a las enseñanzas y prácticas de la Iglesia Católica Romana. Sin embargo, generalmente no usan la plaza pública para criticar aquellas enseñanzas y prácticas. Aunque tienden a tener un fuerte deseo de aclarar las distinciones entre ellos, evitan relacionarse con las instituciones católicas romanas y la relación con los miembros católicos romanos por lo general se limita al evangelismo.
Coexistente	Los evangélicos con un enfoque de coexistencia se preocupan de no antagonizar con los católicos romanos, así que no critican abiertamente a dicha iglesia ni tampoco sus enseñanzas o prácticas. Es raro que muchos evangélicos con este enfoque se preocupen por los asuntos doctrinales de cualquier índole, incluyendo a los que se relacionan con los católicos. Si las diferencias son evidentes, procuran no tratarlas. Su postura se describe mejor como ambivalente.

Identidad positiva	Los evangélicos con un enfoque de identidad positiva hacia los católicos romanos están relativamente abiertos a sus distinciones, aunque evitan criticar la Iglesia Católica Romana. Ellos buscan un terreno común y una relación positiva con los católicos romanos y sus instituciones. Mientras que son cautelosos, están abiertos para cooperar con ellos en proyectos sociales aislados tales como los esfuerzos a favor de la vida y la ayuda en los desastres. Sin embargo, dudan cooperar con el evangelismo, ya que rechazan tanto la institución y la autoridad de la Iglesia Católica Romana como ciertas doctrinas centrales. Las diferencias menos centrales, según las perciben estos tienden a minimizarse.
Simbióticos	Aunque los evangélicos con el enfoque simbiótico mantienen medulares distintivos, dan la bienvenida y hasta pueden buscar la cooperación con los católicos romanos en múltiples frentes. Como con el enfoque coexistente, rara vez las diferencias son el contenido de la enseñanza interna o el debate público. Sin embargo, por contraste, los recursos y las energías se extienden para tratar de encontrar puntos de contacto positivos, enfatizando las creencias y prácticas comunes y apoyando causas comunes. Esto podría incluir la cooperación con «creyentes» católicos en esfuerzos de evangelismo. Los evangélicos con este enfoque no desean que se les perciba como compitiendo con las instituciones católicas romanas.
Ecuménicos	Los evangélicos con un enfoque ecuménico tratan de edificar puentes con los católicos romanos en busca de la unidad; desalientan el evangelismo entre los católicos romanos activos y el terreno común es el tema tanto de la proclamación pública como de la enseñanza interna. Las diferencias por lo general se perciben como un

	asunto de preferencia, histórica y cultural y no como asuntos teológicos y fundamentales. Los evangélicos con este enfoque hacen un amplio uso de las instituciones católicas romanas y otras estructuras interconfesionales.
Renovación interna	Los evangélicos con un enfoque de renovación interna para los católicos romanos tratan de trabajar dentro de la Iglesia Católica y sus instituciones. Su deseo es estimular la renovación con la meta de restaurar a los católicos romanos «pródigos» tanto a la fe personal como a la Iglesia Católica. A menudo su enfoque es el evangelismo y el discipulado personal por medio del estudio de la Biblia bajo la autoridad de, o a lo menos en cooperación con, el sacerdote de la Iglesia Católica Romana y la parroquia local. Las distinciones divisivas en la enseñanza o práctica se evitan o se minimizan.

Tal vez te estés preguntando en cuál categoría encajo yo. En general, yo simpatizo más con la posición de identidad positiva. Los lectores que también se identifican con esta categoría (junto con la posición simbiótica) están disfrutando este libro y lo recomendarán a sus amigos. Es probable que los lectores que son activos anti católicos estén frustrados. Tal vez algunos de ellos estén buscando una dirección de correo electrónico o un sitio en la Internet para escribirme un mensaje mordaz completo con referencias a las copas del juicio en Apocalipsis y el lago de fuego. Los lectores ecuménicos o de renovación interna piensan que yo uso mi ropa interior teológica un poco apretada. «Relájate», dicen ellos. «Estamos en el siglo veintiuno. Ya dejó de ser doctrina, ahora es acerca del amor. Quítate tu hábito modernista que trata de definir la verdad, y te darás cuenta que la Reforma se acabó».

No estoy colgado a la terminología, pero creo que la posición que Hatcher llama identidad positiva es preferible porque busca mantener una comprensión de la redención distintivamente evangélica[4] (de

4 Ver el capítulo 8 para una explicación de dónde difieren los católicos y los evangélicos en los puntos tocantes a la salvación.

aquí la limitada cooperación con el evangelismo) mientras que de manera simultánea reconoce el acuerdo significativo entre católicos y evangélicos (en particular en la esfera del alcance social).[5] Se necesita un equilibrio de esta clase. Como mencioné antes, Jesús personificó y expresó un equilibrio de «*gracia y verdad*» (Juan 1:14, énfasis del autor). Como seguidores de Cristo, nosotros, la iglesia, estamos llamados a hacer lo mismo. No todos cortaremos la cebolla exactamente del mismo modo, pero debemos cortarla. Si echamos fuera toda la cebolla o la consumimos entera, hemos fallado en hacer el trabajo difícil de mantener las dos virtudes.

En mi papel como pastor a menudo observo cómo las personalidades se inclinan hacia uno de los dos polos, gracia *o* verdad. Es natural que algunos de nosotros nos parezcamos a las ovejas y otros nos parecemos más a los perros de presa. Así es la vida en un mundo lleno de personas creadas únicas. Como consecuencia, no nos debe sorprender que discrepemos en cuanto a la manera de manejar los asuntos específicos, pero tal falta de acuerdo no debe minar la empresa de tratar de navegar de manera pensativa a través de nuestras diferencias. Aunque debemos estar de acuerdo en discrepar en algunas cosas, un diálogo cortés es un método más cristiano de abordar los asuntos que estar lanzando granadas polémicas sobre la cerca eclesiástica.

Una de las razones por las cuales los cristianos evangélicos no logran comprometerse en el proceso de balancear la gracia y la verdad entre los católicos es el exceso de confianza aparejada con una falta de respeto para la otra persona. En su libro *Humble Apologetics*, el autor John Stackhouse elucida esta idea:

> Para decirlo con más agudeza, debiéramos sonar como si realmente respetáramos la inteligencia, el interés espiritual y la integridad moral de nuestros vecinos. Debemos actuar como si viéramos la misma imagen de Dios en ellos... Esa es una voz

---

5 Tengo presente el contexto de los Estados Unidos. Otras partes del mundo, como Italia o Latino América, por ejemplo, pueden funcionar de modo muy diferente en cuanto a esto y por eso excluye la clase de asociación que es posible en Norte América.

> que habla con autenticidad de las convicciones cristianas acerca de nuestras propias limitaciones reales y la dignidad muy real de nuestros vecinos, no una conveniencia cínica. Somos retóricamente humildes porque *no* somos profetas infaliblemente inspirados por Dios, ni mucho menos aquel Hijo que pudo hablar «con autoridad» en una forma en la que nadie más puede hablar. Nosotros solo somos meros mensajeros de ese Único: mensajeros que ardientemente queremos hacer las cosas bien, pero que olvidamos ese pedacito del mensaje o que nunca quizá lo comprendimos; somos mensajeros que nunca vivimos por completo a la altura de sus propias buenas nuevas; mensajeros que reconocemos las ambigüedades en el mundo que hace el mensaje más difícil de creer; y por consecuencia somos mensajeros que podemos simpatizar con los vecinos que todavía no están listos para creer todo lo que nosotros estamos diciendo.[6]

Ser humildes no significa que tengamos que comprometer nuestra convicción de lo que constituye la verdad como tampoco ser manso sugiere que uno esté privado de fuerza. Jesús era todopoderoso, y a pesar de eso se humilló a sí mismo hasta la muerte, incluso la muerte de cruz (Filipenses 2:1-11). Solo cuando tenemos una convicción informal, habiendo tomado tiempo para escuchar, aprender y pensar, es que poseemos el valor que se requiere para relacionarnos con otros de una manera vulnerable y humilde. Por el contrario, al atacar al que no está de acuerdo con nosotros, demostramos nuestra inseguridad. Una vez más, Jesús es nuestro ejemplo. Aunque era Dios, Jesús no explotó su deidad, sino que se hizo nada, tomando forma de siervo (Filipenses 2:6-7). Este, realmente, es el camino cristiano.

Hasta aquí este capítulo ha tenido el interés de adquirir una perspectiva bíblica, Cristocéntrica, sobre el catolicismo. En un sentido esa es la mitad de la ecuación. Una vez que aprendamos a mirar a los

---

6 Stackhouse, John G., Jr., *Humble Apologetics: Defending the Faith Today*, Oxford Univ. Press, Oxford, 2002, p. 229.

católicos a través de los ojos de Jesús, nos comunicaremos con ellos eficientemente a la luz de sus valores y prioridades particulares.

CÓMO COMUNICARNOS CON LOS CATÓLICOS ACERCA DEL EVANGELIO

Evangelismo es hablar con alguien acerca del evangelio. En mi papel como pastor de alcance, a menudo oigo a las personas describir el evangelismo de otro modo. Para aclarar su significado, la definición siguiente y la exposición subsecuente de la misma nos permitirá comprenderlo mejor.

> Evangelismo es la actividad en la cual toda la iglesia con oración e intención confía en Dios para comunicar el evangelio de amor y verdad, para llevar a las personas un paso más cerca de Jesucristo.

Toda la iglesia. La iglesia es el cuerpo de Cristo. Como tal, extendemos la esperanza al mundo cuando comunicamos el mensaje de la muerte y la resurrección de Jesús. El evangelio de alcance no es simplemente una opción de ministerio entre muchos, algo que solo hace un evangelista dotado. Por el contrario, comunicar a Cristo toca el corazón de lo que somos. Así como Jesús es la luz del mundo, quien en su propio ser brilla la esperanza de salvación, nosotros, en Cristo, somos lo mismo. De este modo, la actividad del evangelio es central a nuestra identidad, del mismo modo que el calor es una extensión natural de los rayos del sol. Este llamamiento para evangelizar aplica a cada cristiano, desde el más joven hasta el más anciano.

Con oración. Hablar con Dios en oración se relaciona con cada faceta de la empresa de evangelizar. La oración da sabiduría al evangelista; le asigna el poder para su proclamación y de alguna manera misteriosa Dios la usa para cumplir sus propósitos redentores. La oración también es el común denominador de cada movimiento de renovación en la historia de la iglesia de Cristo.

Intención. El evangelismo sucede con intencionalidad. Luego que los líderes de la iglesia inspiran, equipan y movilizan, la congregación está en posición de aprovechar las oportunidades para el evangelio. Por ejemplo, hace poco observé a una jovencita que caminaba para arriba y para abajo por una escalera mecánica de un centro comercial cercano. Tan pronto como la niña dejó de caminar, comenzó de inmediato a dirigirse hacia abajo. Sin embargo, con algunos pasos adicionales continuó moviéndose hacia arriba. Esta ilustración me ayuda a pensar en el reto de mantener el evangelio de alcance. La vida tan ocupada y la gravedad del egoísmo nos empujan hacia abajo. Hasta donde seamos intencionales, el evangelismo tiene el potencial para progresar.

Confianza en Dios. El Salmo 18:2 dice: «El SEÑOR es mi roca, mi amparo, mi libertador; es mi Dios, el peñasco en que me refugio. Es mi escudo, el poder que me salva, ¡mi más alto escondite!» El salmista intenta exaltar a Dios como el fundamento de su salvación y lo hace así escogiendo ocho formas diferentes de decirlo. En el idioma hebreo, como en cualquier idioma, esta manera de repetición subraya el punto con énfasis: ¡la salvación es de Dios! Por causa de esta gran verdad, podemos con gozo y confianza descansar en él.

Revelar el evangelio de amor y verdad. Ser cristiano es más que ser una persona amistosa. Tengo el privilegio de conocer a algunas personas muy agradables. Mi colega Jay Thomas, por ejemplo, siempre parece estar contento. Incluso más, su gozo es contagioso. Si le preguntas, te dirá que su actitud positiva proviene de su fe. Sin embargo, sospecho que luego de ver a Jay jamás nadie ha llegado a la conclusión: «¡Este es un sujeto agradable! Ahora sí creo que Jesús murió por mis pecados y se levantó de los muertos para darme perdón y vida eterna». Esta clase de inferencia no viene de una deducción abstracta; requiere que se explique. Para lograr el alcance, necesitamos más que un servicio amistoso, debemos comunicar el contenido del evangelio.

Para traer personas a Dios. Nota que no dice «para traer a los incrédulos»; dice para traer «personas». Como expliqué antes, evangelismo —la actividad de comunicar el evangelio— es mayor que solo la conversión. Después de venir inicialmente a Cristo, todavía necesitamos el evangelio para liberarnos del pecado y establecernos en la justicia. Por lo tanto, decir que evangelizamos a alguien no significa que el recipiente necesariamente carezca de fe.

Al mismo tiempo, aquellos que están apartados de Cristo tienen una gran necesidad del evangelio. Esta necesidad provee mucha motivación para el alcance de evangelismo. Como consecuencia, nosotros, los que hemos estado en la iglesia durante un tiempo, debemos romper nuestro santo grupo cerrado. Como Jesús, el amigo de los recolectores de impuestos y de los pecadores, debemos forjar relaciones significativas con los no creyentes. En las palabras de Jesús: «Ustedes son la luz del mundo. Una ciudad en lo alto de una colina no puede esconderse» (Mateo 5:14).

Un paso más cerca de Cristo. De todos los puntos que he tocado hasta aquí, este es el que más me apasiona. Algunas veces definimos el evangelismo por un método particular. Para muchos de nosotros es la manera de abordarlo que D.L. Moody hizo popular, o más recientemente, Billy Graham. Por consiguiente, pensamos en el evangelismo como una presentación completa del evangelio que comienza explicando el problema del pecado en el ser humano y culmina con una invitación para recibir a Cristo.

Yo no sé acerca de ti, pero la mayoría de mis encuentros con el evangelio no me permiten un sermón bien redondeado. La meta del evangelista durante una cruzada es presentar con claridad todo el mensaje y urgir a alguien a hacer una decisión. (Es probable que no haya sido accidental el que la revista de la Asociación Evangélica de Billy Graham se llame *Decisión*). Sin embargo, si defines todo el evangelismo de ese modo, ¿qué pasa cuando solo tienes dos minutos para hablarle a un colega junto a la nevera durante un receso? ¿Cómo le testificas a la persona que cobra en el supermercado, o a un miembro de la familia que sabe lo que tú crees y no tiene interés alguno en oírte más sermones? La respuesta es: no lo haces. No dices nada. No podemos comunicarnos de esa manera sin alejar a la gente; por lo tanto, no comunicamos nada. El resultado es el mismo que esconder nuestras lámparas debajo de la mesa proverbial. Lo que necesitamos aprender es cómo plantar poco a poco semillas de la verdad del evangelio para ayudar a la gente a llegar un paso más cerca a Cristo. Por eso, en lugar de definir el evangelismo estrictamente como una presentación comprensiva de todo lo que se puede decir acerca de la salvación, culminando con una invitación al estilo de Billy Graham, necesitamos ver que los esfuerzos incrementales de la siembra de semillas, lo cual hacemos en el curso de una relación natural, no solo sean una forma de evangelismo legítimo sino un método crítico entre nuestros seres queridos católicos.

■■■

Una vez que comprendamos el significado de la palabra *evangelismo*, podremos comenzar a reflexionar cómo hacerlo en realidad. El contexto particular en el cual uno está operando debe informar al método que emplearemos. Por eso, concluiremos este capítulo considerando cómo podemos ministrar el evangelio en el contexto de nuestros amigos y familiares católicos.

Con el interés de traer algunas organizaciones a los principios siguientes, los he puesto en una estructura sencilla. Para usar la metáfora del semáforo, veremos la luz roja (hábitos que debemos cancelar), la luz amarilla (aspectos de precaución) y la luz verde (buenas prácticas normales) como modos de abordar el evangelismo. Doy por sentado que los evangélicos toman sus vitaminas y tienen exámenes regulares de la vista, así que estos colores nos ayudarán a conducir a través de intersecciones relacionales con más eficiencia.

LUZ ROJA

No seas un perro de presa

En nuestro celo por defender la enseñanza bíblica, algunas veces nos acercamos a los católicos con la postura de un adversario. En lugar de manifestar el amor de Jesús, somos como los perros de presa con espuma en la boca. Es crítico que recordemos las palabras de Jesús en Mateo 22:37-39: «Ama al Señor tu Dios con todo tu corazón, con todo tu ser y con toda tu mente». Este es el primero y más importante de los mandamientos. El segundo se parece a este: «Ama a tu prójimo como a tí mismo». ¿Te has preguntado alguna vez por qué el segundo mandamiento es como el primero? Es porque las personas están hechas a la imagen de Dios y por eso merecen el mayor respeto.[7] En lugar de solo escuchar hasta donde nos ayude a tramar nuestra próxima réplica incendiaria, el amor bíblico se compromete a escuchar con una postura humilde para comprender y bendecir al otro.

No intentes discutir con las personas para entrarlas al reino

Cuando comunicamos el evangelio a los católicos, a menudo cometemos el error de pensar que nuestras conversaciones debieran tratar de asuntos doctrinales. Esto no es solo incorrecto, es imposible. Cuando le hablamos a un amigo acerca de la fe, no hablamos directamente a sus creencias religiosas, hablamos a una *persona* que mantiene creencias religiosas. Esta es una distinción crucial que a menudo pasamos por alto. Stackhouse puso su dedo en eso: «Voy a expresarlo de manera severa, "si el mensaje sin vida" fuera suficiente, Cristo no hubiera necesitado hacer milagros, ni tampoco fomentar relaciones personales mediante la cuales enseñar el evangelio a los que creerían en él y lo extenderían por el mundo. Él sencillamente podía haber alquilado escribas para escribir y distribuir su mensaje».[8]

Con franqueza, esto es lo que me frustra acerca de la mayoría de los libros escritos que procuran preparar a los evangélicos para discutir su fe con los católicos. Ellos parecen pretender que si tú solo amontonas suficientes pruebas, los católicos no tendrán otra opción que someterse bajo el peso de tus argumentos. Desde luego, tenemos que tener evidencias confiables y debemos saber cómo ponerlas en orden con eficiencia, pero no podemos ignorar las dinámicas personales que hacen nuestra comunicación (cosas como la credibilidad, la integridad personal y la fusión de la religión católica con la identidad étnica o

---

7 De igual modo, el apóstol Pablo describe la naturaleza del verdadero amor en 1 Corintios 13 cuando dice que «todo lo disculpa, todo lo cree, todo lo espera, todo lo soporta».

8 Stackhouse, *Humble Apologetics*, p. 134.

cultural de uno). Para ver más de estas dinámicas y cómo navegar a través de ellas, revisa los perfiles en el capítulo 10.

No participes de la misa

Si estás asistiendo a la misa por alguna razón, nosotros, los que fuimos católicos, alguna vez podemos sentir la tentación de recibir la comunión. Puede que hayas empleado la mayor parte de tu vida recibiéndola, y en muchas circunstancias entrar en la línea Eucarística puede evitar inconveniencia con los amigos y familiares católicos. Sin embargo, lo que debemos entender es que desde el punto de vista de la Iglesia Católica, nosotros no estamos en comunión con ella y por lo tanto es inapropiado participar. Es más, recibir la ostia envía un mensaje mixto a nuestros amigos católicos, porque a sus ojos el participar es equivalente a afirmar que la galletita es en verdad el cuerpo de Cristo. (Esto es precisamente lo que dices antes que el sacerdote la ponga en tu lengua o en tu mano.) Por estas razones es apropiado abstenerse.

LUZ AMARILLA

Sé cautoloso en cuanto al uso del lenguage

Algunas veces cometemos el error de pensar que como empleamos la misma terminología, tenemos una comprensión común de lo que tales palabras significan. Lo que sigue es una lista de términos resbaladizos que regularmente socaban nuestra comunicación con los amigos y familiares católicos.

Unción: A menudo los católicos asocian la palabra *unción* con el sacramento de la confirmación. Es también un elemento litúrgico del bautismo y las santas órdenes (ordenación). Muchos evangélicos, en particular los de tradición carismática, usan el término *unción* para describir el poder espiritual que posee y expresa la persona que sirve al evangelio.

Bautismo: Para los católicos este es el primero de los siete sacramentos. Se cree que quita la culpa e imparte vida espiritual. El agua se vierte sobre la cabeza mientras que un ministro pronuncia la invocación Trinitaria: «el Padre, el Hijo y el Espíritu Santo». La mayoría de los evangélicos consideran que el bautismo es un sacramento (u ordenanza) que significa identificación con Cristo sin que en realidad sea la causa de una transformación espiritual.

Cuerpo de Cristo: Cuando los católicos hablan del «cuerpo de Cristo», se refieren a la presencia sacramental de Jesucristo en la Eucaristía bajo la apariencia de pan y vino. Por otra parte, es típico que los evangélicos piensen en el pueblo de Dios, la iglesia.

Iglesia: Los católicos reconocen tres usos inseparables de la palabra *iglesia:* la unión mundial del pueblo de Dios, una asamblea regional *(diócesis)*, y una parroquia local (que se reúne para celebrar la Eucaristía). Muy a menudo los católicos usarán la palabra *iglesia* para describir al edificio o facilidad en el cual el pueblo de Dios se reúne para adorar. Aunque están de acuerdo con las tres designaciones para el pueblo de Dios (universal, regional y local) los evangélicos en principio son reticentes para usar la palabra *iglesia* en relación con el edificio.

Comunión: Entre los católicos, la comunión es la unión a Cristo y a otros del pueblo de Dios. «La Eucaristía es "fuente y cima de toda la vida cristiana"».[9] El punto de vista evangélico de la Eucaristía es diferente en que nosotros no le asignamos la misma función sacramental, es decir, la transubstanciación.

Confesión: Los católicos ven la confesión como un elemento crítico del sacramento de la penitencia y la reconciliación. Está asociada con decir al sacerdote nuestros pecados, aunque al parecer, son pocos los católicos que en la actualidad mantienen esta rutina. Los evangélicos dirán sus pecados en oración directamente a Dios, o quizá a un amigo creyente en el contexto de una relación en la que se rinden cuentas mutuamente.

Palabra de Dios: Los católicos entienden que la Palabra de Dios es la revelación de Jesucristo contenida en las Escrituras *y* en la Sagrada Tradición. Los evangélicos tienden a pensar en la Biblia cuando hablan de la Palabra de Dios.

---

9 *Catecismo de la Iglesia Católica*, 1324.

Evangelio: El evangelio es las buenas nuevas de salvación en Jesucristo. A menudo los católicos pensarán en el depósito apostólico de la fe o de los cuatro libros en el Nuevo Testamento llamados los Evangelios. Los evangélicos son más propensos a usar esta palabra para describir el mensaje que se predica o se comunica en el contexto del evangelismo personal.

Oración: A pesar de los evangélicos católicos, es usual que la mayoría de las oraciones católicas se escriban con anticipación o se lean de una tarjeta o libro. Es más, las oraciones católicas se pueden dirigir a cualquier cantidad de santos. Es usual que los evangélicos no lean oraciones. Estas tienden a ser espontáneas y dirigidas solo a Dios en el nombre de Jesús.

Religión: Para los católicos esta es una palabra positiva que describe las formas tangibles de la fe mediante la cual se relacionan Dios y la humanidad. Entre los evangélicos tiene la connotación de rituales mecánicos por los que uno intenta merecer la salvación. De hecho, es común oír a los evangélicos promover la relación con Dios más bien que la religión.[10]

Arrepentimiento: Los católicos usan esta palabra cuando hacen *la contrición* y *la reconciliación* como un ingrediente necesario para recibir el sacramento de la penitencia. En lugar de asociarlo con un sacramento, a menudo los evangélicos ven el arrepentimiento como un componente de la conversión (como en «arrepentimiento y fe»).

Salvación: La Iglesia Católica comenta acerca de la salvación en el catecismo:

> Por su Cruz gloriosa, Cristo obtuvo la salvación para todos los hombres. Los rescató del pecado que los tenía sometidos a esclavitud.
>
> "Fuera de la Iglesia no hay salvación" ¿Cómo entender esta afirmación tantas veces repetida por los Padres de la Iglesia?

---

10 Sin embargo, los evangélicos harían bien en recordar que las Escrituras usan el término *religión*. Como dice Santiago 1:27: «La religión pura y sin mancha delante de Dios nuestro Padre es ésta: atender a los huérfanos y a las viudas en sus aflicciones y conservarse limpio de la corrupción del mundo».

> Formulada de modo positivo significa que toda salvación viene de Cristo-Cabeza por la Iglesia que es su Cuerpo. ... Esta Iglesia peregrina es necesaria para la salvación. Cristo, en efecto, es el único Mediador y camino de salvación que se nos hace presente en su Cuerpo, en la Iglesia.[11]

El modo particular en que Dios hace esto es por medio del sistema sacramental, lo cual es lo que la mayoría de los católicos piensa cuando oyen la palabra *salvación*. (El evangélico católico difiere en esto.) Por eso se entiende que la salvación cubre la vida entera, desde la pila bautismal hasta la tumba. Por otro lado, es común que los evangélicos usen la palabra *salvación* como sinónimo de *justificación*, el momento cuando uno entra al favor de Dios. Esta diferencia es en parte el motivo por el cual los católicos son incrédulos cuando hablamos acerca de «ser salvos». Ya que ellos consideran que la salvación ocurre durante todo el tiempo de vida, se preguntan: «¿Cómo es posible que alguien pueda saber la respuesta antes de morir y pasar por el juicio?»

Pecado: La Iglesia Católica enseña que pecado es «una falta contra la razón, la verdad, la conciencia recta; es faltar al amor verdadero para con Dios y para con el prójimo. [Es] una palabra, un acto o un deseo contrarios a la ley eterna... "Conviene valorar los pecados según su gravedad. La distinción entre pecado mortal y venial, perceptible ya en la Escritura se ha impuesto en la tradición de la Iglesia.».[12] Según enfatiza esta definición, cuando los católicos hablan de pecado, tienen en mente las acciones malas que uno comete. Los evangélicos tienden a enfatizar que la naturaleza caída es la que promueve estos fallos morales (pues «todos han pecado y están privados de la gloria de Dios» [Romanos 3:23]).

Escuela Dominical: Cuando los católicos oyen este término, por lo general piensan en una clase para niños, no para adultos. No te sorprendas si al contarles acerca de tu experiencia en la Escuela Dominical (como adulto), ves una expresión de perplejidad.

---

11 *El catecismo de la Iglesia Católica*, 1741 y 846

12 Ibid., 1849 y 1854.

■■■

Algunas palabras evangélicas son extrañas a los oídos católicos. Es usual que los católicos no hablen acerca de ser «salvos» o «nacidos de nuevo» (aparte de los evangélicos católicos). Si un católico tradicional o cultural habla de este modo, es probable que tenga en la mente el bautismo infantil. De otro modo, no es probable que usted oiga las palabras testigo, devociones (o meditaciones), compañerismo, creyente, grupos pequeños, evangelismo u hora de meditación. En resumen, es sabio evitar el idioma tribal que es único al círculo evangélico de uno pero incomprensible para los de afuera.

Otras cosas que decimos pueden ser ofensivas sin tener la intención de ofender a nadie. Por ejemplo, es axiomático para los evangélicos describirse a sí mismos como cristianos, como opuestos a los católicos. No nos damos cuenta que para muchos esta dicotomía suena como poner al catolicismo dentro de una categoría no cristiana. Una vez oí a un estudiante de Wheaton College hablar de esta manera al Arzobispo Cardenal Francis George. El cardenal estaba menos que impresionado. Lo que hace esta situación difícil es que algunos católicos también usan esta distinción. Mi sugerencia es errar sobre el lado de la cautela al no yuxtaponer cristiano y católico.

Reconoce tu posición familiar

La comunicación con la familia es muy difícil. Ese fue un reto para Jesús. En Mateo 13:57, el Señor dice: «En todas partes se honra a un profeta, menos en su tierra y en su propia casa». En contexto, Jesús se refería a la gente entre quienes él creció, incluyendo a la familia, que tenían dificultad en recibir su mensaje. Esto no es sorprendente: la confianza hace perder el respeto. Esto ayuda a comprender la posición que disfrutas en tu familia. Tu tía Luisa, que solía cambiar tus pañales cuando eras un bebé es probable que no esté dispuesta a aprender de ti acerca de Dios. Aunque hayas obtenido tus diplomas de licenciatura y doctorado en teología y hayas sido pastor durante más de veinte años, ella te sigue viendo como el niño chiquito que solía babearse. Debemos identificar estos obstáculos relacionales y orar a Dios pidiendo que nos dé sabiduría para manejarlos con propiedad.

Sé cauteloso con la intensidad emocional

Cuando discutimos la fe con los católicos, nuestra conversación tiende a estar tan cargada de emoción que en la práctica la arruinamos desde el comienzo, especialmente en familias donde ha habido una historia de desacuerdos por causa de tales asuntos. Por lo general esto es así porque a diferencia de la creencia evangélica, la cual a menudo se centra en proposiciones doctrinales, el compromiso católico incluye una cultura completamente redondeada, con historias personales, familiares y étnicas. Ya que esos compromisos corren profundo dentro de nuestra identidad, las preguntas acerca de la veracidad de los reclamos católicos simultáneamente se dirigen a la cultura más grande dentro de la cual esos puntos están tejidos. El potencial para la combustión emocional en este escenario no puede sobreestimarse.

LUZ VERDE

Comprométete en un diálogo del evangelio

En algunos círculos *diálogo* es una palabra sucia. Se considera primo segundo del término *ecumenismo*, que algunas veces los evangélicos usan como sinónimo de una transigencia religiosa. Hay razones por las cuales se han hecho estas relaciones. (En el mundo liberal, hace mucho tiempo que el ecumenismo desechó un evangelio sobrenatural.) Sin embargo, es injustificado considerar estos términos como sinónimos. Un humilde intercambio de ideas no necesita ser antitético a la convicción del evangelio.

Hace varios meses asistí al funeral de un sacerdote. Una buena amiga mía es judía, ella estudió y obtuvo su doctorado con este erudito católico. Debido a que el sacerdote tenía una familia pequeña, allí solo había cinco de los seis hombres necesarios para cargar el féretro. Ellos me pidieron que yo fuera el último (casi seguro porque yo llevaba un traje negro); lo hice con gusto.

El programa fue un ejemplo de ecumenismo, una judía dando el sermón y un pastor protestante llevando el cuerpo de un sacerdote católico. El diálogo ocurrió después en una fina taberna irlandesa. La persona que estaba sentada a mi lado era un católico serio. Lo sé porque lo dijo así. En el mismo instante él también trató de reclutarme para que me uniera a los Caballeros de Colón. Durante la hora de nuestra conversación cubrimos la mayoría de los asuntos en este libro. (Es difícil de apagar el estilo de investigación.) Para el tiempo en que este caballero comenzó a beber su cuarto vaso de cerveza Guinness, el valor de sus aportaciones había menguado. Aun así, el intercambio fue provechoso.

Cuando hablo acerca de tener un diálogo, no estoy promoviendo una conversación por su propio beneficio. Lo hacemos como evangelismo; buscamos transmitir el mensaje del evangelio con la esperanza de ver a la persona con la cual estamos hablando (y a nosotros mismos) más cerca a Jesús. Ya que el evangelismo se basa en reclamos de verdad objetivos, el diálogo debe incluir un verdadero intercambio de creencias y no una sesión superficial de tú estás bien, yo estoy bien. Me gusta como el fallecido Richard John Neuhaus lo expresó: «Nuestra unidad en la verdad es más evidente en nuestras peleas acerca de la verdad que en nuestro acuerdo por algo menos que la verdad. Al mismo tiempo reconocemos que, antes del fin de los tiempos, ninguno de nosotros poseerá la verdad completa, exhaustiva y sin remanente. Tal posesión espera la consumación cuando, como dice Pablo en 1 Corintios 13: «conoceremos como somos conocidos».[13]

El diálogo ecuménico, que comienza con un objetivo claro del evangelio, presenta la oportunidad de adelantar el reino de Cristo.

Conserva lo principal como lo principal

Cuando hablamos con los católicos, hay una miríada de rastros de

---

13 Neuhaus, Richard John, «A New Thing: Ecumenism at the Threshold of the Third Millenium», en *Reclaiming the Great Tradition*, ed. James S. Cutsinger, InterVarsity, Downers Grove, IL, 1997. Ver también los comentarios del Papa Benedicto XVI en Joseph Cardinal Ratzinger, *Principios de teología católica: ladrillos para una teología fundamental*, 1987, p. 236 del inglés.

conejo potenciales. Podemos entablar una conversación para hablar de cómo Jesús brinda una vida con significado y de repente nos encontramos enredados en un debate acerca de la Apócrifa o *Humanae vitae*. Algunas veces es correcto mencionar estos asuntos, pero muy a menudo lo hacemos a expensas del evangelio. ¡Esto es una tragedia! ¿Qué gana una persona si explica una hueste de adivinanzas teológicas sin fijar la atención en la muerte y resurrección de Jesús? Esta, yo contendería, es la cosa principal, dar testimonio del esplendor y majestad de nuestro Salvador, el que murió, resucitó y ahora vive.

Las implicaciones de entender la cosa principal son significativas. Para comenzar, significa que estoy más interesado en que los amigos y familiares confíen plenamente en Jesús que en que ellos dejen sus parroquias católicas. Como mencioné antes, debido a que el catolicismo representa una cultura amplia y compleja que incluye alianzas familiares y étnicas, a veces no es realista pensar que los parientes más viejos enseguida van a decir adiós a su iglesia por una congregación evangélica. Personalmente, no voy a insistir en que tal persona demuestre su compromiso con Cristo por salir de la comunidad de la Iglesia Católica. Más bien les proveo recursos bíblicos y les estimulo para ayudarlos a crecer en su fe, confiando que en el tiempo de Dios ellos miren la Biblia para resolver las preguntas en cuanto a ser miembro y participar en la iglesia.

C.S. Lewis expresó con propiedad la clase de actitud que estoy promoviendo en relación con la familia y los amigos católicos. En una ocasión él escribió una carta a una amiga que se había convertido al catolicismo. Sus palabras dan un ejemplo de cómo extender el amor en la faz del desacuerdo. «Es un poco difícil explicar cómo yo siento que aunque has tomado un camino que no es para mí, no obstante te felicito, me imagino que sea porque es obvio que tu fe y gozo han aumentado. Desde luego, yo no saco las mismas conclusiones que tú, pero no es necesario que comencemos una correspondencia controversial. Creo que nos queremos mucho, pero no porque yo esté en la frontera de mi comunión que queda más cerca a Roma. Creo que en el presente estado dividido de la cristiandad, aquellos que están en el corazón de cada división están más cerca el uno del otro que los que están en las fronteras».[14]

Para algunos, las palabras de Lewis son una transigencia escandalosa, una negación audaz de la verdad. Sin embargo, a mí me parece que expresan un respeto y afecto genuinos por su amiga. Si confiamos en la soberanía de Dios y creemos en el poder de la oración, podemos mirar adelante, al día en que nos comprometamos en discusión y debates doctrinales, pero espero que no sea con la ausencia de una relación auténtica.

Si vamos a tener una oportunidad razonable de relación auténtica con nuestros amigos y familiares católicos, debemos capturar una visión bíblica de Jesucristo. Esto es lo que veremos en el próximo capítulo.

14 Citado por Timothy George «Evangelicals and the Great Tradition» [Evangélicos y la Gran Tradición], *First Things*, no. 175, August/September 2007, p. 21.

Capítulo 12

GLORIFICA A DIOS Y DISFRÚTALO PARA SIEMPRE

«Viva Dorotea, ¡el Brujo Malvado está muerto!» Con un simple cubo de agua Dorotea mató al temido brujo y esto sucedió justo a tiempo. Mi corazón de seis años ya casi estaba al salírseme del pecho. Pero gracias al cubo estratégicamente localizado se evadió el desastre, hasta la próxima escena. Después de obtener la escoba del brujo, Dorotea dio un paseo hasta el trono esperando encontrar un camino hacia su hogar. La gigantesca cabeza del brujo respondió gritando órdenes entre llamas, humo y repiques de truenos. Mi hermana y yo correteamos buscando almohadas en la cuales enterrar nuestros rostros. A pesar de todo este terror, la gloria de Oz llamó nuestra atención.

Desde que nací no había experimentado un trauma tal. Allí no habría un cubo lo suficientemente grande para que Dorotea extinguiera a este enemigo. Pero entonces, cuando toda esperanza parecía perdida, Toto, el perrito de Dorotea, le dio un tirón a la cortina con sus dientes y esta se abrió para revelar a un hombre de pelo blanco en pie ante un panel de control. Al darse cuenta que lo habían descubierto, el mago gritó: «No hagan caso de ese hombre detrás de la cortina; el Gran Oz ha hablado». Pero, miren, no era el Gran Oz, solo era el anciano con el micrófono. Se acabó la farsa, y pronto las zapatillas color rubí de Dorotea la enviarían de regreso a casa.

Yo estaba tenso. (Bueno... está bien, estaba aterrorizado). Aunque es digno de notarse, mientras estuve en la cama mirando el cielo raso, mis pensamientos no estaban tan interesados en Dorotea sino en reflexionar en la naturaleza de Dios. Mi mente de seis años de edad superpuso los atributos horrorosos del mago sobre Jesús. Él era el juez severo determinado a hacer mi vida miserable.

PIENSA ACERCA DE DIOS

Yo percibía a Jesús como un ser inalcanzable y por tal motivo traté de encontrar otras figuras religiosas como objetos de devoción. San Cristóbal parecía ser una elección natural, ya que los dos teníamos el mismo nombre. Durante el año de mi confirmación sentí preferencia por San Patricio. (Me fascinaba su trébol.) También pasé por una fase de María, viéndola como la cálida madre que podría ayudarme a relacionarme con su hijo. La interacción directa con Jesús estaba limitada a la Eucaristía. En más de una mañana de domingo me senté en el banco entre mis padres, perplejo de cómo el mismo Señor que llenaba mis pesadillas también podía estar en mi lengua en una galleta consagrada.

¿Alguna vez empleaste un tiempo para sentarte a reflexionar en lo que te viene a la mente cuando consideras a Jesús? Es bastante asombroso considerar la cantidad de horas que podemos pasar en el ministerio de la iglesia sin pensar con seriedad en esta pregunta. Ya que nuestra visión de Jesucristo da forma a nuestra fe, y nuestra fe (o la carencia de ella) es inevitable que forme nuestra identidad, haríamos bien en pensar en eso. Como dice la famosa expresión de Tozer: «Lo que viene a nuestras mentes cuando pensamos en Dios es lo más importante acerca de nosotros».[1]

Muchos de nosotros batallamos por adquirir una visión de Dios bíblicamente informada. Nuestro reto no es solo ver a través de un cristal oscuro; también tenemos el problema de mirar en una dirección equivocada. Por lo tanto, al concluir este libro, el servicio más

---

1 Tozer, A.W., *El conocimiento del Dios santo*, Editorial Vida, Miami, FL, 1996, p. 1 del inglés.

duradero que puedo brindar a los lectores es penetrar dentro de lo que la Biblia enseña acerca de la persona de Jesucristo.

LA TRANSFIGURACIÓN

Hay pocos pasajes en el Nuevo Testamento que ofrezcan una visión del Señor Jesús semejante al pasaje de la transfiguración. En los tres Evangelios donde aparece la narrativa (Mateo, Marcos y Lucas), la transfiguración se interesa en capturar una visión enfocada en Jesús y empapada de Dios. Miremos el relato de Mateo que está en los capítulos 17:1-8.

Primero veamos algo del contexto. Después de la gran confesión mesiánica de Pedro en 16:16, Jesús reveló la dirección de su ministerio. Él dice: «Desde entonces comenzó Jesús a advertir a sus discípulos que tenía que ir a Jerusalén y sufrir muchas cosas a manos de los ancianos, de los jefes de los sacerdotes y de los maestros de la ley, y que era necesario que lo mataran y que al tercer día resucitara» (Mateo 16:21).

Como respuesta a la declaración de Jesús, los discípulos se enfurecieron, tanto que «Pedro lo llevó aparte y comenzó a reprenderlo: "¡De ninguna manera, Señor! ¡Esto no te sucederá jamás"» (v. 22). Entonces Jesús puso a Pedro en un serio aprieto: «¡Aléjate de mí, Satanás! Quieres hacerme tropezar; no piensas en las cosas de Dios sino en las de los hombres» (v. 23). Es evidente que Pedro no había comprendido la persona y la misión de Jesús. Al igual que Pedro, nosotros tampoco las comprendemos.

Seguido de la protesta de Pedro, Jesús afirma el precio de ser discípulo, declarando que cualquiera que le siga debe negarse a sí mismo, tomar su cruz y seguirle (Mateo 16:24).[2] Esta idea de abrazar la dura cruz antes de recibir cualquier clase de corona, se presenta con anterioridad en Mateo, cuando Satanás le ofrece a Jesús los reinos

---

2 Es probable que el comentario de Pedro representara el pensamiento de todos los discípulos. J.D. Kingsbury: «La figura de Pedro en el Evangelio de Mateo como un problema teológico», *Journal of Biblical Literature* 98, 1979, pp. 67-83, argumenta junto a una línea de la historia de la salvación que Pedro era una figura representativa que con regularidad hablaba a nombre de los otros discípulos (Mateo 4:18-22; 8:14-15; 10:2; 14:28-31; 15:15; 16:13-20; 16:21-23).

del mundo (4:8-10). Jesús resistió, comprendiendo que el sufrimiento debe preceder a la exaltación. En cuanto a los discípulos, ellos todavía no comprendían la naturaleza de la misión de Jesús.[3]

El Evangelio de Mateo destaca la necesidad de comprender a Jesús. Lo que está en juego es nada menos que el «alma» de uno (Mateo 16:24-26).[4] Para comprender esto, a ciertos discípulos se les da una vislumbre de lo que sucederá cuando el Hijo del Hombre venga en gloria. Así termina el capítulo 16 y comienza la transfiguración.

A continuación está el texto de la narración de Mateo acerca de la transfiguración (Mateo 17:1-8):

> Seis días después, Jesús tomó consigo a Pedro, a Jacobo y a Juan, el hermano de Jacobo, y los llevó aparte, a una montaña alta. Allí se transfiguró en presencia de ellos; su rostro resplandeció como el sol, y su ropa se volvió blanca como la luz. En esto, se les aparecieron Moisés y Elías conversando con Jesús. Pedro le dijo a Jesús: «Señor, ¡qué bien que estemos aquí! Si quieres, levantaré tres albergues: uno para ti, otro para Moisés y otro para Elías». Mientras estaba aún hablando, apareció una nube luminosa que los envolvió, de la cual salió una voz que dijo: «Éste es mi Hijo amado; estoy muy complacido con él. ¡Escúchenlo!» Al oír esto, los discípulos se postraron sobre sus rostros, aterrorizados. Pero Jesús se acercó a ellos y los tocó. «Levántense», les dijo. «No tengan miedo». Cuando alzaron la vista, no vieron a nadie más que a Jesús.

JESÚS VIENE A CUMPLIR LAS PROMESAS ANTIGUAS DE ISRAEL (MATEO 17:1-3)

Algunas veces pasamos por alto el hecho de que la salvación cristiana está enraizada en Israel, el pueblo de Dios del antiguo pacto. La nuestra

---

3 Compara Mateo 4:10 con Mateo 16:23.

4 En Mateo *psuche (alma)* con frecuencia tiene una orientación escatológica, y por eso se puede entender como una analogía metafórica al reino del Mesías (Mateo 10:28, 39; 20:28).

es la fe de Abraham, Isaac, Jacob, David e Isaías. El fundamento histórico de esta fe va hasta el principio de la creación y de continuo se desarrolla en la persona de Jesús de Nazaret. El desarrollo de esta historia contiene las promesas redentoras que se proclamaron en el Jardín del Edén, hicieron eco a través del tiempo y en su día reverberaron con belleza en el reino de Cristo.

La apertura del pasaje es como una flecha de neón señalando hacia atrás a la salvación de Israel. Comienza con un par de paralelos clave.

Para comenzar, note la referencia temporal «después de seis días».

Éxodo 24:16 «y la gloria del Señor se posó sobre el Sinaí. Seis días la nube cubrió el monte. Al séptimo día, desde el interior de la nube el Señor llamó a Moisés».	Mateo 17:1 «Seis días después, Jesús tomó consigo … a una montaña alta».

Segundo, al igual que Moisés, Jesús trajo a tres acompañantes:

Éxodo 24:9 «Moisés y Aarón, Nadab y Abiú, y los setenta ancianos de Israel subieron»	Mateo 17:1 «Seis días después, Jesús tomó consigo a Pedro, a Jacobo y a Juan, el hermano de Jacobo, y los llevó aparte, a una montaña alta».

Después de subir la montaña, el Señor se transfigura, lo que hace que su rostro y sus vestido emanen luz.[5] Cuando abrimos nuestro Antiguo Testamento para buscar ejemplos de rostros resplandecientes, no pasa mucho tiempo antes de que encontremos a Moisés. Después que Moisés se encontró con Dios en la cima del Monte Sinaí, el rostro de Moisés brilló con resplandor celestial (Éxodo 34:29-35; ver también

5 La palabra *metamorphoo* (transfigurado) ocurre cuatro veces en el Nuevo Testamento (Mateo 17:2; Marcos 9:2; Romanos 12:2; 2 Corintios 3:18). Designa un cambio en nuestro ser más profundo (Romanos 12:2; 2 Corintios 3:18) o la apariencia externa (Mateo 17:2; Marcos 9:2; compara con Éxodo 34:29).

2 Corintios 3:13ss). Algunos años después esta misma gloria se aplicó a la esperanza de la nación, particularmente en términos de vestiduras luminiscentes. Por ejemplo, miremos más adelante, a la restauración de Israel de la esclavitud, en Isaías 52:1 dice: «¡Despierta, Sión, despierta! ¡Revístete de poder! Jerusalén, ciudad santa, ponte tus vestidos de gala, que los incircuncisos e impuros no volverán a entrar en ti».[6]

Entonces la transfiguración presenta en Mateo 17:3 a Moisés y Elías, dos figuras clave de la historia de Israel. La pregunta de por qué aparecen estos hombres en particular para hablar con Jesús, es una de las partes del texto que más te dejan perplejo. Se han dado cinco razones; las dos últimas parecen ser las más convincentes:

1. Ambos tuvieron conclusiones únicas de su tiempo sobre la tierra (Deuteronomio 34:1-8; 2 Reyes 1:1-12).
2. Ambos fueron grandes obradores de milagros.
3. Ambos experimentaron una teofanía (aparición de Dios) en asociación con el Monte Sinaí.
4. Los dos se mencionan en Malaquías 4 en relación con el fin de los tiempos.
5. Moisés representa la Ley y Elías representa a los Profetas.[7]

A menudo surgen dos preguntas de este versículo: ¿Cómo se identificaron Moisés y Elías y cuál fue el tópico de su discusión? No parece haber una respuesta definitiva para la primera pregunta. (Dudo que estuvieran usando tarjetas de identificación con sus nombres.) En cuanto a la segunda, el Evangelio de Lucas (9:30-31) nos ofrece una idea en cuanto al tópico de su conversación: «Y aparecieron dos personajes —Moisés y Elías— que conversaban con Jesús. Tenían un aspecto glorioso, y hablaban de la *partida* de Jesús, que él estaba por llevar a cabo en Jerusalén» (énfasis del autor). La palabra que se traduce «partida» es la palabra griega *exodos*. Es perfectamente aceptable traducir *exodos* como «partida». Sin embargo, en este contexto,

---

6 La referencia a la herencia corporativa de la nación en Isaías 52:1 (en términos de «Sión» y «Jerusalén») se cumplió con toda propiedad en la persona singular de Jesucristo, de acuerdo con el Nuevo Testamento (Gálatas 3:16; Hebreos 12:22-24) y por extensión su cuerpo, la iglesia.

7 Esto también refleja el orden de la Torah y el *Neviim* de la Tanach.

donde Mateo está amontonando referencias a la redención de Israel, es más probable que la palabra *exodos* se refiera a la liberación del pueblo de Israel a través del Mar Rojo. Jerome Murphy-O'Connor da un resumen útil al escribir: «[Moisés y Elías le dijeron a Jesús que su] ejecución no sería el fin de todo, sino un evento salvador cuyo papel en el plan de Dios sería paralelo al éxodo de Egipto».[8] Por medio de su muerte y resurrección inminentes Jesús realizaría el último éxodo del pecado y la muerte a favor del pueblo de Dios.

Entre las muchas lecciones que aprendemos de Mateo 17:1-3, me gusta destacar unas cuantas. La fe cristiana abarca las eras y por esto es una narrativa general de la vida. Los pocos años de nuestra existencia se representan en el escenario de la historia como un breve acto frente al trasfondo del drama maestro de Dios. La obra no es acerca de nosotros, es acerca de *Dios*. Él nos da el privilegio de actuar en esa obra. Pero que nunca se nos olvide que Dios es el director, el productor, el héroe, quien hace que todo suceda.

El Antiguo Testamento presenta ilustraciones vívidas de lo que es caminar con Dios (y también de cómo es estar bajo su condenación). Con desesperación necesitamos de estas lecciones. De hecho, se escribieron con este propósito, ayudarnos a vivir fielmente ante el Señor, tal y como dice Romanos 15:4: «De hecho, todo lo que se escribió en el pasado se escribió para enseñarnos, a fin de que, alentados por las Escrituras, perseveremos en mantener nuestra esperanza».[9]

Nuestro pasaje también nos enseña que Dios cumple sus promesas con toda fidelidad. Habían pasado muchos años desde que Dios habló de la redención a Adán, Abraham, David y otros profetas. Iban y venían siglos de espera, asombro y preguntas y, entonces, la gloria de la promesa de Jehová se observó en la faz de Jesús, su Hijo. Este es el carácter de Dios. Su tiempo es notoriamente diferente al nuestro, pero él es siempre fiel.

---

8 Murphy-O'Connor, Jerome, «What Really Happened at the Transfiguration?» [¿Qué sucedió realmente en la transfiguración?], *Bible Review* 3, 1987, p. 10.

9 Ver también 1 Corintios 10:6, 11.

JESÚS Y SU PALABRA SON SUPREMOS SOBRE LA CREACIÓN (MATEO 17:4-5)

La segunda pregunta que nos deja más perplejos acerca de la transfiguración se refiere a la respuesta de Pedro cuando él ofrece hacer tres tiendas, una para Jesús, una para Moisés y una para Elías. ¿Qué estaba él pensando? Dadas las personas e imágenes ante él, Pedro tenía una buena razón para creer que la era mesiánica estaba amaneciendo.[10] Es posible que se haya ofrecido a hacer las tiendas en un intento de retener a Moisés y a Elías o de alguna forma prolongar la experiencia. Nadie lo puede decir con seguridad, en especial cuando el Evangelio de Marcos dice acerca del comentario de Pedro que «él no sabía lo que decía, ellos estaban atemorizados». Lo que podemos decir con seguridad es que Dios lo desaprobó. La frase que comienza el versículo 5 («Mientras estaba aún hablando») indica que la declaración de Dios interrumpió a Pedro antes de que él completara su sugerencia. En este momento reprenden a Pedro por segunda vez: «Éste es mi Hijo amado; estoy muy complacido con él. ¡Escúchenlo!»[11]

¿Por qué Dios interrumpió la oferta de Pedro? Dos razones vienen a la superficie. Primero, la tradición judía de Pedro dominaba tanto la visión de la salvación que él no tenía oídos para oír a Jesús. Esto está expuesto en el contexto anterior, donde Pedro y sus discípulos cayeron bajo la influencia de los fariseos y de los saduceos (Mateo 16:12). Tal enseñanza era imperfecta en unos cuantos aspectos, pero en especial por depender en la tradición humana que consideraban por encima de las Escrituras. Quizá el capítulo 23, donde él denuncia a los líderes judíos por su hipocresía, sea el lugar más contundente donde el Señor revela este problema. Estos hombres disfrutaban que se les llamara maestros de la Ley, pero hacían nula la enseñanza de Dios con sus tradiciones orales. El siguiente pasaje nos da un sentido del juicio de Jesús:

---

10 El judío del siglo primero asociaba a Moisés y Elías con la venida del Mesías. Ver a Mark Adam Elliott, *The Survivors of Israel: A Reconsideration of the Theology of Pre-Christian Judaism* (Grand Rapids, MI: Eerdmans, 2000).465].

11 Lucas excluye *agapetos* (amados) pero añade *eklegomenos* (al que yo he escogido), mientras que Marcos omite todo el bloque del medio de la declaración: «en quien tengo complacencia».

> ¡Ay de ustedes, maestros de la ley y fariseos, hipócritas! Les cierran a los demás el reino de los cielos, y ni entran ustedes ni dejan entrar a los que intentan hacerlo ... ¡Ay de ustedes, guías ciegos! ... ¡Ay de ustedes, maestros de la ley y fariseos, hipócritas! Dan la décima parte de sus especias: la menta, el anís y el comino. Pero han descuidado los asuntos más importantes de la ley, tales como la justicia, la misericordia y la fidelidad. Debían haber practicado esto sin descuidar aquello. ¡Guías ciegos! Cuelan el mosquito pero se tragan el camello. ¡Ay de ustedes, maestros de la ley y fariseos, hipócritas! Limpian el exterior del vaso y del plato, pero por dentro están llenos de robo y de desenfreno. ¡Fariseo ciego! Limpia primero por dentro el vaso y el plato, y así quedará limpio también por fuera. ¡Ay de ustedes, maestros de la ley y fariseos, hipócritas!, que son como sepulcros blanqueados. Por fuera lucen hermosos pero por dentro están llenos de huesos de muertos y de podredumbre. *Mateo 23:13-27*

Los rituales públicos eran muy importantes para los líderes judíos, tristemente, ellos olvidaron los mandamientos de sus Escrituras, cosas como amar a Dios y al prójimo. Las tradiciones extrabíblicas, que tenían la intención de proteger y aplicar el pacto de Dios, llegaron a ser tan centrales que prácticamente la usurparon. Jesús no toleró esto. Con una pasión enorme denunció a los escribas y fariseos por elevar las regulaciones humanas por sobre la revelación divina.

La segunda razón sigue con naturalidad a la primera. Dios reprendió a Pedro porque no estaba escuchando a Jesús. El Señor explicó en palabras semejantes a estas: «que tenía que ir a Jerusalén y sufrir muchas cosas a manos de los ancianos, de los jefes de los sacerdotes y de los maestros de la ley, y que era necesario que lo mataran y que al tercer día resucitara» (Mateo 16:21), pero Pedro no aceptó esto (16:22). La idea de un Salvador crucificado era inaceptable. Se esperaba que el libertador que Dios ungió llegara en la forma de Josué o David, un guerrero victorioso que derrocaría a los enemigos de Dios (los romanos) y establecería una paz eterna.[12] Al ofrecerse para hacer tres tiendas, Pedro expresó su esperanza de que la nueva era iba a comenzar de inmediato, aparte de la cruz y la tumba. Así que Dios cubrió a los discípulos en una nube y los reprendió diciendo: «¡Escúchenlo!» [a Jesús].[13]

Entonces, ¿qué tiene que ver todo esto con una comprensión exacta de la identidad de Jesucristo? Déjame destacar un par de lecciones que pertenecen especialmente a un ex católico. Es muy fácil que nosotros —por haber sido criados para ver la Sagrada Tradición tan autoritativa como la Biblia— cometamos el mismo error que Pedro. Aunque ya no vemos los rituales católicos como lo hicimos una vez, podemos aferrarnos a un equivalente evangélico, alguna persona o práctica que se convierte en un equivalente funcional a las Escrituras. Cualquiera que fuere la tradición de tu iglesia, con seguridad vas a luchar con esta tentación. Como a veces le digo a nuestra gente de College Church, puedo estar ordenado para el ministerio pastoral, pero no poseo autoridad alguna aparte de la Palabra de Dios. El texto bíblico es la máxima fuente de verdad hasta que Jesús regrese. Por lo tanto, todo lo que se dice y se hace debe medirse contra la plomada de la Biblia.

También debemos insistir en que la cruz y la resurrección de Jesús permanecen centrales.

Efectivamente, esta es la esencia de ser evangélico, como escribe John Stott: «Los cristianos evangélicos creen que Dios, en y a través del Cristo crucificado, se hizo a sí mismo nuestro sustituto y llevó nuestros pecados, muriendo en nuestro lugar la muerte que nosotros merecíamos para que pudiéramos ser restaurados a su favor y adoptados dentro de su familia».[14]

Aunque confesar esta verdad es una cosa, otra es vivir de acuerdo con ella. En momentos honestos debemos admitir que la emoción no

---

12 Una dimensión saliente de la esperanza de Israel incluía la liberación de la opresión. Debido a que muchos judíos consideraban que todavía estaban en una forma de exilio (Daniel 9:8-16; Esdras 9:7-9; Nehemías 9:30-37), Israel anhelaba el día en que Dios le proveería liberación de sus enemigos (Génesis 49:1, 8-12; Números 24:14-19; Isaías 2:2-4; 52:7-10; Daniel 2:28-45; Sofonías 3:14-15; Hechos 1:6. Se pensaba que esta liberación anunciaría una era de paz (Génesis 15:18; Deuteronomio 30:1-10; Isaías 32:1, 18).

13 Esto parece ser una alusión al profeta que podría ser mayor que Moisés (Deuteronomio18:15; compáralo con Hechos 3:22-23; 7:37).

14 Stott, John, *La cruz de Cristo*, Certeza Unida, Argentina, p. 7 del inglés.

nos hace saltar de inmediato al pensar en llevar nuestra cruz. La cruz de Cristo significa sufrimiento y dolor. Cualquiera que con sonrisas anuncia que la está llevando es un masoquista o no está en contacto con la realidad. No necesitas experimentar una gran cantidad de sufrimiento para saber que el sufrimiento no es divertido, por lo cual lo llamamos dolor. Se construyen habitaciones con paredes acolchonadas para los que piensan de otro modo.

Cuando yo estaba en el seminario, enseñaba en mi iglesia el Evangelio de Mateo. Ángela, mi querida esposa, que estaba embarazada en ese tiempo, se sentaba al frente para escuchar mi lección. En una de mis clases me presentaron un concepto que los teólogos llaman el «vector Ípsilon».[15]

Dicho con sencillez, el vector traza la trayectoria de la vida de Jesús en términos de su descenso a la aparente derrota (muriendo en una cruz) antes de ascender tres días después a una victoria consumada (en la resurrección).

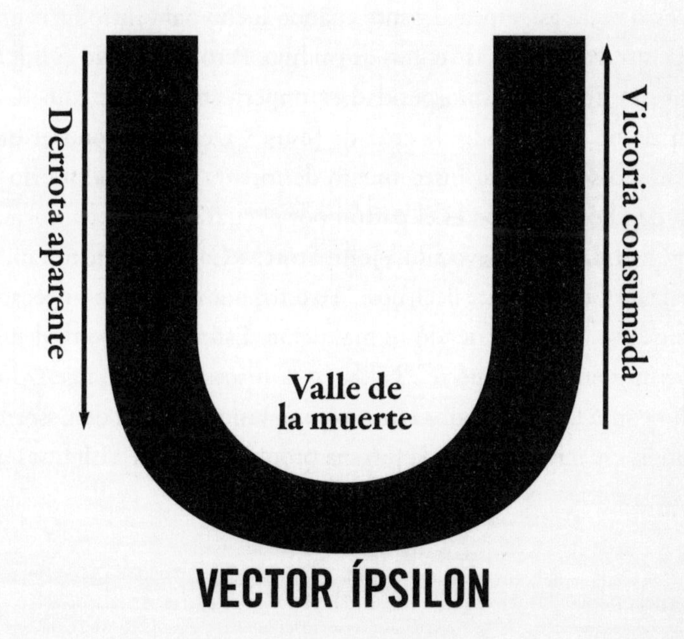

VECTOR ÍPSILON

15 Creo que el Dr. Royce Gruenler es el erudito a quien yo oí usar el término *vector ípsilon* por primera vez.

El vector Ípsilon es una verdad teológica maravillosa, y yo la he predicado con gran celo. Sin embargo, en un momento dado, miré el robusto vientre de Ángela y una pregunta cruzó mi mente: ¿qué si este niño introduce sufrimiento a mi vida? ¿Aplicaré la verdad que ahora estoy proclamando? Tragué en seco y continué enseñando.

Dos meses después nació nuestro primer hijo. Era un varón. Después de haber sido circuncidado, su herida siguió sangrando. Poco después nos enteramos de su condición llamada hemofilia severa. No pueden imaginarse en qué pensé enseguida, en el vector Ípsilon. Esta era mi oportunidad de aplicarlo. Sin embargo, de inmediato se hizo aparente que la manera en que uno desciende al quebrantamiento no es con confianza y fortaleza. Es con muchas lágrimas, noches sin dormir e incluso depresión. En palabras de Jesús: «Es tal la angustia que me invade, que me siento morir» (Mateo 26:38). Algunos cristianos dicen que Dios no quiere que tengamos enfermedades. Podemos pedir sanidad porque eso es lo que Dios quiere para nosotros. Desearía que esto fuera así, especialmente cuando lucho para introducir una aguja intravenosa en las venitas de mi hijo. Pero, ¡ayyy! No es así. El evangelio de salud y prosperidad es imperfecto porque comete el error de no comprender la cruz de Jesús.[16] Deja de reconocer que la cruz no solo era un instrumento de tortura en la cual murió el Hijo de Dios; también es el patrón por el cual se deben conformar nuestras vidas. De nuevo cito a John Stott: «Cada vez que miramos la cruz de Cristo parece decirnos: "Yo estoy aquí por ti. Es tu pecado el que llevo, estoy sufriendo tu maldición. Estoy pagando tu deuda, estoy muriendo tu muerte". Nada en la historia reduce nuestro tamaño como la cruz. Todos tenemos una visión inflada de nosotros mismos, especialmente en la justicia propia, hasta que visitamos un

---

16 Richard Bauckham lo dice muy bien en su libro *Monoteismo y cristología en el Nuevo Testamento* (CLIE, Barcelona, España, 2003, p. 46 del inglés), cuando él escribe: «en otras palabras, debemos considerar a Jesús como la revelación de Dios. Los puntos más profundos de la Cristología del Nuevo Testamento ocurren cuando la inclusión del Cristo exaltado en la divina identidad implica la inclusión del Cristo crucificado, y cuando el patrón cristológico de humillación y exaltación se reconoce como revelación de Dios, realmente como la revelación definitiva de quién es Dios».

lugar llamado Calvario. Es aquí, a los pies de la cruz, que nos encojemos hasta nuestra verdadera estatura».[17]

La cruz instila quebrantamiento y humildad. A pesar de su peso y áspera textura, la llevamos por fe, esperando con paciencia «la redención de nuestros cuerpos» (Romanos 8:23-25). Y precisamente cuando esperas morir debajo de su peso, Dios provee su gracia que confiere poder. Como el apóstol Pablo escribió a la iglesia en Corinto:

> Pero tenemos este tesoro en vasijas de barro para que se vea que tan sublime poder viene de Dios y no de nosotros. Nos vemos atribulados en todo, pero no abatidos; perplejos, pero no desesperados; perseguidos, pero no abandonados; derribados, pero no destruidos. Dondequiera que vamos, siempre llevamos en nuestro cuerpo la muerte de Jesús, para que también su vida se manifieste en nuestro cuerpo. [...] Por tanto, no nos desanimamos. Al contrario, aunque por fuera nos vamos desgastando, por dentro nos vamos renovando día tras día. Pues los sufrimientos ligeros y efímeros que ahora padecemos producen una gloria eterna que vale muchísimo más que todo sufrimiento. Así que no nos fijamos en lo visible sino en lo invisible, ya que lo que se ve es pasajero, mientras que lo que no se ve es eterno.
>
> *2 Corintios 4:7-10, 16-18*

Ahora que mi hijo tiene siete años de edad, puedo decirte sin reservas que Ángela y yo hemos experimentado las dimensiones del poder de Dios debido a su hemofilia. Este patrón de amor cruciforme ha producido fortaleza en medio de la debilidad y gozo de la tristeza. De esta manera nuestras vidas han sido moldeadas y confío en que el reino haya avanzado.

Tal vez estés leyendo esto y pensando: «¿Cómo? No firmé para esto cuando me uní a la iglesia!» Si esto es lo que estás pensando, tengo palabras de buenas nuevas para ti, y vienen de los versículos restantes de la narrativa de la transfiguración.

---

17 John, Stott, *The Message of Galatians*, Intervarsity Press, Downers Grove, IL, 1968, p. 179.

ENCUENTRO PERSONAL CON JESÚS (MATEO 17:6-8)

«Al oír esto, los discípulos se postraron sobre sus rostros, aterrorizados. Pero Jesús se acercó a ellos y los tocó. "Levántense" les dijo. "No tengan miedo". Cuando alzaron la vista, no vieron a nadie más que a Jesús».

Nota la posición de los discípulos. Estaban postrados y aterrorizados. Esta postura es típica entre aquellos que la presencia de Dios confronta.[18] Nos recuerda al profeta Daniel cuando lo visitó un ángel.[19] Y al igual que el visitante celestial tocó y aseguró a Daniel, también Jesús extendió su mano para estimular a los discípulos.[20] El Señor les dice: «No tengan miedo».

Ahora se han ido todas las imágenes del Antiguo Testamento. Se han desvanecido los rostros resplandecientes, la nube, la propuesta de las tiendas. Dice el texto que los discípulos «no vieron a nadie más que a Jesús». Luego, de una manera muy personal, el Salvador los tocó. La mano de Jesús invitó a sus discípulos a confrontar sus temores y a levantarse. Imagina esta escena: en un momento Pedro, Santiago y Juan estaban postrados en la tierra aterrorizados; pero al instante siguiente estaban mirando la faz del Hijo de Dios. ¿Qué te parece esta vista de Jesús?

Esta es la visión que debemos tener. Sí, es bueno temer a Dios. Él es el único inmortal y vive en luz inaccesible (1 Timoteo 6:16). Ante su trono los ángeles cantan: «Santo, santo, santo es el SEÑOR Todopoderoso; toda la tierra está llena de su gloria» (Isaías 6:3). Al sonido de sus voces se estremecieron los umbrales de las puertas y cualquiera con un ápice de sentido cae al suelo cubriendo su boca. Pensar que podemos estar en pie ante su presencia, no es solo presunción y orgullo, sino estupidez. Y, sin embargo, verdadero como es, el carácter de Dios es tal que aún es condesciende con nosotros. Cuando Dios le apareció a Moisés y proclamó su carácter, él dijo: «[Yo soy] El SEÑOR, el SEÑOR,

---

18 Por ejemplo: Génesis 15:12; 28:17; Daniel 8:17-18; 10:9; Ezequiel 1:28.

19 Daniel 10:7-9; compáralo con Apocalipsis 1:17.

20 Daniel 8:18; 10:11-12.

Dios clemente y compasivo, lento para la ira y grande en amor y fidelidad» (Éxodo 34:6). ¿Y cómo Dios desciende a nosotros en amor y compasión? Lo hace en su Hijo, como dice en Juan 1:14: «Y el Verbo se hizo hombre y habitó entre nosotros. Y hemos contemplado su gloria, la gloria que corresponde al Hijo unigénito del Padre, lleno de gracia y de verdad». ¿No hace esto explotar tu mente? Debiera hacerlo. El Verbo eterno que comparte la gloria divina con el Padre viene desde el cielo para tocarnos con su amor redentor.

Antes de concluir, ¿me permitirías comunicarte una lección más? Dios imprimió esta verdad en mí en las Montañas Great White de New Hampshire mientras estaba en un retiro durante el seminario.

Eran las cinco de la mañana cuando decidí caminar al lago con mi Biblia para ver salir el sol. Realmente no soy tan santo, solo que uno de los que dormían en mi cuarto roncaba tan alto que las paredes se estremecían y me cansé de oír aquello. Caminé unos 400 metros por un sendero de tierra hasta un claro junto al lago. De pie, a la orilla del agua, canté, oré, pensé en las galletitas con altea y chocolate que me comí la noche antes, y miré mucho el reloj. Por alguna razón siempre me parece que el sol se demora más de lo que esperas en salir. En el medio tiempo caminé hacia adelante y hacia atrás, leyendo mi Biblia a la luz de la luna.

Después de más de una hora, alcé la vista al pico de la montaña que tenía delante e hice una observación. La luz del sol iluminaba los altos pinos. Todavía la luz no había descendido al nivel del terreno, pero había comenzado a brillar allá arriba en la montaña.

Amigos míos, esa es la buena nueva del evangelio. ¡El Hijo ha resucitado de los muertos! La luz del reino ya brilla, como Pablo escribe en Efesios 5:14: «Despiértate, tú que duermes, levántate de entre los muertos, y te alumbrará Cristo».

Aunque aquí abajo permanece oscuro y solitario, en su momento la gloria del cielo descenderá a la tierra. En el gran día veremos el esplendor en la faz de Jesús, así como los discípulos lo vieron.

¿Creemos esto?

O tal vez sea mejor preguntar: ¿pueden las personas que nos ven cada día, católicos u otros, observar en nosotros la sustancia de esta creencia?

Que por la gracia de Dios la respuesta sea sí.

CÓMO LA IGLESIA CATÓLICA LLEGÓ A SER LO QUE ES

DESDE TRENTO AL VATICANO II

EL CONCILIO DE TRENTO (1545-63)

El Concilio de Trento, que se reunió en tres sesiones separadas entre 1545 y 1563, se convocó en Trento, una ciudad rodeada de montañas, a dos horas de la frontera austriaca. El Duomo (la catedral) es una maravilla arquitectónica. Su fachada incluye un enorme rosetón de colores radiantes. Dentro del pasillo de la entrada están los leones de piedra sosteniendo las columnas del lado norte con pilares torcidos que se elevan para saludar su domo gótico. Bajo el techo cruciforme uno encuentra frescos del siglo catorce y reliquias de los mártires locales Sisinius, Marturius y Alejandro, quienes murieron alrededor del 397 d.C. En la Capilla del Crucifijo está un crucifijo de madera frente al cual se anunciaban los asuntos del concilio antes que comenzaran las sesiones siguientes en el presbiterio de la iglesia.[1]

---

1 Además de haberse celebrado en el Duomo, la iglesia de Santa María la Mayor fue el lugar de la tercera sesión del Concilio de Trento, abril de 1562 a diciembre de 1563.

De los seiscientos obispos católicos en Europa, cuando comenzó el Concilio de Trento, solo treinta y uno asistieron para su inauguración. A los ingleses se les prohibió asistir y a los franceses se les desanimó para que no lo hicieran. Por eso predominaron los italianos y los españoles. Una presencia tan escasa a duras penas representaba a la iglesia, no obstante, el concilio se reunió.

Carlos V había esperado ver a la iglesia promulgar reformas sencillas para mostrar a sus príncipes y barones protestantes rebeldes que en verdad se había tomado acción para tratar las brechas religiosas que continuaban minando la paz en sus territorios. Sin embargo, el papa Pablo III (1534-49) tenía planes mayores. Además de reformar los abusos del clero, el papa necesitaba definir la doctrina católica mas críticamente. Él estaba muy preocupado con la controversia fundamental entre católicos y protestantes: el asunto que constituye la suprema autoridad de la iglesia. En resumen, «los protestantes enseñaban que la autoridad religiosa solo estaba en las Escrituras. El concilio insistía en que el oficio supremo de enseñanza de la iglesia romana, los papas y los obispos, eran los intérpretes esenciales de la Biblia».[2] El papa Pablo III estaba determinado a enderezar a los protestantes.

El Concilio de Trento restableció los siete sacramentos y condenó la enseñanza protestante de la justificación solo por la fe. La franqueza de estas posiciones se señaló a los protestantes con tanta agudeza y fuerza que a Carlos V le preocupó que eso minaría toda esperanza de lograr una armonía política entre sus estados rivales. Roma no estaba haciendo concesiones, lo cual significaba problema para el emperador, que tenía más de unos cuantos luteranos en su imperio.

Al fin, en 1549, murió el Papa Pablo III. Él estaba a favor de que su sucesor fuera Reginald Pole de Inglaterra (quien era íntimo amigo de Gasparo Contarini). Como miembro de los *Spirituali*, Pole creía en la justificación solo por la fe y quería verla entretejida dentro de la estructura de la teología católica. Sin embargo, el Cardenal Inquisidor Gian Pietro Carafa de Nápoles, trabajó fuertemente para representar

---

2 Shelly, Bruce, *The Church History in Plain Language*, 2nd ed., Word, Dallas, 1995, p. 277 .

a Pole como un simpatizante de los herejes protestantes, después de lo cual el cardenal inglés perdió la elección al papado por un voto. En su lugar, la corona papal se la dio a Julio III con la condición de que apoyaría activamente la obra de Trento.[3] Se urgió a Pole para que dejara el concilio (alegando una anomalía nerviosa) cuando su posición concerniente a la fe estaba próxima a ser condenada.

Bajo el Papa Julio III (1550-55) el concilio de Trento continuó enfocándose en el negocio de condenar a los protestantes. En particular, los delegados enfatizaban la comprensión católica de la Eucaristía, que el pan y el vino se convierten por completo en el cuerpo y la sangre físicos de Cristo. Después del papado de Julio III, el inquisidor Cardenal Gian Pietro Carafa se convirtió en el Papa Pablo IV (1555-59). Él rehusó convocar el concilio como protesta contra lo que consideraba su espíritu independiente. No obstante, al tomar el control de los jesuitas y reforzar una hueste de nuevas reglas religiosas, fue eficiente al empujar a más profundidad la cuña entre los protestantes y Roma.

El último papa en presidir el concilio fue Pío IV (1559-65).[4] Como sus predecesores, más adelante enfatizó la autoridad católica romana sobre la posición protestante de la Escritura sola. Cuando se acercaba el cierre del Concilio de Trento, él lo selló con la bula *Injunctum nobis*, la cual incluía una declaración doctrinal que se le requería a todos los católicos.[5] El documento destacaba el impulso anti protestante del concilio: «Yo reconozco a la Santa Iglesia Católica, Apostólica *Romana* [énfasis del autor] como la madre y señora de todas las iglesias: y prometo y juro verdadera obediencia al Romano Pontífice, el sucesor del bendito Pedro, el jefe de los Apóstoles y el vicario de Jesucristo».[6]

Si ya Trento constituyó una «Contra» o una Reforma «Católica», es un asunto de disputa. Es probable que fueran ambas cosas. Los dogmas oficiales formulados con audacia en sus sesiones se oponen

---

3 Tomkins, Stephen, *A Short History of Christianity*, Eerdsman, Grand Rapids, MI, 2005, p. 155.

4 Aunque los papas en realidad no asistieron personalmente al concilio, sus voces fueron mediadas por medio de cardenales clave.

5 Se le llamó la «Forma para la profesión de la fe católica ortodoxa» (también conocida como el «Credo de Pio IV»).

6 Marty, Martin, *A Short History of Christianity*, 2nd. ed., Fortress, Philadelphia, 1987, p. 202.

y condenan la teología protestante; sin embargo, al mismo tiempo se instituyeron reformas positivas para frenar los abusos clericales y promover la renovación espiritual. Cualquiera de estos énfasis que prefiramos, todos podemos estar de acuerdo en que en el Concilio de Trento la Iglesia Católica Romana aclaró cada una de sus creencias y prácticas. Era «la santa iglesia Católica, Apostólica y Romana». Detrás de las gruesas murallas de la catedral de Trento, Roma edificó para sí una fortaleza en la que solo había un trono papal. El historiador católico Joseph Lortz, sintetiza el legado de Trento, al escribir, «[esto] se convirtió en el más papal de todos los concilios, un verdadero precursor del Vaticano I, y sin el cual el Vaticano I nunca se hubiera podido concebir».[7] Ahora nos volvemos a este concilio.

VATICANO I (1869 – 70)

Trescientos años después, el 18 de julio de 1870, hubo en Roma una severa tormenta de rayos. Mientras el Papa Pio IX estaba en pie en la Basílica de San Pedro, su voz era apenas audible sobre el retumbar de los aplausos tormentosos que sonaban en la parte exterior del cielo raso. A pesar de algunas velas extras que se trajeron a su atril, el papa luchaba por leer el texto que tenía delante. Los obispos hacían un gran esfuerzo para capturar sus palabras. Si imaginamos que ellos se hubieran sentado cerca a su atril, le podrían haber oído decir lo siguiente: «Por lo tanto, si alguien dice que el bendito Pedro el apóstol no fue nombrado el príncipe de todos los apóstoles y la cabeza visible de toda la iglesia militante; o que él mismo directa y de inmediato recibió de nuestro mismo Señor Jesucristo solo un honor de primacía, y no la jurisdicción propia y verdadera, sea anatema [maldito]».[8]

El énfasis de Pío IX en muchas formas era la continuación (y el clímax) de lo que comenzó en el Concilio de Trento. Aunque tres

7 Lortz, Joseph, *The Reformation in Germany*, vol.2, trans. Ronald Walls, Herder and Herder, New York, 1968, p. 238.

8 Schaff, Philiip, *The Creeds of Christendom*, Harper and Row, New York, 1931; rept., Baker, Grand Rapids, MI, 1998, pp. 259-60. Las citas son de la edición de Baker.

siglos separaban los sucesos, ellos están íntimamente conectados en la vena de la autoridad papal. Para comprender la naturaleza de esta relación, debemos retroceder un paso del Vaticano I para considerar la historia que lo precedió.

En el año 1789, cuando comenzó la Revolución Francesa, la Iglesia Católica Romana todavía reinaba sobre las estructuras de Europa Occidental. Desde dentro de su fortaleza religiosa parecía que la vida se estaba desarrollando con toda normalidad. Sin embargo, pronto el orden tradicional se volcaría por completo.

Como la mayoría de las revoluciones, la Era del Iluminismo comenzó en el campo de las ideas y las palabras, pero no demoró mucho antes que las discusiones se convirtieran en acción. El 14 de julio de 1789, cuando las turbas parisienses tomaron la ciudad de la Bastilla, el gato se salió de la bolsa. Este felino europeo no era el tipo de animal doméstico y amistoso que se sienta en tu regazo, era un león. Debido a que la iglesia de Roma era un artículo del menú del orden antiguo y establecido, se hizo parte prominente de la dieta del león. Por ejemplo, en 1790 uno de estos grupos revolucionarios llamado la Asamblea Nacional intentó reformar la iglesia. Sin embargo, cuando la Asamblea cortó el control del papa en Francia y requirieron que los que mantenían oficios en la iglesia hicieran lo mismo, la iglesia se dividió por la mitad. El clero chocó entre sí mismo en casi todos los pueblos y aldeas a través de Francia. En su momento, los líderes revolucionarios forzaron a más de treinta mil sacerdotes a salir de sus pueblos natales e ir a esconderse.[9]

Con cada año que pasaba el león revolucionario se hacía más grande y más fiero, especialmente en Francia. Después que Luis XVI permitió una invasión extranjera para enfrentar a sus radicales, los campesinos amotinados le mostraron la puerta. En realidad, los enviaron, a él a su familia, a la guillotina. Mientras las cabezas caían el nuevo parlamento abolió el cristianismo a cambio de la ideología humanista de Voltaire y Rousseau. Se adoró la razón como a Dios, las

---

9 Shelley, *Church History*, p. 357.

semanas de diez días reemplazaron el calendario religioso y los días de los santos se convirtieron en días de fiesta para celebrar las frutas, los vegetales y las flores. (Sí, también me sorprendió saber que los niños de las flores originales eran franceses.) Sin embargo, en 1799, solo diez años después que la Revolución Francesa comenzara, un hombre atravesó el corazón del león modernista con una espada. Su nombre fue Napoleón Bonaparte.

Bajo el liderazgo de Napoleón, el ejército francés conquistó Italia, incluyendo la ciudad de Roma. Aunque el objeto primario de su adoración era él mismo, Napoleón reconoció al catolicismo como un amigo de su orden social. El historiador Stephen Tomkins describe cómo era esta amistad:

> Así que Napoleón le ofreció un trato al Papa Pío VII. Él restauraría la iglesia si el Papa aprobaba su régimen, pero Napoleón escogería a los obispos y a él le jurarían lealtad, él seguiría tolerando a los judíos y a los protestantes. Pío consintió, pero la manipulación de Napoleón sobre la iglesia llegó a molestarlo en gran manera. En 1804, Napoleón lo indujo a venir y coronarlo emperador en Notre Dame, devolviendo el favor que el Papa León le había hecho a Carlomagno 1,000 años antes, pero en el último minuto, en un giro señalado de la historia, Napoleón arrancó la corona de las manos del Papa y se coronó a sí mismo... Al final, cuando Napoleón anexó el estado papal a Francia, Pio lo excomulgó, y entonces Napoleón arrestó al Papa.[10]

Cuando el megalómano francés se estaba vengando del mundo por todos los chistes que desde niño motivaron su corta estatura, Napoleón, sin darse cuenta, llevó la revolución más allá de lo que había ido antes. No solo rompió la alianza del trono y del altar en Francia (como los revolucionarios habían exhibido dramáticamente el 10 de noviembre de 1793, cuando profanaron el altar mayor de Notre Dame con la

---

10 Tomkins, *A Short History*, p. 205.

Diosa de la Razón), sino que, sin advertirlo, llevaron esta división a la misma Roma. Los suizos y otros mercenarios casi no ofrecieron resistencia a la invasión de Napoleón en 1796. Humillado por la espada francesa, el Papa Pío VI (y su sucesor Pío VII) fueron despojados del poder político.

Sin embargo, cuando en 1815 se derrumbó el poder de Napoleón y a él lo desterraron a una isla desolada en el Atlántico, el Congreso de Viena restauró los estados papales y los colocó bajo la protección austríaca; pero los días de su poder de auto gobierno habían pasado.

Después de unos cuantos años de paz relativa en Sardinia, surgió un movimiento a favor de la independencia y solidaridad italianas llamado *Risorgimento* (renacimiento). Ansiosos de ver la península italiana unida bajo una bandera común, los revolucionarios consideraron los Estados Papales como un vestigio medieval que se interponía en el camino de su sueño. Una hueste de conspiraciones y revueltas caracterizaron las décadas siguientes (en especial entre 1831–49) cuando las facciones liberales maniobraban para conseguir el poder. El pontífice se encontró en el medio de esta política explosiva.

Al principio, los proponentes de *Risorgimento* consideraron al Papa Pío IX (1846 – 78) como un aliado, pero su alianza no duró mucho. El historiador Bruce Shelley ofrece un resumen convincente de cómo se agriaron las cosas:

> Al principio los liberales le dieron la bienvenida al Papa Pío IX. Él era un hombre cálido, bondadoso y con buenas intenciones, y los liberales lo tomaron por un verdadero reformador cuando, el 14 de marzo de 1848, él le dio una constitución a los Estados Papales que le permitía al pueblo un grado moderado de participación en su gobierno. Algunos soñaban con una federación italiana bajo el papa. Pero de repente Pío cambió de idea acerca de los Estados Papales cuando los revolucionarios asesinaron al primer ministro papal, el Conde Pellegrino Rossi. La revolución estalló en Roma, y Pío se vio forzado a huir. Con la ayuda de los militares franceses Pío retomó

Roma y los Estados Papales, pero esta vez insistió en volver al antiguo gobierno absolutista.[11]

A través de una serie de incidentes y vueltas (irónicas) Roma encontró seguridad en la protección de las tropas francesas. Pero la tregua tuvo una corta duración. Cuando la guerra Franco-Prusiana se llevó las tropas de Italia para que regresaran a Francia, dejaron a Roma sin protección. Un nuevo ejército italiano que dirigían los nacionalistas atacó de inmediato los Estados Papales y Pío IX se rindió. Después de un referendum, se declaró a Roma la ciudad capital de Italia. El 20 de octubre de 1870, cuando la anexaron formalmente, llegaron a su fin mil años del soberano Estado Papal. Como consecuencia, Pío IX se retiró a un cautiverio auto impuesto en el Vaticano.

En 1871, cuando Víctor Manuel, el primer rey de una Italia unificada, escogió a Roma como su residencia, el papa se enfureció. Prohibió a los católicos italianos participar en el nuevo establecimiento político, incluyendo las elecciones. Esta moratoria no solo enmudeció la voz católica en los asuntos políticos y sociales, sino que también engendró una estridente actitud anticlerical. No fue hasta que Benito Mussolini concluyó el Tratado Laterano en 1929 que se resolvieron las reclamaciones de la iglesia sobre Roma. Forzaron al papa a renunciar a cualquier derecho sobre los antiguos Estados Papales. Sin embargo, se le dio soberanía en el territorio del Vaticano.[12]

Solo podemos imaginar la frustración (y humillación) del papa cuando lo forzaron a entregar los Estados Papales después que la iglesia los había poseído durante más de un milenio. Aunque no sabemos lo que estaba pasando por su mente, su respuesta a la situación es asunto de un registro histórico. En 1870, el mismo año en que se le arrancó de las manos el gobierno político, el Papa Pío IX declaró la doctrina de la infalibilidad papal, es decir, el papa está preservado de error cuando, con solemnidad, pronuncia la enseñanza de fe y moral como están contenidas en la revelación divina. Aunque a Pío IX se le despojó de

11 Shelley, *Church History*, p. 359.
12 Ibid., p. 360.

su papel político, poseía una jurisdicción que estaba mucho más allá del alcance del rey o príncipe, el reino espiritual. En este reino había un trono terrenal y un pontífice con autoridad para hablar desde él.[13]

El concepto de la infalibilidad papal se estuvo considerando durante unas cuantas décadas antes de hacerse oficial. Durante la década de 1850 una publicación jesuita enseñó que los pensamientos de Dios se hacen saber mediante el papado. «Aparecieron himnos dirigidos, no a Dios, sino a Pío IX; y algunos se atrevieron a hablar de los Santos Padres como los "vice Dios de la humanidad"».[14]

En 1854, el papa siguió una trayectoria centrada en el papado al establecer el dogma de la inmaculada concepción de María, la creencia de que la madre de Jesús fue concebida sin el pecado original. De interés particular es la manera en que él hizo esto. Aunque cincuenta y cuatro cardenales y 140 obispos estaban presentes para el pronunciamiento, el concilio no hizo la decisión (como era la costumbre); más bien la hizo el papa solo. Esta innovación prefiguró la doctrina de la infalibilidad papal la cual se declararía dieciséis años después en la oscuridad de San Pedro, en medio del repique de los truenos y las llamaradas de los rayos.[15] Al fin llegó a su clímax el movimiento hacia la supremacía papal que comenzó en Trento.

A fines de 1870, la imagen popular de la Iglesia Católica Romana se había solidificado. Las formulaciones dogmáticas de Trento y el Vaticano I habían creado una fortaleza inexpugnable de la cual huían los fieles buscando la seguridad del fiero león del modernismo, el cual vagaba libremente en el exterior. Esta imagen de la ciudadela continuó

---

13 La Declaración del Primer Concilio Vaticano asevera que cuando el papa habla *ex cátedra* (desde la silla papal) lo hace como el vocero inspirado por Dios. «En el cumplimiento de su oficio de pastor y doctor de todos los cristianos, él define, en virtud de su suprema autoridad apostólica, una doctrina de fe o moral para que la mantenga la iglesia universal, (y) está dotado por la asistencia divina prometida en el bendito Pedro con esa infalibilidad con la cual nuestro divino redentor quiso que la iglesia fuera provista al definir la doctrina de fe o moral; y, por ello, que tales definiciones del romano pontífice son irreformables en sí mismas y no en virtud del consentimiento de la iglesia». Colman, Barry J., ed. *Readings in the Church History*, vol. 3, *The Modern Era, 1789 to the Present*, Newman, Westminster, 1965, pp. 78-79.

14 Shelley, *Church History*, p. 361.

15 Cairns, Earle, *Christianity through the Centuries: A History of the Christian Church*, Zondervan, Grand Rapids, MI, 1981, p. 395. Desde la solemne declaración en 1870 acerca de la infalibilidd papal por el Vaticano I, este poder se ha usado solo una vez: en 1950, cuando Pío XII definió la asunción de María como un artículo de fe para los católico romanos.

en el siglo veinte. David Gibson, el periodista católico romano provee una instantánea: «En una encíclica de 1906, Pío X dijo que el "único deber" del laicado es "dejarse llevar, y como un rebaño dócil, seguir al Pastor". En 1907 la jerarquía americana convino con una directiva similar: "La Iglesia no es una república o una democracia, sino una monarquía; [...] toda su autoridad viene de arriba y descansa en su Jerarquía... [Aunque] a los fieles del laicado se les han dado los derechos de recibir todas las benditas ministraciones de la Iglesia, ellos no tienen en lo absoluto ningún derecho a decidir ni gobernar"».[16]

A medida que avanzaba el siglo, la encíclica papal *Humani Generis* de 1950 demostraba una estructura de arriba a abajo. En ella, el Papa Pío XII (1939 – 58) «censuraba los intentos de algunos teólogos para poner al día las enseñanzas de la iglesia y "debilitar la significación de los dogmas... buscando liberarlos de los conceptos y formulaciones que mantenía la iglesia desde hacía mucho tiempo y regresar *en su lugar al lenguaje de la Biblia* y de los Padres"».[17] Pero en solo doce años surgió un pontífice que amaba el aire fresco y tenía una habilidad extraordinaria para encantar a los leones.

EL VATICANO II (1962 – 65)

«Hay dos libros que debes leer si quieres estudiar el Vaticano II (después de los documentos del concilio): *History of Vatican II* [Historia del Vaticano II] cinco volúmenes editado por Giuseppe Alberigo y *Modern Catholicism: Vatican II and After* [Catolicismo moderno: Vaticano II y después], editado por Adrian Hastings». Esto es lo que me dijo mi profesor amigo. Cuando al fin me llené de valor suficiente para tomar estos densos tomos del anaquel de la biblioteca, encontré una mesa y abrí el primer volumen de Alberigo esperando tener la tarde más aburrida de mi vida. Después de leer unos cuantos capítulos, miré al reloj y descubrí, para mi sorpresa, que habían pasado dos horas.

---

16 Gibson, David, *The Coming Catholic Church: How the faithful are shaping a New American Catholicism*, Harper, San Francisco, 2003, p. 48.

17 Shelley, *Church History*, p. 451, énfasis del autor.

Fue entonces cuando me di cuenta que la historia del Vaticano II es, en efecto, un drama destellante.

El Cardenal Angelo Roncalli de Venecia (1881 – 1963) venía de un origen humilde. Era ampliamente reconocido como un «pastor de pastores», un amante de la gente. Después de su elección al papado el 28 de octubre de 1958, a la madura edad de setenta y siete años, tomó el nombre de Juan XXIII (basado en el nombre de su padre y en la lectura del capítulo 10 del Evangelio de Juan). Ese mismo día él resumió los propósitos personales de su pontificado en términos de emular a Jesús, el Buen Pastor. Pocas personas hubieran sospechado que este cálido anciano en el atardecer de su vida sería responsable de convocar uno de los concilios más significativos en la historia de la iglesia: el Vaticano II.[18]

El Papa Juan XXIII (1958 – 63) disfrutaba haciendo nuevos amigos y era muy compasivo con los marginados y los sufrientes. A menudo se arriesgaba a salir para visitar los orfanatos y las cárceles, y cuando un grupo de judíos lo visitaron una vez, él los abrazó con el saludo bíblico: «Yo soy José, vuestro hermano». Hasta le concedió una audiencia papal a un circo viajero y con afecto acarició con unos toquecitos a una cachorrita de león llamada Dolly.[19] Muy pronto el mundo supo que este pontífice no solo conservaba la calma entre los leones sino que también estaba a prueba del rugido del modernismo que había enviado a sus predecesores a correr en busca de defensa dentro de la fortaleza del Vaticano.

En lugar de la imagen de la ciudadela de la iglesia romana que se forjó durante la época de Pío IX, el Vaticano II representó a la iglesia como un pueblo peregrino moviéndose a través del mundo moderno.[20] Con este fin se diseñó el concilio para perseguir los propósitos

---

18 Recomiendo mucho la biografía *Juan XXIII*, por Thomas Cahill, Mondadori, Barcelona, España.

19 Ibid., pp. 452-53.

20 En sus propias palabras: «Cristo convoca a la iglesia a una reforma continua mientras permanezca aquí abajo. La iglesia siempre necesitará esto, mientras que sea una institución de hombres aquí en la tierra. Por lo tanto, si en diferentes tiempos y circunstancias ha habido deficiencias en la conducta moral o en la disciplina de la iglesia, o aun en la manera en que se han formulado las enseñanzas de la iglesia, para que se distinga con cuidado del depósito de la misma fe, esto puede y debe enmendarse en el momento oportuno» (Decreto sobre el Ecumenismo 6).

«pastorales» (a diferencia del de Trento y del Vaticano I, los cuales se enfocaron principalmente en la reforma doctrinal).[21] El término particular que usó Juan XXIII para esta búsqueda fue *aggiornamento*, una palabra italiana que significa «ponerse al día». Entre sus principales preocupaciones estaba la pregunta dónde reside la autoridad de la iglesia y cómo se debe expresar esa autoridad en la esfera parroquial. ¿Debía resonar el cántico del Cordero de la ciudadela clerical o debía proceder de los labios de los feligreses católicos?

El jueves 11 de octubre de 1962 comenzó el Vaticano II con la continua procesión de obispos con sus mitras y vestiduras flotantes entrando en la Basílica de San Pedro. Después que los 2,400 padres del concilio estuvieron en su lugar, descendió por la entrada el trono portátil del Papa Juan XXIII, luego de lo cual él procedió a caminar por el pasillo de 190 metros en medio de saludos y aplausos. El Papa Juan XXIII expresó la esperanza de que si incluso al final del concilio él no estuviera vivo, tendría el privilegio de observar la conclusión desde el cielo. Esta declaración demostró ser más profética de lo que cualquiera se hubiera creído. El 3 de junio de 1963, después de completar la primera de las cuatro sesiones, murió el Papa Juan XXIII.

Las sesiones generales del Vaticano II se celebraron en los otoños de cuatro años sucesivos desde 1962 hasta 1965. Dado el animado debate que caracterizó la primera sesión, algunos se preguntaban si el concilio continuaría. Pero así fue, el Papa Paulo VI, el sucesor de Juan XXIII, convocó la segunda sesión para el 29 de septiembre de 1963.

El espacio no permite un examen exhaustivo del drama del Vaticano II, aunque la historia es muy digna de contarse. Nuestro interés principal es considerar cómo los hilos distintivos de la autoridad de la iglesia se fueron tejiendo juntos. Para obtener una perspectiva sobre la forma final del tapiz consideraremos un par de anécdotas. La primera ocurrió durante el concilio; la segunda después de este.

Para hablar en términos generales diremos que en el concilio había dos extremos representados. «Algunos católicos conservadores

21 En las palabras del Papa Juan XXIII, el concilio sería «predominantemente pastoral en carácter». Ralph M. Wiltgen, *El Rin desemboca en el Tíber*, Editorial Criterio Libros, Madrid, España, p. 15 del inglés).

esperaban afirmar nuevamente la clase de supremacía papal de arriba a abajo que había caracterizado los decretos del Primer Concilio Vaticano de 1869 – 70».[22] La Curia Romana (el cuerpo gobernante del Vaticano a nivel superior) defendía esta posición. «[Por el otro lado del espectrum estaban los radicales quienes] querían que la iglesia abrazara movimientos progresivos de renovación social y modernismo teológico».[23] El choque de estas dos facciones produjo más de unas cuantas chispas.

El asunto de si era apropiado que la Misa se hablara en el idioma vernacular en lugar de en latín provocó un debate especialmente fiero. Una voz franca fue la del Arzobispo Enrico Dante, que servía como secretario de la Sagrada Congregación. Como miembro de la Curia (y experto latinista) él insistía en que «el latín debía continuar siendo el idioma de la liturgia, y el vernáculo solo debe usarse para instrucciones y ciertas oraciones».[24]

El debate de la liturgia continuó durante algún tiempo. Llegado el momento, el miembro más poderoso de todos en la Curia, el Cardenal Alfredo Octtaviani, subió al estrado para exhortar a los progresivos sobre cómo ellos debían considerar la Misa (o cómo lo creía él). El historiador católico Ralph M. Wiltgen nos cuenta la historia:

> El 30 de octubre, un día después de cumplir setenta y dos años, el Cardenal Octtaviani se dirigió al concilio para protestar contra los cambios drásticos que se estaban sugiriendo en la Misa «¿Estamos tratando de provocar asombro, o quizá escándalo, entre el pueblo cristiano, al introducir cambios en un rito tan venerable y aprobado durante tantos siglos y que ahora es tan familiar? El rito de la Santa Misa no se debe tratar como si fuera un pedazo de tela para ponerse a la moda de acuerdo al antojo de cada generación».
>
> Estaba hablando sin un texto, debido a su ceguera parcial,

22 Noll, Mark, *Turning Points: Decisive Moments in the History of Christianity*, Baker, Grand Rapids, MI, 2001, p. 302.

23 Ibid., p. 302.

24 Wiltgen, El Rin, p. 28.

y se excedió de los diez minutos, el tiempo límite que se había pedido observar. El Cardenal Tisserant, el Decano del Concilio de Presidentes, mostró su reloj al Cardenal Alfrink, que presidía esa mañana. Cuando el Cardenal Occtaviani llegó a los quince minutos, el Cardenal Alfrink sonó la campana de advertencia. Pero el orador estaba tan absorto en su tópico que no oyó la campana o la ignoró a propósito. A una señal del Cardenal Alfrink un técnico apagó el micrófono. Después de confirmar el hecho dando golpecitos al instrumento, el Cardenal Occtaviani regresó humillado a su asiento. El cardenal más poderoso en la Curia Romana había sido silenciado, y el concilio de los Padres aplaudió con júbilo.[25]

Esta anécdota resume el espíritu audaz del Vaticano II y es uno de los muchos ejemplos de cómo la ola de la autoridad religiosa cambió durante el concilio. Contrario a la mentalidad de fortaleza, la iglesia alcanzó al mundo de maneras frescas. Por ejemplo, a los protestantes a quienes con anterioridad se les consideraba como heréticos malditos (desde del Concilio de Trento) se les elevó al plano más elevado de «hermanos separados». A algunos de ellos hasta se les invitó a observar el concilio. También se construyeron puentes ecuménicos para la Ortodoxia Oriental y el Judaísmo.

Se quitó esta aguda cuña entre la tradición y la Escritura.[26] Se emitió un decreto sobre la libertad de religión que eliminaba permanentemente la inquisición y otras técnicas de coerción religiosa. Se esparció la autoridad papal mientras que se elevaba el papel de los obispos. Se estimuló el estudio bíblico para los católicos laicos junto con un énfasis mayor en la fe personal. Quizá la reforma más obvia vino en la misma liturgia. El profesor David Wells describe el cambio:

---

25 Ibid., pp. 28-29.

26 Las Escrituras *y* la Tradición, afirmadas en Trento (Sesión 4, 8; 8 de abril de 1546), debían abrazarse como dos fuentes autoritativas iguales de la divina revelación. Cuatrocientos años después, en el Vaticano II, Roma enfatizó que la Escritura y la Tradición fluían del mismo manantial divino, combinados en una unidad y movidos a la misma meta (*Constitución dogmática sobre la revelación divina* 9, 18 de noviembre de 1865; ver también *El catecismo de la Iglesia Católica*, 80).

> Antes, la adoración tendía a ser mecánica, externa, llevada a cabo por el sacerdote quien estaba casi inconsciente de la gente en la iglesia. Tendían a ser meramente espectadores de un suceso en lo esencial externo a ellos. [El documento del concilio titulado] *Meditor Dei* trató de revertir esto, arguyendo que los fieles no eran «espectadores mudos» sino que debían participar en el servicio de adoración con el sacerdote. La encíclica hasta decía que el laicado tiene una función sacerdotal que cumplir. Aunque se quedaron cortos en apoyar una doctrina plena del sacerdocio de todos los creyentes, la encíclica hizo mucho para revertir un clericalismo sofocante bajo el cual el catolicismo había sufrido y también para apoyar la necesidad de un involucramiento subjetivo en la fe cristiana.[27]

En cuanto a la autoridad religiosa, Wells señala un asunto crítico con las palabras «involucramiento subjetivo». La idea es tan fundamental a la creencia y práctica protestantes que con facilidad los evangélicos pasan por alto el profundo paso que esto representó. Sin embargo, para los laicos católicos, el cambio fue tan drástico como para quitarle la respiración. La adoración y el alcance dejaron de ser limitados al clero ordenado, ahora todos los católicos estaban invitados a participar. El historiador Bruce Shelly explica parte del efecto: «Hasta la llegada del Papa Juan y del Segundo Concilio Vaticano, el católico típico aceptaba la estructura autoritaria de la iglesia como un dictado de la revelación divina. Ellos pensaban que el papa era como una clase de gobernante super humano y que cada una de sus palabras eran un mandato investido de autoridad super natural; incluso, consideraban a los obispos con asombro. En este estado de cosas, pocos católicos ponían en duda el procedimiento autocrático acostumbrado en la iglesia, aunque a menudo a los de afuera les parecieran medievales. Nadie se atrevía a retar a un obispo en el gobierno de su diócesis como su feudo personal, o el pastor administrando su parroquia».[28]

---

27 David F. Wells, *Revolution in Rome*, Inter Varsity, Downers Grove, IL, 1972, pp. 11-12.
28 Shelly, *Church History*, p. 458.

Una manera útil de apreciar el efecto revolucionador que produjo el cambio de Roma sobre la autoridad religiosa desde el clero ordenado hasta sus laicos es considerar el cambio en la música católica durante el siglo veinte. Debido a que los cantos comunican con eficiencia los valores y prioridades de uno como pocos otros medios de comunicación, estos ofrecen una fascinante ventana dentro del tiempo. Un ejemplo excelente es el himno titulado «Que viva el Papa» por el Ilustrísimo Monseñor Hugh Henry. Se cree que Henry escribió el himno en 1908, y después apareció en el famoso Himnario de San Gregorio, el himnario para coros más popular en los Estados Unidos desde 1920 hasta la década de 1960. El canto fue representativo de la fe católica antes del Vaticano II. Aunque no seas un himnólogo profesional, es probable que veas su énfasis.

¡Que viva el Papa!
Que suenen sus alabanzas
Una y otra vez:
El gobierna sobre el tiempo
Y también sobre el espacio:
En el corazón de los hombres
Su trono está
¡Salve! el Pastor Papa de Roma
Él es el tema de una canción de amor
Que toda la tierra su gloria cante
Y el cielo prolongue sus compases
Asediado por los enemigos de la tierra.

Acosado por las huestes del infierno;
Él defiende al rebaño fiel de Cristo,
Un centinela alerta:
Y aun en medio del estruendo del conflicto,
El Báculo del Pastor solo él lo lleva,
El campeón del Señor.
Su sello es el del Pescador.

No lleva ningún cetro
En mansa y humilde majestad
Desde la silla de Pedro él gobierna
Y aun de cada tribu y lengua
De cada clima y zona
Trescientos millones de voces
La gloria de su trono entonan.[29]

Y luego el canto elevan,
Con corazón y voz,
En la iglesia, la escuela y el hogar
«¡Que viva el Pastor del Rebaño!»
«¡Que viva el Papa de Roma!»
Padre Todopoderoso bendice su obra.
Protégelo en sus caminos,
Recibe su oración, sus esperanzas cumple,
Y largura de días a él concede.

Si vienes de un trasfondo católico y tienes menos de cincuenta años, quisiera hacerte una pregunta. ¿Alguna vez cantaste este himno? Si contestas sí, eres parte de una minoría *muy* pequeña. Por otro lado, si fuiste criado en la Norteamérica católica entre 1920 y 1960, debe haber sido un himno tan popular para ti como «Castillo Fuerte» de Lutero es para los protestantes. Para decirlo con sencillez, desde la conclusión del Vaticano II en 1965, ha habido una marcada disminución en la cantidad de himnos que exaltan la gloria de la «silla de Pedro». Por el contrario, ha habido muchos más cantos escritos acerca de la devoción a Dios del corazón del católico individual. Este cambio de énfasis ha modificado, en uno u otro grado, el perfil de virtualmente cada parroquia católica sobre la faz de la tierra. Tal modificación continúa desarrollándose hoy y promete hacerlo así en el futuro, como señala el profesor Wells: «El pivote sobre el cual gira el futuro parece ser el cambio hacia la experiencia religiosa subjetiva y el alejamiento de la alianza

29 Por alguna razón, esta tercera estrofa [en inglés] se omite en el sitio del internet de la EWTN: www.ewtn.com/p21papal/3/long-live.htm.

objetiva de la iglesia. Este énfasis significará que dos hombres pueden considerarse uno al otro como católicos, no porque ambos se adhieran a la misma enseñanza (objetiva) sino porque ambos parecen participar de la misma experiencia (subjetiva). En una época existencial *como* tú crees es mucho más importante de *lo que* crees».[30]

De acuerdo con el movimiento del concilio hacia la experiencia personal algunos contienden que la Iglesia Católica Romana moderna es ahora, en la práctica, sinónima de protestantismo. Hace poco que un amigo mío llegó a esta conclusión. Al hacerlo así él presentó a Martín Lutero como el modelo cuya conciencia *personal* estaba cautiva por la Palabra de Dios. «Ahora, esta es la posición católica», afirmó él.

Comprendo por qué uno pudiera llegar a la conclusión de mi amigo. Tristemente, la correlación entre la Reforma protestante y el Vaticano II es en esencia imperfecta. Falla en reconocer que un énfasis en la fe personal era una de los varios hilos tejidos en el tapiz del Segundo Vaticano. La hebra llamada «supremacía papal» también estaba entretejida. Para comprender el significado de esta hebra papal, consideraremos un hecho que ocurrió solo tres años después del concilio: la encíclica llamada *Humanae vitae*.

La década después del Vaticano II estuvo entre las más turbulentas en la historia moderna del catolicismo. La renovación parecía ser omnipresente con las estructuras autoritarias mantenidas en desacato y las reformas democráticas promovidas a izquierda y derecha.

Shelly describe estos años escribiendo: «Tantos monumentos espirituales y religiosos se barrieron tan de repente que se dejó al católico promedio en un estado de completo desconcierto».[31]

El Profesor Ralph M. McInerny de Notre Dame en su libro *What Went Wrong with Vatican II* [Cuál fue el error del Vaticano II] examina el desconcierto de la iglesia. Provee una evaluación de lo que ocurrió en 1968 cuando el Papa Pablo VI emitió su encíclica infame *Humane*

---

30 Wells. *Revolution in Rome*, p. 118.
31 Shelley, *Church History*, p. 457.

vitae que condenaba el uso de métodos artificiales de contracepción.[32] La encíclica encendió un infierno político. Durante los días después del anuncio del papa, una cantidad incontable de católicos dejaron la iglesia.[33] A riesgo de presionar demasiado la metáfora del león y la fortaleza las consecuencias fueron semejantes a la catástrofe de Siegfried y Roy de 2003 cuando una audiencia en Las Vegas observó que el gran león mutilaba a Roy. Luego de esto hubo mucho malestar y consternación.

El Papa Pablo VI era valiente; debemos concederle eso. Saltar dentro de la jaula del león con una silla y un látigo puede ser menos intimidante que la oposición que él enfrentó.

En su decisión, el pontífice se movió contra el consenso sobrecogedor que compartía su Comisión del Control de Nacimientos, obispos, el clero y los laicos.[34] El profesor McInerny describe los fuegos artificiales que la decisión del papa hizo estallar:

El mismo día, 29 de julio, en que la encíclica del Papa Paulo VI se hizo pública por todas partes, se hizo evidente que la *Humanae Vitae* estaba encontrando una masiva resistencia clerical. Por donde quiera se trataba con desprecio y desacato. Mucho antes de que ellos pudieran haber leído la encíclica, los teólogos católicos, los sociólogos y los periodistas se fueron disociando de su enseñanza. El padre Robert Johann, S.J. dijo al New York Times: «Creo que la esperanza es que los católicos educados obvien este documento».[35]

---

32 La teología católica mantiene que Dios ha creado el acto sexual para que sea unitivo y procreativo. Por eso, la iglesia considera pecaminoso el alterar con deliberación la fertilidad con la intención de prevenir la procreación. Sin embargo, ciertos métodos de Planificación Familiar Natural (PFN) como el «método del ritmo» tienen la aprobación de la iglesia.

33 «En medio de toda la agitación, la iglesia experimentó un éxodo mayor de sacerdotes, hermanos y monjas. Desde 1962 hasta 1974 el número total de seminaristas, solo en los Estados Unidos, había disminuido en un 31 por ciento; y entre 1966 y 1972 cerca de 8,000 sacerdotes americanos dejaron el ministerio público». (Shelley, *Church History*, p. 459).

34 Algunos obispos estaban tan evidentemente seguros de que el Papa Pablo VI aprobaría el uso de contraceptivos artificiales que dieron permiso a los feligreses para el control de la natalidad antes de que la encíclica se pronunciara. Por ejemplo, «la Arquidiócesis de Munich, un tiempo antes había emitido instrucciones oficiales para que una pareja católica "bajo su mutua responsabilidad cristiana, buscando el verdadero bienestar del niño, llegara a creer que ellos no podían evitar una conducta contraconceptiva, no se le debía acusar de abusar el matrimonio". Ahora, hasta el Cardenal Doepner, Arzobispo de Munich, estaba más bien en una posición difícil», McInerny, Ralph M., *What Was Wrong with Vatica II: The Catholic Crisis*, Sophia Institute, Manchester, 1998, pp. 54-55.

35 Ibid., pp. 59-60.

El padre Charles Curran, profesor asociado de teología en la Universidad Católica de América y vice presidente de la Sociedad Americana de Teología, encabezó un esfuerzo solicitando firmas para una declaración que se publicaría acerca de la encíclica. La primera vez que se emitió la declaración hubo ochenta y siete firmas. La cantidad de aquellos que deseaban asociarse con el rechazo del Padre Curran a aceptar la *Humanae Vitae* aumentaron en los días siguientes hasta más de doscientos.[36]

El 30 de julio de 1968 se publicaron las doscientas firmas en el *New York Times*, debajo aparecen varias de las protestas del Padre Curran. Algunas de sus declaraciones fueron las siguientes:

> Es una enseñanza común en la iglesia que los católicos disientan de las enseñanzas autoritativas, no infalibles del Magisterium, cuando existen razones suficientes para hacerlo.[37]
>
> Por consiguiente, como teólogos católico romanos, conscientes de nuestro deber y de nuestras limitaciones, concluimos que los esposos pueden con responsabilidad decidir de acuerdo con su *conciencia* que la contracepción artificial en algunas circunstancias es permisible y en verdad necesaria para preservar y fomentar los valores y la santidad del matrimonio.[38]
>
> También es nuestra convicción que el compromiso verdadero al misterio de Cristo y de la iglesia en esta hora requiere una declaración de mente franca de parte de todos los teólogos católicos.[39]

---

36 Ibid., p. 60.

37 Ibid., p. 64. Esta declaración es engañosa. El documento del Vaticano II titulado *Lumen gentium* afirma la autoridad obligatoria de las encíclicas papales cuando dice: «Esta sumisión religiosa de la mente y la voluntad se deben mostrar especialmente al magisterio auténtico del Romano Pontífice aunque él no esté hablando *ex catedra*; es decir, se debe mostrar de tal modo que se reconozca su magisterio supremo con reverencia, los juicios que él ha hecho están sinceramente adheridos de acuerdo con su mente y voluntad manifiestas. Su mente y voluntad en el asunto se pueden conocer por el carácter del documento, por su repetición frecuente de la misma doctrina o por su manera de hablar» (*Lumen gentium*, no. 25).

38 McInerny, *What Went Wrong*, p. 64, énfasis del autor.

39 Ibid.

Por favor, nota el uso que el Padre Curran hace de la palabra «conciencia» y la «necesidad de una franca declaración de mente». Este es el énfasis en la fe personal del Vaticano II (y de hecho, más que un poco de Martín Lutero). Sobre esta base, desde 1968 ha sido común para los católicos argumentar contra la *Humanae vitae* al citar la declaración del periodista H.L. Menchen, quien dijo: «Para una mujer católica ahora es casi legal evitar la gestación por un recurso de matemáticas, aunque todavía se le prohíbe el recurso de la física y de la química».[40] Lo que debemos reconocer es que la misma existencia de este argumento se hizo posible gracias al Vaticano II, el cual, a diferencia de los años anteriores, proveyó el espacio y la libertad relativa para expresarlo.[41]

Después de citar el artículo del Reverendo Charles Curran en su libro, McInerny ofrece un sumario de su significado. Esta es la broma: «Y, sin embargo, a pesar de su apuro y condescendencia olímpica, esta declaración aclara que el contenido real de la *Humane Vitae* era de importancia secundaria a los signatarios de la declaración. Su verdadero objetivo era el papado, la carga verdadera de sus observaciones tenían que ver con el lugar de autoridad en la Iglesia, ciertamente con la misma naturaleza de la Iglesia».[42]

La conclusión de McInerny apoya nuestra tesis. Aunque el control de la natalidad fue un problema masivo, señala la pregunta teológica mayor de cómo opera la autoridad católica en la iglesia: ¿Hasta qué punto puede el papa dictar doctrina y cuán obligatorios son tales edictos sobre las conciencias de los creyentes individuales? La controversia caliente continúa entre los católicos de hoy.

Me imagino que el mayor provecho de esta sección es la perspectiva que ofrece acerca de por qué la Iglesia Católica puede a veces sonar tan sorprendentemente evangélica y otras veces parece estar a millas de distancia de lo que consideramos ser la fe asentada bíblicamente. Esta

---

40 Tomkins, *A Short History*, p. 234.

41 En el artículo del *Times* ya el Padre Curran había conectado explícitamente sus razones al Vaticano II cuando escribió: «Nosotros no aceptamos la eclesiología implicada ni la metodología que usó Pablo VI en la escritura y promulgación del documento. Ellas son incompatibles con la auto conciencia auténtica de la Iglesia como expresan y sugieren los actos del Segundo Concilio Vaticano». (McInerny, *What Went Wrong*, p. 61).

42 Ibid., p. 65.

es la razón por la cual, por ejemplo, podemos ver al Papa Benedicto como un enigma. Si lees el sermón del pontífice desde el estadio de los Yankees (el así llamado Sermón del Montículo) o su libro *Jesús de Nazaret*, encontrarás que, en resumidas cuentas, son maravillosamente evangélicos. Son más Cristocéntricos y sustantivos que muchos, tal vez la mayoría, de los sermones evangélicos. Luego hay sus muchos libros exhortando a la iglesia a contender por una cultura de vida y un modelo de verdad en nuestro mundo neopagano. Al mismo tiempo, el papa también es el autor del *Dominus Iesus* el cual afirma que las congregaciones protestantes tienen legitimidad como iglesias solo hasta donde la deriven de la Iglesia Católica. ¿Cómo explicamos esta extraña mezcla? Es sencillo, son las voces del Vaticano I y del Vaticano II hablando simultáneamente. Los evangélicos deben aceptar que esta combinación es integral a la ADN de la Iglesia Católica de hoy y no deben esperar que la tensión desaparezca en un futuro inmediato.

PREGUNTAS PARA COMENTAR

Capítulo 1
Por qué los católicos se convierten en evangélicos

1. Identifique un recuerdo positivo de su origen católico, uno que sirvió para establecer o nutrir su fe.
2. En la sección «Confrontado por la muerte», Chris explica cómo la pérdida de su abuelo le hizo reflexionar en un propósito de la vida. ¿Qué hechos en tu vida han estimulado la misma suerte de preguntas para ti?
3. ¿Cuál es la diferencia fundamental en la comprensión de la autoridad de la iglesia entre un católico y un protestante evangélico?[1]
   a. El punto de vista católico:
   b. El punto de vista evangélico:
4. ¿Cuáles fueron las razonas principales para que tú escogieras dejar la iglesia católica?
   a. ¿Con cuáles de las cinco razones bosquejadas en la primera mitad de *Terreno Santo* tú te identificas?
   b. ¿En qué orden de prioridades pondrías tus razones?
5. ¿Qué comprendiste mejor al leer este capítulo?

Lecturas adicionales

Galea, Ray, *Solo por gracia*, LetraViva, San José, Costa Rica, 2009.

Geisler, Norman L., y Ralph E. MacKenzie. *Roman Catholics and Evangelicals: Agreements and Differences*. Baker, Grand Rapids, MI, 1995.

---

1 La respuesta se reduce a nuestro punto de vista diferente acerca de cómo la vida y la autoridad de Jesús se personifican en su iglesia y por extensión en el mundo. La teología católica ve una correlación entre la persona de Jesús y la institución de la iglesia, la única, santa iglesia católica, apostólica y romana. Por otra parte, los evangélicos correlacionan a Jesús, la Palabra viviente, con Jesús la Palabra escrita (las Escrituras).

Capítulo 2
Primera razón: Fe a tiempo completo

1. ¿Cómo se relaciona la «imagen de Dios» con el propósito divino de la humanidad?
2. ¿Cómo difieren los católicos y los evangélicos en su comprensión de la manera en que la iglesia representa al reino de Dios?
3. ¿Cuál es el propósito divino de la iglesia?
4. ¿Cómo cambiaron tus rutinas personales de adoración y devoción cristiana desde que te convertiste en evangélico?
5. ¿Cómo estas rutinas consiguieron funcionar en tu ministerio, en tu centro de trabajo y entre tus amigos?
6. Dorothy Sayers hizo una pregunta profunda: «¿Cómo puede alguien permanecer interesado en una religión que no parece preocuparse ni por las nueve décimas de la vida?» En una escala de nueve a diez, estima tu habilidad para relacionar los puntos entre tu fe cristiana y las tareas diferentes que haces cada semana. ¿Cómo puedes mejorar?
7. ¿Qué comprendiste mejor al leer este capítulo?

Lectura adicional

Banks, Robert. *Reedeeming the Routines: Bringing Theology to Life*, Baker, Grand Rapids, MI, 1993.

Capítulo 3
Un retrato de la fe evangélica: Martín Lutero

1. El historiador Martin Marty describe a Martín Lutero como un «luchador con Dios, en verdad, como un obsesionado de Dios buscando certidumbre y seguridad».[2] ¿Cómo te relacionas con la experiencia de Lutero?
2. ¿En qué sentido el ministerio de Lutero fue similar al de John Wycliffe (1324 – 84) y John Hus (alrededor de 1369–1415)?
3. ¿Dónde ves expresadas hoy las preguntas y preocupaciones de Lutero, tal vez hasta en tu propia experiencia?
4. ¿Qué piensas acerca del argumento que algunos presentan que desde las reformas, del Vaticano II, los católicos y los protestantes son en esencia lo mismo?
5. ¿Cómo resumirías la enseñanza de *sola Scriptura* (las Escrituras sola) y la importancia que ella tiene para tu fe?
6. ¿Qué comprendiste mejor al leer este capítulo?

---

2 Marty, Martin, Martín Lutero, Viking Penguin, New York, 2004, p. xii

Lecturas adicionales

MacCulloch, Diarmaid, *The Reformation*. Viking Penguin, New York, 2003.
Marty, Martin. *Martin Luther*. Viking Penguin, New York, 2004.
McGrath, Alister. *Christianity's Dangerous Idea*, Harper One, New York, 2007.

Capítulo 4
Segunda razón: relación personal con Jesús

1. Antes de trasladarte a tu iglesia actual, ¿qué conceptos del evangelicalismo tú tenías?
2. ¿Qué clase de momento de cambio de vida, quizá como adolescente o adulto, dio como resultado tu «conversión» a la fe en Cristo?
3. Si te sientes cómodo describiendo tu experiencia, usa unos cuantos minutos para contar a otros de tu grupo la historia de tu conversión.
4. ¿Qué reglas o costumbres católicas encontraste en particular problemáticas o confusas?
5. ¿Qué pasajes de las Escrituras te han ayudado a comprender el mensaje del evangelio? ¿Cómo te ayudaron?
6. ¿Qué comprendiste mejor al leer este capítulo?

Lectura adicional

San Agustine. *Confesiones*, Biblioteca virtual Miguel Cervantes, Alicante, España, 2002.
Bunyan, John. *El progreso del peregrino*, Ediciones Catedra, Madrid, España, 2003.
Edwards, Jonathan. La verdadera experiencia cristiana, Iglesia Bautista de la Gracia, Netzahualcóyotl, Mexico, 1991, disponible en linea: http://www.scribd.com/doc/13793750/la-verdadera-experiencia-cristiana-Jonathan-Edwards.

Capítulo 5
Tercera razón: Acceso directo a Dios

1. Según Juan 15, ¿qué significa que Jesús se refiriera a sus discípulos como sus amigos?
2. ¿Qué porción de las Escrituras ha iluminado tu apreciación de la naturaleza directa de la presencia de Dios para aquellos que están en Cristo?
3. ¿Cómo puede la iglesia preservar un sentido de devoción personal a Dios sin dejar que degenere en una irreverencia desaliñada?

4. ¿Cómo el clero católico (sacerdotes y monjas) impactaron tu vida de manera positiva?
5. ¿Cómo la idea de sucesión conduce a los católicos a la conclusión de la «infalibilidad papal» que el papa puede definir el dogma de una manera autoritativa e inerrante?
6. ¿Por qué un acceso directo a Dios es una realidad crítica para la adoración y servicio cristianos?
7. ¿Qué comprendiste mejor al leer este capítulo?

Lectura adicional

Kostenberger, Andreas J., y Peter T. O'Brian. *Salvation to the Ends of the Earth.* InterVarsity, Downers Grove, IL, 2001.
Lewis, C.S., *Mero Cristianismo,* HarperCollins Publishers, San Francisco, CA, 2006.

Capítulo 6
Un retrato de la fe católica: Loyola y Contarini

1. ¿Alrededor de qué pregunta daba vueltas la lucha espiritual de Contarini? ¿Se puede usted relacionar con ella?
2. ¿Qué lecciones ofrece el Coloquio de Regensburg?
3. ¿Por qué a Lutero se le llama ex católico, a Ignacio católico tradicional y a Contarini católico evangélico?
4. ¿Dónde ves ejemplos de estos perfiles entre los católicos de hoy?
5. ¿Cómo tus luchas para comunicarte con tus seres queridos y amigos católicos recuerdan los obstáculos para la unidad que se encontraron en Regensburg?
6. ¿Qué comprendiste mejor al leer este capítulo?

Lectura adicional

Dickens, A.G. *The Counter Reformation,* Norton, New York, 1968.
Gleason, Elizabeth, *Gasparo Contarini: Venice, Rome, and Reform,* University of California Press, Los Ángeles, 1993.

Capítulo 7
Cuarta razón: Devoción Cristocéntrica

1. ¿Qué es *Nuda Scriptura?*
2. Si es posible, cita un ejemplo de dónde observaste *nuda Scriptura.*
3. ¿Cómo la comprensión católica del «cuerpo de Cristo» difiere de la concepción típica evangélica?

4. ¿Cómo la tradición católica usurpa la enseñanza de las Escrituras?
5. Cita algunos ejemplos de cómo la enseñanza evangélica puede sustituirse por las Escrituras.
6. ¿Qué consecuencias resultan de tus respuestas a las preguntas 4 y 5?
7. ¿Qué comprendiste mejor al leer este capítulo?

Lectura adicional

Mahaney, C.J., *La Vida Cruzcéntrica*, Unilit, Miami, FL, 2003.
Morris, Leon, *The Apostolic Preaching of the Cross*.1965; Eerdmans, Grand Rapids, MI, 1998.

Capítulo 8
Quinta razón: Motivado por la gracia en lugar de por la culpa

1. ¿Qué aspectos del testimonio de Andy Brucato te pareció familiar?
2. ¿Qué es el «gran intercambio» según él lo describe?
3. ¿Hasta dónde has luchado con una forma perjudicial de la culpa católica?
4. Si te sientes cómodo haciéndolo, explica cómo trataste el problema.
5. ¿Qué es el «montón de estiércol» de Lutero y cómo ilustra la doctrina de la justificación?
6. ¿Cómo pudo un pastor evangélico (que tiene una doctrina sana) predicar un mensaje titulado «¿Por qué creo en el purgatorio?»
7. ¿Qué comprendiste mejor al leer este capítulo?

Lectura adicional

Hill, Charles E., y Frank A, James III, eds. *The Glory of the Atonement*. InterVarsity, Downers Grove, IL, 1986.

Capítulo 9
Cómo los católicos ven a los evangélicos

1. ¿Por qué un católico acusaría al evangelicalismo de reducir la salvación a un «seguro de incendio»?
2. ¿Qué enseñaron los reformadores protestantes acerca de las buenas obras?
3. ¿Cómo su énfasis en la obediencia se relaciona con su insistencia en la justificación por la «fe sola»?
4. Identifica algunas lecciones valiosas que los evangélicos pueden aprender de los católicos.
5. ¿Cuáles son las mayores críticas que los católicos tienen de los evangélicos?

6. De las críticas mencionadas en la pregunta previa, ¿cuál se considera la más evidente para tus amigos y seres queridos católicos?
7. ¿Qué puedes hacer para mejorar la manera en que tus amigos y familia católicas ven tu fe evangélica?
8. ¿Qué comprendiste mejor al leer este capítulo?

Lectura adicional

Howard, Thomas, *Evangelical Is Not Enough: Worship of God in Liturgy and Sacrament*, Ignatious, San Francisco, 1984.

Capítulo 10
Católicos tradicionales, evangélicos y culturales

1. ¿Por qué los evangélicos deben comunicar el evangelio a los católicos?
2. ¿Cuáles son algunas características de los católicos tradicionales?
3. ¿Cuáles son algunos aspectos de sensibilidad que se deben considerar cuando nos dirigimos a los católicos tradicionales?
4. ¿Cuáles son los dos valores prominentes que los evangélicos protestantes tienen en común con los católicos evangélicos?
5. ¿Cuáles son las cualidades distintivas de los católicos culturales?
6. ¿Cuál sería tu manera de abordar una discusión acerca de Jesús si estuvieras sentado con un católico evangélico?
7. ¿Cómo diferiría tu manera de abordarla si estuvieras hablando con un católico cultural?
8. ¿Qué comprendiste mejor al leer este capítulo?

Lectura adicional

Green, Michael, *Sharing Your Faith with Your Friends and Family*, Baker, Grand Rapids, MI, 2005.

Capítulo 11
Cómo relacionarse con los católicos con gracia y verdad

1. De las siete formas diferentes en que los evangélicos ven a los católicos, ¿cuál es la que mejor describe tu comprensión?
2. ¿Qué aspectos de la definición de *evangelismo* encuentras más práctica?
3. ¿Cuál de los errores de las «luces rojas» has cometido?
4. ¿Qué elementos de la sección de la «luz amarilla encontraste aplicables?
5. Describe una conversación fructífera que hayas tenido con un amigo o ser querido católico. ¿Qué la hizo fructífera?

6. ¿Qué es la «cosa principal» en nuestras discusiones con los católicos?
7. ¿Qué comprendiste mejor al leer este capítulo?

Lectura adicional

Lindsay, Art, *Love, the Ultimate Apologetic: The Heart of Christian Witness*, InterVarsity, Downers Grove, IL, 2008.

John G., Stackhouse, Jr., *Humble Apologetic: Defending the Faith Today*, Oxford Univ. Press, Oxford, 2002.

Capítulo 12
Glorifica a Dios y disfrútalo para siempre

1. ¿Qué recuerdas cuando piensas acerca de Dios? ¿Cómo este concepto de Dios se relaciona con la persona y la pasión de Jesús?
2. ¿ Por qué el Antiguo Testamento es tan vital para la iglesia?
3. ¿Qué nos enseña el pacto de la fidelidad de Dios para Israel acerca del carácter de Dios?
4. Según Mateo 17:5, ¿por qué Dios corrigió a Pedro? ¿Cómo esta exhortación habla a la iglesia de hoy?
5. Explica el significado práctico del vector ípsilon.
6. ¿Cuáles son las buenas nuevas de Mateo 17:6-8?
7. ¿Qué comprendiste mejor al leer este capítulo?

Lectura adicional

Lewis, C.S., *Cautivado por la alegria*, Plaza Edición, Madrid, España, 2008.

Moody, Josh, *The God Centered Life: Insights from Jonathan Edwards for Today*, Vancouver, Regent, 2006.

Piper, John, *Los deleites de Dios*, Editorial Vida, Miami, FL, 2006.

ÍNDICE TEMÁTICO

D

O

P

Q

R

S

T

V

W

Nos agradaría recibir noticias suyas.
Por favor, envíe sus comentarios
sobre este libro a la dirección que
aparece a continuación.
Muchas gracias.

vida@zondervan.com
www.editorialvida.com